시진핑
위대한 중국을 품다

시진핑
위대한
중국을
품다

이창호 지음

북그루

Contents

중국의 영토는 957만 2,900제곱킬로미터로 아시아 면적의 4분의 1, 세계 육지 면적의 15분의 1을 차지하는 방대한 넓이를 자랑한다. 세계 4대 문명 발상지의 한 곳으로 유구한 역사를 지닌 나라, 기원전 160만 년 경부터 인류의 생활 무대가 된 오랜 역사를 지니는 나라 중국은 1949년 중국공산당이 주도하는 사회주의 국가로 변하여 중화인민공화국으로 나라 이름을 내걸었고, 약칭으로 중국이라고 부른다. 시진핑은, 1976년 톈안먼 사건 이후 공산주의 국가이면서 개방주의 사회국가로 혁명적 개혁을 단행하여 지금 미국, 러시아와 어깨를 겨룰 만큼 세계 최강국으로 떠오른 나라, 중국을 이끌면서 놀라운 지도력을 발휘하고 있다. 강력한 개혁·개방주의자로 중국의 꿈을 강조하며 중화민족의 부흥을 역설하고 있는 시진핑 주석은 평소 근면, 검소, 성실한 삶으로 14억 중국인들의 모범이 되고 있다.

그렇다면 아시아 중앙부를 차지한 거대한 나라 중화민국, 중원 대륙으로 불리는 광대한 영토를 다스리면서 아시아는 물론 지구촌에 상당한 영향력을 미치는 중국을 이끌어가는 시진핑 주석은 어떤 인물일까?

시진핑의 공식 직함은 중국공산당 중앙위원회 총서기이며 중화인민공화국의 주석으로, 중국을 이끄는 최고지도자인 것이다. 시진핑은 1953년 6월 15일 베이징에서 태어나, 산시성에서 자랐다. 확고한 개혁·개방론자였던 그의 아버지 시중쉰이 국무원 부총리를 역임하였으나, 1962년에는 좌천되어 베이징을 떠나 산시성으로 간 것이다.

베이징을 떠난 시진핑은 문화대혁명이 치열하게 진행되고 있던 시기에 정치적으로 어려운 고초를 겪던 아버지를 따라 농촌 지방을 돌아다니며 자랐다. 그는 중국의 절대 당인 공산당에 들어가기 위해 무려 열 차례나 입당 신청서를 제출하였으나 계속 실패를 거듭하였다. 1978년 11기 3중전회에서 아버지 시중쉰이 광둥성 제2서기로 복권되었고 그 뒤 광둥성 서기가 되면서, 시진핑의 앞길도 열렸다. 그는 드디어 공산당원이 되는 데 성공하여 이른바 태자당 그룹의 한 사람이 된 것이다.

시진핑은 1979년 칭화대학교 공정화학과를 졸업한 뒤, 국무원 겅뱌오 부총리의 비서로 정치 생활을 시작하였다. 제17기 중국공산당 중앙정치국 상무위원, 중국공산당 중앙서기처 제1서기, 중국공산당 중앙 군사위원회 부주석, 중국공산당 중앙당학교 교장으로 활약하면서 2007년 17기 1중전회의에서 권력 서열 6위로 올랐다. 2008년 3월부터 중화인민공화국의 부주석이 되었고, 2012년 11월 후진타오로부터 중앙위원회 총서기직을 물려받았다. 그리고 마침내 2013년 3월 14일, 임기 10년의 중화인민공화국의 주석에 선출되는 영광을 안았다.

시진핑은 제자백가에서 당시와 송사까지, 그리고 공자에서 마오쩌 둥에 이르기까지 고전의 유명한 구절과 선현의 명문을 시의적절하게 인용하는 것으로 유명하다. 고전을 풍부하게 인용하는 그의 말과 글에 서는 국민 입장에서 생각하는 목적의식과 역사에서 교훈을 얻는 지혜, 큰일도 사소한 것부터 시작하는 실무정신을 엿볼 수 있다. 그래서 행간 을 읽다 보면 사사로움에 치우치지 않고 공공심을 발휘하는 방법, 장기 적인 계획을 세우는 방법을 쉽게 알 수 있다. 나아가 중국의 현재와 다 가올 미래도 유추해 볼 수 있다.

고전을 인용할 줄 안다는 것은 단순히 몇 마디 말을 기억하고 몇 권 의 책을 이해함을 가리키는 것이 아니다. 고전을 알면 자연스레 역사와 논리를 배우게 된다. 역사를 배우면 성패를 알 수 있고 득실과 흥망성 쇠의 교훈을 얻을 수 있으며, 논리를 알면 염치를 알고 옳고 그름을 판 별할 수 있게 된다.

역사는 가장 훌륭한 교과서이다. 어떤 민족 어떤 국민이든 간에 자 신이 누구이고, 어디에서 왔으며, 어디로 가는지 반드시 알아야 하기 때문이다.

중국을 변화시키는 힘《시진핑, 위대한 중국을 품다》는 1부 시진핑 인물사, 2부 시진핑의 사상에 대해 나누어 다루고 있다. 시진핑이란 인 물의 개인적인 역사와 그의 사상적 됨됨이를 살펴봄으로써 중국의 미 래를 형성해 나갈 수 있기 때문이다.

이 책은 비단 중국인의 것, 중국의 것만이 아니다. 이 책의 메시지 는 중국과 이웃하고 있는 한국에서도 유효하게 쓰일 수 있다. 정치는 국민을 뿌리로 하여, 국민을 위해 그 나라의 미래를 열어나가는 고차원의 행위이기 때문이다.

　이 책을 쓰기까지 빛을 볼 수 있도록 곁에서 응원해 준 가족들과 이창호스피치 패밀리 한 사람 한 사람에게 깊은 감사와 지난 해 천국에 가신 어머님께 바친다.

　이 책이 독자 여러분에게 큰 기쁨과 만족을 드리며 중국몽中國夢을 실현하는 발판이 되길 바란다.

*일생을 바쳐 강의를 좋아하고 실천학문을 중요시하는
이창호스피치 연구소에서

2019년 10월 15일
이창호

1부

习近平

시진핑,
인물에 대해 말하다

혁명투사의 아들

불행과 고난을 아로새기다

시진핑習近平의 어린 시절부터 꾸준히 지원해 온 쩡칭훙曾慶紅은 다음과 같이 말했다.

"시진핑은 다양한 방면에서 전폭적인 지지를 받을 것이다."

쩡칭훙은 예비역 중공 지상군 중사를 전역한 중화인민공화국의 정치가로, 2003년 3월 15일부터 2008년 3월 15일까지 제8대 중화인민공화국의 국가 부주석을 지냈으며, 제16기 중국공산당 중앙정치국 상무위원을 지냈다.

쩡칭훙은 짧은 한마디 말을 통해, 중국에서 공산당 간부가 어떻게 선발되고 그러기 위해서는 무엇이 필요한가를 단적으로 보여준다.

시진핑은 180센티미터의 키와 100킬로그램이 넘는 당당한 체구의 소유자이다. 그의 환하고 밝은 표정, 온화하고 부드러운 성격, 사람을 안심시키는 선량하게 웃는 모습은 쩡칭훙의 말을 잘 표현해준다. 이는 시진핑이 대간부의 자녀로서 어릴 때부터 받은 교육이 자연스럽게 드러난 것이라 할 수 있다. 그러나 이러한 모습을 반대로 생각해 본다면, 절대로 자신의 감정을 드러내지 않고 깊이 숨기는 영리하면서도 사려 깊은 모습이라고도 할 수 있다.

싱가포르 건국의 아버지이자 전임 총리인 리콴유李光耀 고문도 시진핑에 대해 긍정적인 평가를 내린다. 리콴유는 싱가포르의 대표적인 정치인으로 초대 총리와 인민 행동당의 총재(1959년~1990년)로 재직했다.

"시진핑은 사려 깊은 사람이다. 그의 인생에 깊이 새겨진 경력에는 수많은 사상과 경험, 단련이 내재되어 있다. 그는 자신의 감정을 억제하는 힘을 갖고 있으며, 개인적인 불행이나 고난에 의해 사상적으로 영향을 받는 인물이 아니다. 그것은 그가 7년에 걸쳐 지방으로 내몰린 하방 생활과 푸젠성에서의 18년 동안의 근무, 저장성과 상하이에서 간부로 활약했기 때문에 가능했다."

리콴유는 불행과 고난으로 점철된 시진핑의 청년 시절이 그의 성격을 형성시켰다고 평가했다. 시진핑의 성격은 특히 리콴유가 지적한 파란만장한 세월이 응축된 소년 시절부터 청년기에 이르는 시기에 형성되었다고 볼 수 있다.

시진핑은 1953년 6월 15일 베이징에서 태어났다. 시진핑이란 이름도 '베이징에서 가까운' 곳에서 출생했기 때문에 '近平'이라고 지은 것이다.(베이징은 예전에 베이핑(北平)이라 불렸다.)

시진핑의 아버지 시중쉰習仲勳은 시진핑이 태어났을 당시 당중앙 선전부장을 맡은 대간부였다. 시중쉰은 중화인민공화국의 8대 원로 가운데 한 명으로 덩샤오핑과 동등한 위치에서 일한 제1야전군 계통의 원로이다. 중국공산당 중앙위원, 전국인민대표대회 상무위원회 부위원장 등을 역임했다. 또한 그는 정부에 해당하는 국무원 비서장, 부총리를 맡는 등 저우언라이周恩來 총리의 심복으로서 큰 활약을 했다.

시진핑의 가족은 부모인 시중쉰과 치신, 두 명의 누나, 그리고 두 살 연하의 남동생 시위안핑 등 모두 여섯 명이다. 시진핑의 가족은 중난하이中南海에서 살았다. 중난하이는 당과 정부의 주요 기관, 간부의 거주지가 밀집해 있는 곳이기도 하다.

시중쉰은 치신과 두 번째 결혼을 했다. 시중쉰과 치신 사이에서 태어난 시진핑 등 네 명의 형제자매는 중난하이에서 거주하는 간부들의 자녀가 다니는 유명 초등학교와 중학교에서 공부했다. 이곳은 기숙사제로 운영하는 학교였다. 시진핑이 다닌 초등학교는 8·1초등학교로 청나라 시대에는 대관원이라 불리던 큰 정원이다. 지금도 베이징대학과 칭화대학 등이 집중되어 있는 학원 지역으로 베이징 서북쪽에 위치한 하이뎬海淀구 일각에 자리 잡고 있다. 부지는 20만 제곱미터이며 학교 면적은 3만 5,000제곱미터에 달하는 광대한 규모이다. 정원, 과수원, 동물원, 급식용 우유를 공급하기 위한 우사牛舍까지 갖추어져 있다. 아울러 샤워실과 수영장 등도 완비되어 있어 당시로서는 세계 유수의 근대적 학교였다.

학교 명칭인 8·1은 8월 1일을 의미한다. 이는 1927년 8월 1일 중국 인민해방군 창설기념일을 지칭하며 그 이름 그대로 해방군이 간부 자녀를 위해 세운 것이다. 시진핑의 두 명의 누나가 다닌 중학교는 101중학교로 이는 10월 1일 건국기념일에서 기원했다. 이곳 역시 해방군이 세웠다.

이러한 학교에 다녔던 아이들은 군의 쟁쟁한 대간부인 네룽전聶榮臻 원수, 쑤위粟裕 대장, 허룽賀龍 원수 등의 자녀 외에도 덩샤오핑鄧小平의 아들인 덩푸팡鄧樸方, 현재 충칭시 당위원회 서기이자 정치국 위원인 보시라이薄熙來, 상하이시 당위원회 서기 및 정치국 위원인 위정성俞正声, 전임 국가부주석 쩡칭훙 등도 이곳에서 수학했다. 시진핑은 현재 간부 자제들로 구성되어 있는 태자당 그룹의 리더인데 이는 이와 같은 성장 환경을 통해서 가능했다.

밑바탕에 자리한 공산교육

시진핑은 어릴 적부터 부모의 사랑 아래서 자랐다. 시진핑과 그의 형제자매들은, 건국이 된 후 얼마 지나지 않아 아직 가난했던 중국의 다른 아이들에 비해 가정과 교육환경이 좋았으며 많은 혜택을 받은 편이었다.

시중쉰은 특히 자신의 아이들에게 예의범절 교육을 엄격하게 했다. 시진핑을 비롯한 네 명의 형제자매는 자기 옷은 자기가 빨아서 입는 등 직접 할 수 있는 일은 스스로 했다. 아버지 시중쉰은 평생 동안 절약이 몸에 밴 사람으로 낭비는 절대로 금했다. 시진핑은 자신의 어린 시절에 대해 이렇게 회고했다.

"나와 동생인 위안핑의 옷은 대체로 누나 두 명에게서 물려받은 것이었다. 이 때문에 우리 형제의 옷은 꽃장식이나 분홍색 계열이 많았다. 또한 그때는 천으로 만든 신발인 포화布靴를 신었는데 그것 역시 분홍색이었고 꽃이 수놓아졌다. 그러한 옷과 신발을 신고 학교에 가는 것은 몹시 창피했다. 그러던 어느 날 나는 더 이상 여자 옷과 신발을 신지 않겠다고 반항했다. 아버지는 '그렇다면 분홍색 신에 검은 먹물을 들이면 되지 않니'라고 하시는 것이었다. 나는 하는 수 없이 신발에 먹물을 들여 신고 다녔다."

시중쉰은 당과 정부의 대간부였기 때문에 인민대회당이나 톈안먼에서 열리는 만찬회 등의 행사에 자주 참석할 일이 있었다. 시진핑은 그런 아버지를 따라 누나나 남동생과 함께 행사장에 가곤 했는데 행사 주최자와 경비에게서 종종 입장을 제지받았다. 시진핑을 비롯한 네 명의 형제자매들의 누추한 모습을 보고 "너희들은 대체 어디서 왔니"라며 제지를 받은 것이다. 다행히 그들의 얼굴을 아는 사람이 있어 "시중쉰의 아이들이다"라고 일러주어 겨우 행사장에 들어가곤 했다.

시중쉰은 자신의 아이들에 대한 교육에 대해서는 특별히 엄격했다. 그는 공산당 간부답게 '혁명'에 대해서는 어렸을 때부터 철저하게 교육을 시켰다.

"아버지는 우리들이 집에 있을 때 '어떻게 해서 혁명에 참가했는지' '훗날 우리가 왜 혁명을 계승해야 하는지' '혁명이란 도대체 무엇인지' 등에 대해 들려주었다. 우리는 그와 같은 말들을 귀에 딱지가 앉을 정도로 들었다. 어떤 때는 똑같은 이야기를 계속 들어 너무 싫었지만 어쩔 수 없이 꾹 참고 들을 수밖에 없었다. 아버지가 그와 같은 이야기를 반복해서 해주셨기 때문에 우리들은 부지불식간에 큰 영향을 받았다."

시진핑은 아버지 시중쉰이 들려주던 이야기 속에서 '단결'에 대한 말을 훗날에도 되새겼다.

"아버지는 입버릇처럼 '혁명을 위해서는 자신이 싫어하는 것을 타인에게 절대 떠넘겨서는 안 된다'라고 강조했으며 '타인에게 잘 하면 훗날 자신에게 되돌아온다'라고 가르치셨다. 또한 '단결이 가장 중요하다. 혼자서는 그 무엇도 할 수 없다. 단결이 되면 모두 잘 된다. 만약 단결이 되지 못하면 모든 것은 부실해진다'라고 강조했다. 이것은 내가 정치 세계에 발을 들여놓았을 때 절실히 깨달은 것이다. 아버지의 말은 이처럼 나에게 무척 유익했다."

중국에서는 '단결'이란 것을 말할 때 인간관계와 같은 것으로 말한다. 하나의 목적을 향해 다른 사람들과 협력 관계를 구축하는 것이다. 시진핑은 후에 허베이河北성, 푸젠福建성, 저장浙江성의 각 지역과 상하이에서 근무하던 간부 시절에 항상 원활한 인간관계를 구축했다. 적어도 상대에게 미움을 사지 않기 위해 주의를 기울였다. 이러한 자세는 시진핑이 최고지도자의 자리에 오르는 데 중요한 요소가 된 것은 틀림없다.

아버지 시중쉰의 시련

아버지 시중쉰에게 화려한 날은 그리 오래 지속되지 못했다. 1962년 가을, 부총리였던 아버지 시중쉰은 권력투쟁에서 밀려 하루아침에 몰락하고 말았다. 그때 시진핑의 나이는 9세에 불과했다.

시중쉰은 1913년 10월 16일 중국 서북 지역의 내륙부인 산시陝西성 푸핑富平현에서 출생했다. 1893년에 출생한 마오쩌둥毛澤東이나 1898년에 태어난 저우언라이 등 신중국 건설의 원로들보다 '연소자'에 속했다.

시중쉰이 공산혁명에 참가한 나이는 겨우 13세에 불과했다. 그는 한때 국민당에 체포되기도 했으나 투옥 중에 중국공산당 당원이 되었다. 그때 나이 15세였다. 그는 출옥한 이후 산시성과 간수甘肅성에서 활동을 이어나갔다. 시중쉰은 류즈단劉志丹과 함께 농민폭동을 조직하는 등의 활발한 활약을 했다. 그는 더 나아가 류즈단, 당간부 가오강高崗 등과 힘을 합쳐 1930년대 초에 산시 및 간수 일대에 산간변陝甘邊구 소비에트정부를 창설했다. 그가 21세 되던 해에는 소비에트정부의 주석에 부임해 가오강, 류즈단에 이어 3인자 자리에 올랐다.

그 무렵 중국공산당 중앙은 화남지구의 장시江西성에 창설된 '중화소비에트 공화국'의 수도인 루이진瑞金을 거점으로 활동했다. 국민당 군사위원회 위원장 장제스蔣介石가 지휘하는 국부군은 독일 군사고문단의 지원을 받아 루이진을 포위하고 다섯 차례에 걸쳐 총공격을 감행해 결국 함락시켰다.

마오쩌둥과 저우언라이 등 당 간부진은 1934년 10월 국민당의 추격을 피해 장정長征을 시작했다. 홍군 주력부대인 제1방면군은 출발 시에 8만 6,000명이었지만 1년 후 장정을 끝마쳤을 때는 겨우 4,000명만 남았다. 1만 2,500킬로미터에 달하는 거리를 완주한 병사는 전군 30만 명 중에서 10분의 1에 해당하는 약 3만 명이었다. 그만큼 가혹한 퇴각이었다.

미국의 저널리스트로서 최초로 마오쩌둥과 인터뷰를 한 에드가 스노우는 《중국의 붉은 별》에서 장정에 대해 "한니발이 알프스산맥을 넘었던 고난도 이에 비하면 휴일의 산책에 불과할 뿐이다"라고 격찬했다. 현재의 중국공산당 정권도 장정을 높이 평가한다. 그 후의 국공내전에서 승리하는 기초를 마련한 '역사적 대전환점'으로 평가하는 것이다.

역사적 대전환점으로 기록된 장정의 도달 지점은 바로 시중쉰의 거점인 옌안延安이었다. 퇴각 과정에서 너무도 지치고 피폐해진 홍군을 환영하며 중국공산당의 절체절명의 위기를 구한 것은 시중쉰 일파였다. 이후 시중쉰 등은 옌안의 방위와 서북 지구의 해방을 추진했다. 시중쉰은 훗날에 국방장관의 자리에 오르는 펑더화이彭德懷와 함께 전투에 출전해 피를 흘리며 싸웠으며 서북야전군을 통솔해 샨시성 북부에 강대한 근거지를 건설했다. 이로써 시중쉰은 서북군구의 최고간부로서 공산당 정권 수립에 큰 공헌을 한 것이다. 시중쉰은 이러한 공적들을 통해 신중국이 건국된 이후 대간부로 등용되어 부총리까지 승승장구하며 출세한 것이다. 그러나 건국 이후 마오쩌둥이 이끄는 수뇌부와 가오강, 펑더화이의 의견이 대립했고 이는 곧 심각한 권력투쟁으로 번졌다.

《사기》에는 "날아다니는 새가 사라지면 좋은 활은 빛을 잃고, 교활한 토끼가 죽으면 개는 삶아진다"라는 토사구팽兎死拘烹 이야기가 실려 있다. 활이나 사냥개는 이용 가치가 있을 때는 사랑을 받지만 새나 토끼가 없어지면 바로 버려진다. 혁명이 성취되면 유능한 장수는 더 이상 사용될 곳이 사라질 뿐만 아니라 우환의 대상이 된다. 즉 역모를 일으키지 않을까 하는 의심의 대상이 되어 숙청되어 버린다. 이것은 《사기》의 저자인 사마천뿐만 아니라 한나라 고조의 충복으로 천하통일에 크게 공헌한 한신 장군에게도 해당되는 경구였다. 한신은 유방이 천하를 통일한 이후 역모자로 몰려 처형되었다.

이와 같은 일이 중국공산당에서도 벌어졌다. 그 첫 사건으로 1954년, 시중쉰 등과 함께 산간변구 소비에트정부를 창설한 가오강이 옥중에서 자살하는 일이 벌어지고 말았다. 가오강의 자살은 공산당 정권이 수립된 이후 일어난 심각한 내부 권력투쟁의 첫 번째 사건이었다. 1949년 건국 직전 가오강은 동북인민정부의 주석이 되었다. 이를 통해 그는 만주에 해당하는 동북지역의 권력을 장악했고 이후 중앙정부 부주석, 동북행정위원회 주석 등의 요직에 올랐다.

그러나 그것도 그리 오래가지 못했다. 가오강은 라오슈스饒漱石 당조직부장과 함께 '소련에 내통한 반당 동맹을 결성해 동북지역에 독립왕국을 만들었다'라는 이유로 반당 행위자로 몰려 실각하게 되었다. 이후 그는 옥중에서 권총으로 자살하고 말았다. 가오강은 다음해인 1955년 당에서 제명되기에 이르렀다.

이뿐만이 아니다. 국공내전에서 시중쉰과 함께 생사를 넘나드는 전투를 펼쳤던 펑더화이 국방장관도 1959년에 실각하고 말았다. 이유는 마오쩌둥이 주장한 대약진운동을 비판했다는 것이었다. 마오쩌둥은 농공업 생산의 대폭적인 증산을 목적으로 대약진운동을 전개했으나 농촌 상황을 무시한 강제적인 집단농장 정책과 농촌에서의 합리성을 무시한 철강 생산 등을 추진했다. 그러나 대실패로 돌아가 대략 2,000~5,000만 명에 달하는 아사자가 생겨났다.

이에 마오쩌둥은 실패에 대한 책임을 지고 국가주석의 직을 사임해야 했다. 펑더화이를 중심으로 한 그룹도 권력의 바깥으로 밀려나게 되었다.

그러나 마오쩌둥은 이대로 사태를 두고보고만 있지 않았다. 그는 복권을 노리고 문화대혁명을 일으켰으며 펑더화이는 '타도해야 할 대상'이 되었다. 이후 펑더화이 인맥은 서서히 정계에서 추방되었다.

인간관계가 대단히 중시되는 사회에서는 자신과 무관한 권력투쟁에 휘말려 뜻하지 않게 숙청되는 일이 많이 벌어지는데, 시중쉰의 경우가 그 대표적인 것이었다. 그는 뜻하지 않게 위험한 늪에 빠져들고 만 것이다.

1962년 여름이었다. 이미 사망한 혁명 동지 류즈단의 공적을 찬양하기 위해서 류즈단의 동생 류징판柳景範 당감찰부 차관과 그의 부인 리젠퉁李建彤이 집필한 소설 《류즈단》의 원고가 시중쉰에게 전달된 것이다. 과거에 함께 싸웠던 혁명동지인 류즈단을 기념하기 위한 것이라는 말에 시중쉰은 선뜻 책의 출판에 서명했다.

그러나 이것은 마오쩌둥의 심복 캉성(본명 자오룽趙容) 당중앙서기처 서기에게 좋은 빌미가 되었다. 그는 시중쉰에 대해 "류즈단의 이름을 빌려 가오강 사건의 명예회복을 노린다"라고 비판했고, 결과로 이 출판사업은 단번에 심각한 정치문제로 번져나게 되었다. 캉성은 '특무기관의 대왕' '숙청왕' '중국의 베리야' 등 악명 높은 별명을 갖고 있는 마오쩌둥의 충복이었다.

이때는 펑더화이가 실각한 지 3년밖에 되지 않았던 시기로, 정치적 복권의 기회를 계속 찾고 있던 마오쩌둥에게는 펑더화이와 가까운 시중쉰도 '타도해야 할 대상'에 불과했다. 시중쉰은 소설 집필을 권고한 주모자로 낙인찍혀 그 어떤 공식 발표도 없이 부총리에서 해임되었다.

1962년에 개최된 제8기 10중전회에서 마오쩌둥은 시중쉰을 격렬하게 비판했다. 그는 시중쉰에 대해 "소설을 반혁명에 이용하는 것은 하나의 커다란 발명이다. 정권 전복을 노리고 여론을 우선적으로 유도해 이데올로기를 만들고 지도부 타도를 준비한 반혁명분자"라고 서슴없이 발언하며 맹렬하게 몰아세웠다. 마오쩌둥의 발언만으로 그 어떤 법적 절차 없이 시중쉰이 부총리에서 즉각 해임되었다는 사실에서 이후 휘몰아친 문화대혁명의 광풍의 징조를 볼 수 있다.

마오쩌둥의 충복이던 캉성도 마찬가지였다. 그 역시 시중쉰에 대해 "마오쩌둥 주석과 당에 반대한 대야심가, 대모략가"라고 주장하며 자신이 일으킨 사건을 정당화했다. 결국 시중쉰은 1976년까지 14년의 대부분을 옥중에서 보내는 비참한 운명을 맞이하게 되었다.

이때의 사건은, 소설의 이름을 따 '류즈단 사건'으로 불린다. 1979년경부터 사건과 관련된 사람들의 명예회복이 이루어지고 회고록도 여러 편 발표되었다. 시중쉰이 펑더화이와 가까운 그룹에 속했기에 캉성에 의해 '류즈단 사건'이 교묘하게 조작되었다고 짐작할 수 있다.

캉성은 1898년 산둥성의 부유한 지주계급 가정에서 출생한 인물로, 1925년 공산당 당원이 되어 혁명에 뛰어들었다. 그는 사망 시기인 1975년 12월에는 마오쩌둥의 심복으로서 당중앙 부주석으로까지 승진하기에 이르렀다. 캉성이 마오쩌둥에게 신뢰를 받았던 까닭은 특무기관의 최고책임자로서 당 내외의 정보를 한손에 장악하고 있었기 때문으로 판단할 수 있다.

캉성은 마오쩌둥에게서 더욱 확고한 신임을 얻기 위해 온갖 사건들을 조작했다. 그는 마오쩌둥이 발동한 문화대혁명을 정당화하기 위해 막강한 경찰력을 활용했으며 소련식의 고문과 처형 기법을 구사해 수많은 반혁명분자들을 날조해 만들어낸 뒤 이들을 대대적으로 숙청하기도 했다.

저우언라이가 내민 손

"사람은 쉽게 변하기 때문에 인정을 믿지 말아야 한다. 인간은 박정薄情하기 이를 데 없는 존재이다." 시진핑은 아버지가 아무런 잘못도 없이 부총리에서 해임되고 심지어 죄인으로까지 몰리는 모습을 보면서 이후 일어난 변화를 이렇게 회상했다.

아버지 시중쉰이 캉성의 계략에 빠져들어 하루아침에 권력의 변방으로 쫓겨나 체포되자 남은 가족에게는 커다란 변화가 찾아왔다. 그동안 부족함 없이 자유롭게 살아오던 생활이 급전직하急轉直下로 떨어진 것이다.

시진핑은 그때의 경험에 대해 이렇게 말했다.

"아버지가 최고간부로서 권세를 누리던 시절 늘 상냥하게 웃어주었던 이웃사람들, 아버지의 차를 운전사 운저사, 가정부, 경비들 모두 나를 외면했다. 길에서 마주치면 못 본 척하고 지나치기 일쑤였다. 초등학교에서는 간부의 자녀들만 모여 있었던 탓에 '시중쉰 부총리가 쫓겨났다'는 소식이 금세 퍼졌으며 선생님과 친구들 역시 살벌한 시선을 보냈다. 9세 소년에 불과한 내가 처음으로 인심의 냉담함을 뼈저리게 느낀 일이었으며 결코 잊을 수 없는 경험이었다."

시진핑의 동생이었던 시위안핑도 사람들의 냉담한 태도에 마음의 상처를 입었다고 한다. 그는 종종 "아버지는 대체 어디로 갔어? 왜 우리는 이 처지가 되었지?" 하며 시진핑의 손을 붙들고 분노와 슬픔을 토해내기도 했다. 어린 동생이 토해내는 슬픔에 그 어떤 대답도 할 수 없었던 시진핑 역시 아버지가 사라진 사실에 끝없는 울분을 느껴야 했다. 아버지 시중쉰의 안위가 걱정되었지만, 어디에 있는지 과연 살아있기나 한 것인지 알 수 없어 답답하기만 했다. 어머니 치신은 남편의 생사와 건강을 염려해 매일 하염없이 눈물을 흘리며 보낼 뿐이었다.

아버지 시중쉰이 당조직부장과 부총리의 직위에 있었을 때는 하루가 멀다하고 끝없이 몰려들었던 방문객들도 자취를 감추었다. 대문 근처에 얼씬거리는 사람조차 없어 집안에는 적막감과 차가운 분위기가 맴돌았다.

훗날 시진핑은 이때의 일을 "일순간에 천국에서 지옥으로 떨어진 변화였다"라고 회고했다. 시중쉰 역시도 이때의 일에 대해 훗날 집필한 책에서 "(1926년 혁명에 참가한 이후 체포된 1962년까지) 공산당에 헌신한 36년의 노고와 희생이 한순간에 무너졌다."라며, 자신은 '반혁명'을 추호도 생각한 적이 없으며 이는 사실이 아닌 억울한 누명이라고 주장하면서 이로 인한 원통함과 고뇌를 여실히 드러냈다.

그런데 그러한 사태 속에서도 시중쉰의 신변을 걱정한 유일한 사람은 저우언라이 총리였다. 그는 시중쉰을 심복으로 신뢰하고 있었다. 시중쉰은 국무원 비서장 등으로 저우언라이 밑에서 10년 넘게 일을 했다. 저우언라이는 시중쉰의 대쪽과 같은 성품을 잘 알고 있었기 때문에 그가 그토록 믿고 의지해 왔던 공산당과 혁명 동지들로부터 '배신당했다'라는 생각에 혹여 자살이라도 하지 않을까 대단히 걱정했다.

"우리는 지금도 좋은 친구다. 우리 두 사람의 생각에는 사소한 차이도 있을 수 없다." 시중쉰이 숙청된 이후 저우언라이는 그를 만난 자리에서 이렇게 말하며 자신은 변치 않았음을 강조했다. 그 말 속에는 "절대로 앞일을 섣불리 예측하지 말고 신중하게 행동하라"라는 뜻이 담겨 있었다. 즉 '자살만은 절대 하지 마라'라는 의미가 내포된 말이었다.

시중쉰은 숙청된 이후에 베이징 근교의 중앙당교에 격리되었다. 그곳에서 24시간에 걸쳐 냉혹한 취조를 받아야 했다. 중앙당교의 관리들은 시중쉰의 이력에 대해 샅샅이 취조하고 그로 하여금 스스로 자아비판을 하도록 강요했다. 수차례에 걸쳐 똑같은 질문을 반복해서 듣고, 수차례에 걸쳐 똑같은 대답을 반복해야 했다. 사소한 것이라도 다른 점이 발견되면 "왜 이야기가 다른가?" "앞서 대답한 것은 거짓이었나?" 등의 꼬투리와 질책 속에 지겨운 취조를 당했다. 그것은 또 다른 형태의 고문이었다.

문화대혁명을 통해 '반혁명분자' 혐의로 체포된 사람들은 약 천만 명 이상으로, 그들 중에는 이와 같은 비인간적이고 무조건적인 고문으로 인해 정신도 육체도 모두 피폐해져 스스로 목숨을 끊은 사람들이 많았다. 시중쉰은 당시 40대 후반의 나이로 비교적 건강한 편에 속했지만, 그 역시 이 과정에서 심신이 몹시도 지치고 힘겨웠다.

1963년이 되자 시중쉰은 더 이상은 견딜 수 없는 지경에 이르렀다. 그해 겨울 시중쉰은 마오쩌둥에게 한 통의 편지를 써서 농촌으로 내려가 노동을 하게 해달라고 청원했다.

시중쉰은 그저 한시라도 빨리 지옥과 같은 감금 생활에서 벗어나고 싶은 생각뿐이었다. 샨시성의 농촌 출신이었던 시중쉰은 농촌으로 돌아가 처음부터 다시 시작하고자 한 것이다.

그러나 시중쉰의 바램과 달리 마오쩌둥은 다른 생각을 갖고 있었다. 마오쩌둥은 "시중쉰은 베이징에서 도시 생활을 오래했다. 지금 농촌으로 내려가면 그곳에서의 생활이 힘겨울 것이 틀림없다"라고 말하며 허난성 뤄양洛阳시의 광산기계 공장으로 보내라고 명령했다.

시중쉰에겐 표면적으로 '부공장장'이라는 직책이 주어졌지만 실제로는 삼엄한 감시 아래 놓여 있었다. 이것은 이후에 문화대혁명으로 체포된 덩샤오핑도 마찬가지의 일을 당해야 했다. 덩샤오핑은 장시江西성 난창南昌시의 트랙터공장에서 약 4년간 힘든 노동을 해야 했다. 덩샤오핑이 살았던 숙소에는 난방시설이란 게 애당초 없어서 영하 10도까지 내려가는 엄동설한의 추위를 맨몸으로 견뎌야 했다. 게다가 건강이 나빠져 여러 차례 쓰러졌으나 고작 설탕물밖에 주지 않는 가혹하고 참담한 생활을 겪어야 했다.

1965년 11월 뤄양에 도착하기 직전, 시중쉰은 저우언라이의 주선으로 마침내 아내 치신과 가족들을 만날 수 있었다.

비록 오랜만에 만난 가족들과 따뜻한 시간을 길게 보낼 수는 없었지만, 그나마 자신이 살아있다는 사실을 보여주는 것만으로 만족해야 했다. 이후 시중쉰은 다시 가족과 만날 때까지 약 8년이라는 긴 세월을 외롭고 힘겹게 보냈다.

뤄양으로 내려간 시중쉰의 생활은 중앙당교에서 당했던 고통의 시간들과 별반 다르지 않았다. 채 1년도 안 되어 문화대혁명이 시작되었고, 시중쉰은 '반혁명 부르주아 부패분자'로 낙인찍혀 타도 대상이 되었기 때문이다.

매일 낮과 밤마다 비판대회가 열렸고 시중쉰은 사람들에 의해 밖으로 끌려나가 자아비판을 강요받았다. 특히 대학생과 고등학생, 중학생으로 구성된 홍위병들의 위용과 행태는 상상을 초월하는 것이었다. 시중쉰은 1966년 겨울 뤄양에서 시안의 서남대학으로 끌려가 삼각 모자를 머리에 쓰고 무릎을 절반 정도 굽힌 채 걷는 'Z' 자세를 강요받으며 하루 종일 비판받았다. 그때 무의식중에 대변과 소변을 배설하는 치욕스런 일도 겪었다.

홍위병에 의한 시중쉰 비판투쟁은 쉽사리 끝날 기미를 보이지 않았다. 그들은 시중쉰을 '낭비, 관료주의'에 중독된 부르주아 반혁명분자로 규정하고, 고향인 샨시성 푸핑현까지 끌고가 굴욕적인 비판대회를 열었다. 연일 계속되는 비판투쟁으로 몸과 마음이 지칠 대로 지친 시중쉰은 더 이상 견딜 수 없어 마오쩌둥에게 편지를 썼다. 이 편지는 시중쉰의 어릴 적 친구들에 의해 베이징까지 전달되었다.

저우언라이는 시중쉰에게 반혁명 분자라는 누명을 씌우고 실각시킨 장본인이 캉성이라는 사실을 잘 알고 있었다. 게다가 캉성은 란저우ᄅ州와 옌안에서도 '시중쉰 타도'를 위한 비판투쟁을 전개했다. 저우언라이는 사태가 커지자 시중쉰의 목숨이 위태롭게 될 것을 염려해 즉각 행동에 착수했다.

1967년 2월이 되자, 저우언라이는 시중쉰의 편지를 마오쩌둥에게 건네면서 "베이징으로 불러들여 취조를 강화해야 한다"라는 이유를 만들어 시중쉰을 베이징으로 불러올 것을 요구했다. 이 요구에 대해 마오쩌둥은 이렇게 답했다.

"시중쉰은 훌륭한 동지로서 당을 위해 수많은 일을 했다. 그런 그에게 무슨 문제가 있는가? (그가 혐의를 얻어 체포된 사유인) 그 책은 출간조차 되지 않았다. 나의 말 한마디가 문제를 크게 만들어 버렸다."

마오쩌둥은 의외로 순순히 자신의 실책을 인정했고 그의 명령에 따라 시중쉰의 베이징 이송이 결정되었다. 저우언라이는 긴급하게 군용기를 파견해 시중쉰을 곧 베이징으로 연행했다. 저우언라이의 결단과 행동으로 시중쉰은 결정적인 순간에 죽음을 면할 수 있었던 것이다. 그렇지만 이것으로 시중쉰의 혐의가 사라진 것은 아니었다. 취조를 강화한다는 구실을 내세웠기 때문에 연금생활은 계속되었다. 시중쉰은 겨우 2평(7제곱미터)짜리 방에서 살아야 했다.

마오쩌둥이 저우언라이의 요구에 순순히 동의한 데에는 그럴 만한 이유가 있었다. 마오쩌둥이 시중쉰을 옹호한 이유는, 당시 중난하이 화이런탕懷仁堂에서 열린 당 회의에서 급진적이고 무분별한 홍위병의 행동을 둘러싸고 고참 간부와 문혁파 간부가 충돌했기 때문이었다. 이후 마오쩌둥은 고참 간부들을 진정시켰지만 당내 투쟁의 소용돌이를 피하기 위해 고참 간부들을 회유해야 할 정치적 필요에 직면하게 된 것이다.

이러한 충돌 속에서 떠오른 사안이 바로 시중쉰의 처우 문제였다. 고참 간부인 시중쉰의 베이징 이송을 허락하는 것으로 마오쩌둥은 다른 고참 간부들의 태도가 다소 누그러질 것이라 기대했다. 아이러니하게도 당 내부의 권력 투쟁의 미묘한 향방이 시중쉰의 목숨을 구한 것이나 다름없었다.

민중 속에서
인생의 전환점을 찾다

하방 생활의 고통 속에서
얻은 깨달음

시중쉰이 운명의 파도 속에서 살기 위해 발버둥칠 때, 시중쉰의 자녀들도 태풍이 몰아치는 바다에 내던져진 형세나 마찬가지였다. 시진핑 등은 당초 베이징 근교의 이화원에 가까운 중앙당교로 배치되었으나 '악당의 자제'로서 차별대우를 받았다. 훗날 시진핑이 집필한 책에 그때의 어려움이 잘 그려져 있다.

"15세도 채 되지 않았던 나는 '자신의 죄를 반성하라'라고 간부들에게서 추궁을 당했다. '어떻게 반성하면 좋겠습니까?'라고 묻자 '100번의 총살이다'라는 답이 돌아왔다. '총살은 1번이면 죽게 되는데 왜

100번까지 총살을 당해야 합니까?'라고 되묻자 '그렇기 때문에 너는 악당의 자식이다'라는 말과 함께 호되게 얻어맞았다."

그런데 시진핑에게는 본의 아니게 행운이 찾아들었다. 시진핑을 소년형무소로 이송하라는 지시가 내려왔으나 같은 처지에 있던 수많은 간부 자녀들이 이미 입소해 있었기 때문에 남는 공간이 없어 다행히 이송되지 못했던 것이다. 두 살 어린 동생 시위안핑은 초등학교에 다녔으나 중학교 진학은 허가되지 않았고, 어머니 치신의 연줄에 의지해 겨우 선반공으로 일을 할 수 있었다.

"지식인 청년이 농업·작업 등 육체노동을 통해 농민의 노고를 이해한다"라는 취지를 내건 하방을 선택하는 것은 시진핑에게 주어진 얄궂은 운명이었다. 이런 과정을 거쳐 시진핑 일가는 모두 뿔뿔이 흩어졌다.

1969년 1월, 약 5,000명의 지식인 청년들이 베이징역에서 기차를 타고 지방으로 파견되었다. 아직 중학교나 고등학교에 다니는 학생들이 대다수였지만 마오쩌둥 주석의 지시를 믿고 노동을 통해 공산주의 혁명전사가 되겠다는 사명감에 불타 지방으로 내려가기로 결심한 청년들이었다. 그러나 정작 출발 시간이 가까워지자 배웅을 나온 가족과의 이별을 슬퍼해 기차역 주변에는 슬픈 울음소리가 이곳저곳에서 울려 퍼졌다.

그런데 오직 한 사람, 시진핑은 알 수 없는 미소를 짓고 있었다. 열차에 탑승한 시진핑만은 출발 기적이 울려도 웃음을 잃지 않았던 것이다. 아버지가 실각한 이후 시진핑에게는 베이징에서의 삶이 그야말로 비참함 그 자체였다. 그에 비하면 하방은 훨씬 나은 것이었다. 더 정확히 말하자면 오히려 즐거울 정도의 일이었다.

인생의 첫 좌절

시진핑이 도착할 최종 목적지는 지도에도 나오지 않을 정도로 작은 촌락으로, 일찍이 시중쉰이 당간부로 활약했던 샨시성 옌안의 교외 지역인 옌촨延川현 량자허梁家河였다. 시진핑 등 열두 명의 지식인 청년들은 기차를 타고 시안에 정차한 후 버스로 갈아 타 옌안에 도착한 다음 량자허까지 약 80킬로미터의 산길을 흔들거리는 버스를 타고 두 시간이나 더 들어갔다.

국공내전 시기에 공산당이 잠시 근거지로 삼았던 옌안 일대는 '황색의 대지'로 불릴 만큼 강우량이 적고 토지는 황폐해 수목이 거의 없었다. 사람들은 요동이라 불리는 동굴 속에서 살았다. 지금도 일부 주민들은 요동에서 생활한다.

샨시성과 산시성 등 중앙부 쪽으로 넓게 퍼져 있는 황토고원은 연간강수량이 약 400밀리미터에 불과하여 내륙부에 위치해 있기 때문에 여름에는 35도를 넘는 혹서, 겨울에는 영하 20도 이하의 혹한이다. 자연조건이 몹시 척박하고 강우량이 적기 때문에 건축 재료가 되는 수목이 자라지 않아 땅을 파서 거주지를 지을 수밖에 없다. 이것이 바로 일종의 동굴 움막인 '요동'이다.

요동에는 절벽에 만든 '횡혈식'과 땅을 파서 만든 '하침식'이 있다.

요동의 내부는 여름에 서늘하고 겨울에는 따뜻해 생활하기에 쾌적하다. 우물 속의 물 온도가 1년 내내 거의 변하지 않는 원리와 비슷하며 그런 연유로 황토고원의 척박한 자연환경으로부터 사람들을 보호해준다. 그러나 그곳에서 나는 곡식이라고는 고량(수수의 일종) 등 일부 잡곡밖에 산출되지 않아 쌀밥을 먹는다는 것은 그림의 떡이나 마찬가지였다.

량자허에서의 빈곤한 생활은 말로 형언할 수 없을 정도였다. 하지만 시진핑에게는 빈곤과 관련해 잊을 수 없는 추억이 많은 곳이다. 긴 여행 끝에 목적지에 도착한 청년들은 요동 속에 마련된 숙소에서 휴식을 취했다. 시진핑은 피곤한 몸을 이끌고 가방을 정리하다가 너덜너덜해진 빵조각을 발견했다. 때마침 동굴 앞으로 말라비틀어진 개 한 마리가 지나가고 있었다. 시진핑은 밀가루 뭉치로밖에 보이지 않는 그 빵을 아무런 생각 없이 던져주었다. 개는 그것을 보자마자 게걸스럽게 먹어치웠다.

그때 한 농민이 그 곁을 지나다가 개가 빵을 먹는 모습을 목격하고 말았다. 빵이라고 하는 것을 실제 본 적도 없고 먹어본 적도 없는 농민들이었기 때문에 "지식인 청년 시진핑이 개에게 빵을 주었다"라는 소문이 삽시간에 퍼졌다. "바로 그 부르주아 부패분자 시중쉰의 아들이다"라는 말도 덧붙여졌다. 시진핑은 도착 직후부터 본의 아니게 '악명'이 자자해졌다.

시진핑 일행이 마을에 찾아온 뒤로는 먹을거리가 더욱 부족해졌다. 베이징으로부터 그동안 잘 먹고 잘살아온 건장한 청년 열두 명이 한꺼번에 몰려오면서 가뜩이나 가난했던 마을의 식량은 갈수록 부족해졌다. 그 결과 촌사람들은 옌안으로 넘어가 식량을 구걸하는 상황에까지 이르렀다. 빵을 개에게 준 시진핑의 행동은 마을 사람들에게 비난을 받고도 남을 처사였다.

시진핑은 그 전까지 도시에서 오래 살았으며 당 최고간부의 아들로 풍족하게 자라온 터였다. 그런 시진핑에게 농촌 삶의 비참함은 상상을 초월한 것이었다. 베이징에서는 한 번도 접하지 않은 벼룩과 이에 몸을 물리기 일쑤였다. 시진핑의 피부는 대단히 민감해 벼룩에게 물리면 빨갛게 부어 올랐다. 가려워서 긁으면 수포가 생겼으며 그래도 가려워 계속 긁으면 수포가 터져 급기야 피가 흘렀다. 얼마 지나지 않아 시진핑의 몸은 온통 부스럼투성이가 되었다.

언제나 느껴야 했던 배고픔 때문에도 시진핑은 고통을 받았다. 처음 고기를 먹은 것은 도착한 지 3개월이 지나서였다. 지방정부의 배급품이었는데 시진핑을 포함해 배고픔에 허덕이던 청년들은 요리하는 시간조차 기다리지 못하고 부엌칼로 생고기를 잘라 그냥 입으로 집어넣었다. 시진핑은 "고기라는 것이 이렇게 맛있을 줄이야!"라며 탄성을 질렀다.

시진핑에게는 농사를 짓는 일 역시 만만치 않은 일이었다. 도시에서 자란 시진핑은 다른 사람보다 더 우람한 체격이었으나 농사 짓는 기술은 시골 아주머니보다도 못했다. "정말 그때만큼 비참하다는 생각을 한 적이 없었다"라고 시진핑은 회고했다. 게다가 마을은 전기도 들어오지 않는 궁촌이었기에 주민들은 초저녁이 지나면 곧장 잠자리에 들었다. 반면 도시에서 온 청년들은 너무도 책을 읽고 싶어 했으며 활자에 대한 배고픔에 굶주렸다.

결국 시진핑은 3개월 정도가 흐를 때쯤 더 이상 버틸 수 없는 상태에 이르고야 말았다. 시진핑은 어느 날 마을 사람들과 다른 청년들에게 일체 알리지 않고 조용히 마을을 탈출했다. 가지고 있는 돈을 모두 털어 옌안에서 기차를 타고 베이징으로 도망쳤다. 옌안에서의 3개월은 인생에서 겪은 첫 번째 좌절이었다.

당시 베이징에는 어머니와 누나, 큰아버지 부부가 살고 있었다. 하지만 베이징은 인구 제한정책을 시행하고 있었기 때문에 지방에서 베이징으로 들어온 자는 시 정부에 신고해야 했다. 시진핑은 하방되었기 때문에 주민등록표는 샨시성에 있었다. 시 정부에 신고를 하자 '학습반'에 편입되어 옌안의 촌구석에서 했던 것과 똑같은 중노동에 시달렸다. 베이징에 돌아와 두 달 동안은 하이뎬海淀구의 하수관 매설작업에 동원되었다. "하이뎬구 일대의 하수관은 전부 우리가 묻은 것이다. 지금도 어디에 어떻게 묻혀 있는지 기억하고 있다." 최근에도 시진핑은 이와 같은 농담을 했다.

안타깝게도 시진핑의 베이징에서의 생활은 그리 오래가지 못했다. 시중쉰과 마찬가지로 공산 게릴라 경험이 있는 백부와 백모는 "민중에 의지하지 않으면 누구에게 의지할 것인가? 민중을 두려워해야 한다"라며 시진핑에게 옌안으로 돌아가라고 설득했다. 그들의 설득에 마침내 시진핑의 마음이 돌아섰다. 시진핑은 다시 농촌으로 내려갈 결심을 굳히고 샨시성으로 돌아가기로 마음먹었다.

민중과 함께하기 위해

"농촌에 하방되었을 때 나는 어렸다. 사회 흐름상 하방은 피할 수 없는 것이었으며 장래를 계획할 여건도 되지 못했다. 그렇다고 주변 사람들과 잘 지내자는 것도 아니었다. 하방되면 매일 산에 올라가 중노동을 하는 것이 보통이었는데 나는 제멋대로 행동해 사람들에게 나쁜 인상을 주었다."

시진핑은 옌안현 량자허에 하방되었던 자신의 행적을 이렇게 솔직하게 회상했다. 비록 하방된 곳에서 탈출해 베이징으로 돌아온 시진핑이었으나 다시 농촌으로 돌아가기로 결심한 후에는 마음을 고쳐먹은 사람처럼 결연하게 행동하기 시작했다.

농촌에서의 하방 생활을 견디지 못해 베이징으로 도망쳐 온 시진핑이었으나, 역시 학습반에서 중노동에 시달리던 그는 6개월 만에 다시 량자허로 돌아갔다. 그러나 그를 맞는 촌사람들의 시선은 냉혹했다.

"그까짓 부르주아 간부의 자식에게 농촌 생활은 무리지. 또 도망가기 전에 아예 이곳에서 사라져라."

마을 사람들은 이와 같은 비난을 시진핑에게 쏟아냈다. 그러나 그때마다 시진핑은 큰아버지의 충고를 떠올리며 마음을 다잡았다.

"민중의 바닷속에서 살지 못하면 장차 무엇을 할 수 있겠느냐? 너의 아버지와 어머니도 샨시성의 농촌에서 민중과 함께 생활했기 때문에 혁명의 위업을 달성했다. 너는 무슨 일이든 할 수 있다. 우리들이 젊었을 때는 농촌에서 혁명을 위해 분주하게 일했다. 요즘 젊은이들은 농촌에서의 생활을 기피하지만 그것은 잘못된 것이다."

아버지 시중쉰과 어머니 치신의 청년시절의 행적을 거론하자 시진 핑도 말대꾸를 할 수 없었다. 이제 부모는 부당한 혐의를 받아 노동개 조라는 이름의 고문을 받고 있다. 아들이 부르주아의 모습을 보인다면 이는 부모를 이중으로 슬프게 하는 것이 되어 버린다.

결의를 새롭게 다진 시진핑이 농촌으로 돌아가 최초로 했던 것은 옌안 사투리에 익숙해지는 것이었다. 베이징의 표준어는 농민이 사용 하는 말과 차이가 있었다. 표준어로 말하는 것은 자신이 지식인 청년이 라는 점을 쓸데없이 과시해 촌사람들을 격하시키는 것이었으며, 차이 를 부각시킬 뿐이었다. 우선 농민이 사용하는 말을 그대로 구사하는 것 으로부터 심리적인 장벽을 제거하고자 했다.

중국에는 베이징어, 상하이어, 광둥어, 복건어 등 지역마다 방언이 있으며, 그 방언들은 차이가 심해 마치 외국어처럼 들리기도 한다. 다행 히 베이징어와 옌안 방언은 동일한 북쪽에 위치한 덕분에 상하이어와 광둥어 정도의 차이는 아니었다. 그러한 부단한 노력 끝에 시진핑은 이 윽고 옌안 사투리에 익숙해졌다.

이전과 달리 스스로 앞장서서 모범을 보였다. 처음에는 농촌 여성 보다 못했지만 기술을 터득하자 180센티미터 키에 100킬로그램이 넘 는 거구의 소유자답게 자기 몸무게보다 무거운 짐을 들고 10킬로미터 의 산길을 걸어도 지치지 않았다. 그렇게 그는 량자허의 젊은이들 가 운데서 제일 가는 힘의 소유자가 되었다. 농촌에서의 생활에 익숙해지 자 밤에는 램프의 불빛을 밝히며 공부에 열중했다. 취사와 세탁도 모두 스스로의 힘으로 해결했다. 이는 유년시절부터 엄격하게 교육받은 것이 큰 도움이 되었다.

시진핑은 이 시기를 이렇게 회상했다.

"나는 그 어떤 일도 홀로 해냈다. 어렵고 힘든 일도 몸에 붙어 취사와 세탁, 재봉까지 스스로 하는 습관이 생겼다. 이때의 노동은 그 이후 내 삶의 기초를 형성했다."

또한 한때는 벼룩과 이를 옮긴다는 이유로 자신의 요동에 농민이 들어오지 못하게 했으나 농촌의 삶에 완전히 적응하고 농민들을 이해하면서부터 벼룩과 이에 물려도 고통을 느끼지 않았다. 조금 과장하자면 소나 말과 같은 피부로 변했고 그 덕분에 농민들과 만나 편안하게 이야기를 나누고 어려움을 함께 의논했다.

"나의 집은 점차로 마을 집회소처럼 되어 갔다. 매일 밤 노인과 젊은이들이 찾아와 이런저런 이야기를 나누었고 때로는 삼국지나 수호전 등의 이야기를 들려주었다. 또는 그들이 궁금해하는 베이징에 대해서도 들려주었다."

그들의 질문은 "베이징은 어떤 곳인가?" "중난하이는 어떤 모습인가?" "베이징 사람들은 무엇을 먹는가?" 등 소박한 질문이 대부분이었다.

"점차로 량자허의 당 간부도 나에게 상담을 하러 왔다. '젊은이는 지식도 많고 우리보다 세상을 잘 알고 있다'라며 나를 존경하는 눈으로 쳐다보기도 했다."

시진핑은 촌사람들로부터 서서히 신뢰를 얻었다. 그것은 정치적인 문제에도 영향을 미치게 되었다. 시진핑은 공산당의 하부조직인 공청단에 가입을 신청했다. 공청단에 들어가면 지도적인 위치에 오르는 것은 물론 당중앙으로부터의 지시도 신속하게 숙지할 수 있기 때문이었다.

그러나 '부르주아 부패분자 시중쉰의 아들'이라는 이유로 처음에는 퇴짜를 맞았다. 하지만 촌의 간부들도 시진핑이 두각을 나타내자 서서히 호감을 가졌고 8번째 신청에서 공청단 입단이 허가되었다. 시진핑은 1972년 8월 '지식인 청년 적극분자'로서 '사회주의 노선 교육운동'을 추진하는 지도자의 위치에 올랐다.

민중을 삶으로 받아들이다

이 기회에 시진핑은 다시 공산당 입당도 신청했다. 그 이전에 시진핑은 10차례에 걸쳐 입당 신청을 했다. 그러나 당원이 되는 것은 공청단에 들어가는 것보다 어려운 일이었다. 오늘날에도 당원이 되는 것은 그렇게 쉬운 일이 아니다.

량자허와 같은 오지에서 당원은 몇 명에 불과하며 그들에게 권력이 집중된다. 더욱이 당중앙의 권력투쟁 요소를 내포하고 있는 시중쉰의 문제가 해결되지 않았기 때문에 시진핑의 입당 신청은 대단히 민감한 사안이었다. 량자허 간부의 입장에서 볼 때 시진핑의 입당신청서를 상부기관에 제출하는 것은 자칫 잘못하면 중앙에서 벌어지는 권력투쟁의 불씨가 날아들어 자신의 정치생명이 위험해질 수 있었다.

그렇기 때문에 입당 신청은 줄곧 량자허의 당 간부들에 의해 고의적으로 묵살되었다. 그러던 중 열한 번째로 제출한 입당신청서가 상급의 옌안현 당위원회로 이송되었다. 현 위원회 서기는 시진핑의 입당을 허가하면서 이렇게 말했다.

"량자허의 경우 이웃사촌 사이에 이익이 복잡하게 얽혀 있기 때문에 원주민은 자신들의 문제를 제대로 처리할 수 없다. 그러나 시진핑이 나선다면 일을 처리할 수 있을 것이다. 시중쉰의 문제는 아직 결론이 나지 않았으나 그것이 자식의 입당 문제에 영향을 미쳐서는 안 된다."

1974년 시진핑은 20세의 나이로 당원이 되었으며 량자허 대대지부 서기에 임명되었다. 이 직책은 실질적인 촌장에 해당했다. 베이징에서 온 '문제아'였던 지식인 청년이 드디어 일인자가 된 것이다. 이에 대해 시진핑은 아버지의 영향이 어느 정도 작용했다는 것을 솔직하게 인정했다.

"이곳(옌안 지역)은 아버지가 예전에 활동했던 근거지이다. 당시 부친은 19세의 나이로 산간변구 소비에트정부 주석이었다. 그런 연유로 수많은 사람들이 나를 보호해주었고 도와주었다. 거기에 나 자신도 노력을 했기 때문에 이와 같은 결과를 얻을 수 있었다."

시진핑은 아버지의 옛 지인들의 도움을 받았다고 말했지만 실제로는 친구들의 도움을 많이 받았다. 시진핑은 어렸을 때부터 받은 교육의 영향으로 자신의 일에만 몰두하는 것이 아니라 남을 위해 헌신하는 성품을 갖추고 있었다. 또한 호탕한 성격이 사람들을 매혹시켰으며 그것은 넓은 포용력으로 연결되었다.

시진핑에게 헌신하는 대표적인 친구로 뤼허우성呂侯生을 들 수 있다. 그는 량자허의 공청단 지부 서기로 시진핑과는 동년배였기 때문에 그것 하나만으로도 마음이 통하는 사이였다. 두 사람은 아침이 밝아올 때까지 밤을 새워 이야기를 나누는 경우가 많았다.

처음에 시진핑은 공산당에 입당할 수 없다는 사실에 극도로 예민해져 마음에 깊은 상처를 입었고 그 영향으로 몸까지 피폐해지자 뤼허우성에게 "부친의 문제가 해결되지 않아 입당은 어려울 것이다"라고 울면서 토로했다. 뤼허우성은 "그렇지 않다. 너는 반드시 입당할 수 있다"라고 위로했다. 뤼허우성은 실제로 당 간부를 직접 찾아가 입당을 주장했을 정도로 시진핑을 열렬하게 지지했다.

시진핑이 량자허를 떠난 20년 후인 1994년 뤼허우성은 오른쪽 다리에 중증 골수염을 앓았다. 치료비는 6,000위안이었다. 당시 베이징 시민의 평균 월수입이 500위안 정도였으니 량자허의 촌사람에게는 상상도 할 수 없는 거액의 치료비였다.

뤼허우성은 지푸라기라도 잡아보겠다는 심정으로 푸젠福建성의 성도인 푸저우福州시 당위원회 서기인 시진핑에게 편지를 써 도움을 요청했다. 보름 후 시진핑에게서 500위안이 동봉된 편지 한 통이 답장으로 왔다. 편지에는 "이 돈을 여비로 삼아 푸저우까지 오라"라고 적혀 있었다.

시진핑은 뤼허우성이 도착하자 곧바로 병원에 입원시키고 업무가 끝나면 매일 병문안을 갔다. 얼마 후 뤼허우성은 병원에서 퇴원했다. 그동안의 치료비는 모두 시진핑이 납부했고, 돌아가는 비행기 티켓과

2,000위안의 생활비를 주어 뤼허우성을 옌안으로 돌려보냈다. 그 후에도 시진핑은 뤼허우성이 산시성 타이위안太原 무장 경찰병원에 입원하도록 힘을 썼다. 그 덕분에 뤼허우성은 오른쪽 다리를 절단하는 수술을 무사히 받을 수 있었다. 2000년 1월, 뤼허우성은 푸저우를 다시 방문했다.

푸젠성 성장이 된 시진핑은 뤼허우성을 만나자 "나의 농민 친구여, 그동안 고생이 많았네. 이제 고통이 사라졌으니 기념사진이라도 한 장 남기세"라고 말하면서 뤼허우성의 오른쪽 대퇴부를 쓰다듬었다. 게다가 시진핑은 옌촨현의 현장에게 의뢰해 뤼허우성을 장애자로 등록시켜 생활을 보장해주는 등 20년 이상이 넘도록 과거의 은혜를 잊지 않고 옛 친구를 보살펴주었다.

샨시성의 하방 생활을 마치고

하방된 샨시성의 농촌에서 부활을 향해 걷기 시작한 시진핑은 착실하게 기반을 다지면서 베이징으로 돌아갈 날을 인내하며 기다렸다. 이윽고 7년의 하방 생활에 종지부를 찍는 시점이 도래했다.

하방 생활이 4년째에 접어든 1972년 겨울의 어느 날 시진핑은 갑작스럽게 량자허 대대의 서기로부터 호출을 받았다. "즉시 옌촨현으로 가서 서기를 만나게나. 급한 용무가 있네. 아마도 자네 부친의 일인 것 같아."

아버지의 일이라는 말을 들은 시진핑의 가슴은 요동치며 뛰기 시작했다. 시중쉰은 여전히 감시상태에서 베이징의 2평 남짓밖에 안 되는 독방에 유폐되어 삼엄한 취조를 받고 있었다.

"저우언라이 총리가 지켜주고 계시니 괜찮다"라고 어머니 치신이 말하기는 했지만 문화대혁명이라는 동란의 한가운데에서 어떤 일이 일어날지 알 수 없었다. 시진핑은 걱정스러운 마음으로 옌촨현의 서기 집무실로 급히 발걸음을 옮겼다.

"곧 베이징으로 가게나. 저우언라이 총리로부터 연락이 왔네. 자세한 내용은 국무원 판공실로 가면 알게 될 것이네." 서기는 이렇게만 말하고 밖으로 나갔다. '즉시 이곳을 떠나라'라는 신호였다. 그것은 또 다른 의미로 '부르주아 부패분자 시중쉰'의 아들과는 엮이고 싶지 않다는 의미였다. 저우언라이 총리가 직접 연락을 했다는 사실은 예삿일이 아니었다. '길조일까 흉조일까?' 시진핑은 마음을 가라앉히며 이런저런 추측을 했다.

그 일이 있기 한 달 전에 후난湖南성 5·7간부학교에서 노동개조를 강요받던 치신에게 베이징에 있는 언니 치원으로부터 연락이 왔다. "(시진핑의 외조모) 어머니의 병환이 위중해 돌아가실 날이 얼마 남지 않았다. 어서 베이징으로 와 돌아가시기 전에 작별인사라도 해라"라는 소식이 온 것이다. 베이징으로 간 치신은 언니와 상의한 후 저우언라이 총리에게 편지를 썼다.

"나와 저의 아이들이 시중쉰과 떨어져 지낸 지도 긴 세월이 흘렀습니다. 아량을 베푸시어 부모와 자식이 만나는 것을 허락해주십시오. 아울러 우리들은 베이징에 거주할 곳이 없습니다. 집 문제도 해결해주시기를 바랍니다. 또한 은행 예금이 동결되어 있는데 일부라도 좋으니 해제시켜주시기 바랍니다."

저우언라이는 편지를 읽고 그 자리에서 세 가지 청원을 허락했다. 그리하여 량자허에 하방되어 있던 시진핑에게 일시 귀환령이 내려진 것이다. 베이징으로 돌아온 시진핑은 우선 어머니와 누나 시챠오챠오, 시안안, 동생 시위안핑을 만났다. 그 이후 드디어 중난하이의 국무원 판공실에서 아버지를 만났다. 아버지의 얼굴을 본 것은 8년 만의 일이었다.

오랜만에 만난 시중쉰은 너무 야위었고 깊은 주름과 백발로 인해 예전의 모습이 아니었다. 예전의 단정했던 용모는 간데없이 사라지고 완전히 늙어버린 모습이었다. 시중쉰은 시진핑과 시위안핑을 만나자 얼굴을 매만지면서 눈물을 흘렸다.

"정말 기쁘구나. 내가 살아있어서 참으로 다행이다."

예전의 강건한 아버지에 비하면 상상할 수 없을 정도로 나약해진 것이다. 8년만의 재회였으나 그 사이 아이들은 많이 성장해 시중쉰은 처음에는 시진핑과 시위안핑, 시챠오챠오와 시안안을 분간조차 하지 못했다. 저우언라이의 배려로 시진핑은 그 이후 매년 베이징으로 와 부모와 만날 수 있었다. 시중쉰을 둘러싼 변화는 문화대혁명이 곧 막을 내릴 것이며 시중쉰의 정치적 복귀도 멀지 않았음을 알리는 신호였다.

아버지와의 8년만의 재회는 시진핑이 량자허에서 생활하는 데 커다란 격려가 되었다. 그로부터 2년 후에는 정식으로 공산당원이 되었으며 농촌에서의 삶이 모든 면에서 가장 충실해졌을 때 량자허를 다스리는 대대 서기로 승격되었다.

서기가 된 이후 시진핑이 처음으로 한 일은 홍수와 통석류를 정비하기 위해 소형 댐을 건설하는 것이었다. 댐에 저수해 둔 물은 농업용수로 사용됐으며 우물을 파서 마시는 물도 확보했다. 또한 황토고원의 척박함으로 인해 연료로 쓸 수 있는 수목이 거의 없기 때문에 대체 연료로 메탄가스를 활용하는 방안을 구상했다. 메탄가스 발생장치를 만들어 조명과 요리에 사용했다. 그 덕분에 량자허에서는 70퍼센트 이상의 세대가 메탄가스를 사용했다.

30년 후 저장浙江성 당위원회 서기가 된 시진핑은 농촌지역을 시찰했을 때 여전히 메탄가스를 이용하는 모습을 보고는 그 옛날을 회고하며 자랑스럽게 말했다.

"내가 량자허 서기를 지낼 때 샨시성에서 가장 먼저 메탄가스를 이용했다. 나는 메탄가스 전문가였다."

현도 시진핑의 활약을 인정해 업무용으로 자동차 1대를 제공했다. 그러나 시진핑은 동료이자 공청단 지부 서기인 뤼허우성 등과 의논해 "이곳에서는 차보다 트랙터가 더 요긴하며 쓸모가 많다"는 결론을 내리고 자동차 엔진을 빼내 트랙터를 만들었다. 트랙터는 농사일에서 대활약을 했다. 그때 사용했던 엔진은 지금도 량자허의 행정사무소에 전시되어 있다. 이는 2007년 가을에 시진핑이 당 정치국 상무위원으로 취임한 것을 기념하기 위한 조치였다. 시진핑은 그것만으로도 '량자허의 자랑거리'였다. 확실히 그 엔진은 시진핑의 참신한 아이디어가 만들어낸 산물이었다.

이처럼 다양한 노력에 높은 평가를 받아 이윽고 시진핑의 일생을 결정하는 커다란 기회가 왔다. 중국 굴지의 명문대학인 베이징의 칭화대학에 입학을 하게 된 것이다. 중국의 대학입시는 1966년 문화대혁명의 발발과 함께 중지되었고, 1970년에 '학교는 민중이 추천하고 지도한다'는 방침 아래 대학은 노동자와 농민, 병사 등 실제로 노동에 참가한 혁명전사가 공부하는 장소가 되었다. 그것도 상부기관에 추천된 우수한 혁명전사에 한해서만 입학이 허가되었다.

1975년 여름 칭화대학에 입학할 수 있는 2명이 옌안 지역에 할당되었고 그중 1명이 옌촨현에 배분되었다. 시진핑은 가장 빨리 이 정보를 입수했다. 친하게 지내던 현의 교육국 간부가 이 정보를 알려주었던 것이다. 시진핑은 즉시 입학을 신청했다.

"당시 나는 량자허에서 간부를 하고 있었지만 대학에서 공부를 더 하고 싶다는 욕구가 많았다. 그곳에서는 책을 읽을 수가 없기 때문이었다."

시진핑은 중학교를 졸업한 후에 지방으로 하방되었기 때문에 공부에 대한 욕구가 항상 가슴속에 있었다. 현에서는 시진핑을 위해 추천장을 써주고 필요한 서류들을 구비해주었다. 그러나 문제는 칭화대학의 당위원회가 입학을 허락해 줄 것인가였다. 칭화대학의 당 간부는 덩샤오핑 계열이었다. '류샤오치(국가주석) 다음으로 제2의 실권파'로 비판받았던 덩샤오핑은 이미 정치적으로 부활했으며 교육 부문에 강한 영향력을 갖고 있었다.

덩샤오핑은 시중쉰과 잘 아는 사이였기에 시진핑의 입학에 긍정적이었다. 또한 시진핑에게 행운이었던 것은 덩샤오핑과 시중쉰에게 비판적이었던 칭화대학의 문혁파 간부가 때마침 대학을 떠났다는 점이었다.

그러나 이것만으로 입학이 허가되지는 않았다. 시중쉰이 근무하는 상부기관의 증명서가 필요했다. 그때 시중쉰은 베이징에서 사실상의 연금생활을 하면서 '질병요양'의 명목으로 허난성 뤄양시에 소재한 내열자재 공장의 부공장장으로 근무했다.

허난성의 일인자는 당 정치국 위원인 지덩쿠이 紀登奎였다. 지덩쿠이는 시중쉰에게 동정적이었으며 여러 모로 도움을 주었다. "시중쉰 동지의 문제는 인민 내부의 모순 문제이며, 자녀의 입학·취직과는 아무런 관계가 없다"는 증명서를 발급해 주었다. 이러한 여러 가지 요소가 합해져 시진핑은 정식으로 칭화대학에 대한 입학허가를 받았다. 하늘이 부여한 때, 땅의 이로움, 그리고 사람의 화학이 아군이 되어 그의 미래를 이끌어준 것이다.

시진핑은 량자허에 도착했을 때와 마찬가지로 두 가방의 책을 끌어안고 베이징으로 돌아와 칭화대학 공정학과에 입학했다. 7년에 걸친 량자허에서의 하방에 마침표를 찍게 된 것이다.

정치에 입문하다

1975년 10월 어느 날 아침, 22세의 시진핑은 량자허를 떠났다. 그동안 신세를 진 간부와 주요 인사들, 촌의 어른들에게 일일이 인사를 하고 약 30킬로미터 떨어져 있는 현의 버스 정류장까지 걸어서 갔다. 그때 시진핑은 혼자가 아니었다. 젊은 남녀 20여 명이 그를 따라온 것이다. 그들은 이별의 아쉬움을 이기지 못하고 여관까지 시진핑을 따라왔다. 시진핑은 하는 수 없이 그들을 숙박비가 저렴한 여관에 머물게 하고 밤을 새워 이야기를 나누었다. 그럼에도 불구하고 그들은 여전히 시진핑 곁에서 떠나지 않았다. 동네 사진관에서 기념촬영을 마친 후에야 시진핑은 그들을 돌려보낼 수 있었다.

시진핑이 그들을 다시 만난 것은 그로부터 11년 후인 1986년 8월이었다. 그가 샤먼시 부시장으로 재직할 때 샤먼대학에서 타인완 문제에 관한 토론회가 개최되어 전문가 100여 명이 참여했다. 샨시성에서도 참여했는데, 시진핑의 죽마고우 6명이 온 것이다. 샤먼대학으로부터 "샨시성의 대표가 시진핑 부시장을 만나고 싶어한다"라는 연락이 오자 시진핑은 스케줄을 조정해 토론회가 열리던 밤에 그들이 묵고 있는 호텔을 방문해 성대한 연회를 베풀었다.

시진핑은 부시장이라는 공식 직함을 애써 내려놓으며 량자허 시절과 마찬가지로 샨시성 사투리를 써가며 이야기를 나누었다.

"정말로 그대들이 그리웠네. 나의 청춘은 샨시성과 함께했지. 오늘날의 내가 있는 것도 량자허에서의 체험이 있었기 때문이라네."

11년 만에 만난 그들은 술잔을 주고받으면서 샨시성의 민요를 부르는 등 즐거운 밤을 보냈다. 시진핑의 말은 결코 사교적이거나 수사적인 말이 아니었다. 그는 15세부터 7년에 걸친 량자허에서의 생활을 이렇게 회고했다.

"나는 7년간 샨시에서의 생활을 통해 몸과 마음이 모두 성장했으며 특히 두 가지를 배웠다. 하나는 현장에서 사실을 파악하는 것이다. 그것은 민중을 이해하는 가장 좋은 길이다. 또 다른 하나는 스스로 자신감을 갖는 것이다. 돌로 칼을 연마하는 것처럼 열악한 환경에서 자신을 단련시키는 것이 중요하다. 7년에 걸친 삶에서 나는 수많은 어려움에 직면했으나 그때마다 슬기롭게 극복했다. 그 누구든 도전하지 않으면 앞길이 열리지 않는다. 우리는 도전할 용기가 필요하며 어떤 일이 있어도 자신을 믿어야 한다. 좌절하지 않고 문제를 정면에서 돌파해나가면 이루지 못할 일이 없다. 나는 22세에 황색의 토지를 떠날 때 '인민의 공복公僕이 되겠다'라는 삶의 목표를 세웠으며 쉬지 않고 노력했다. 샨시 고원에서의 체험은 나의 뿌리이며 변하지 않는 나의 신념을 키웠다."

시진핑은 량자허에서의 고난과 고통, 경험을 통해 정치가로서의 길을 걷게 되었다고 밝힌 것이다.

지방에서 정치의
첫발을 내딛다

다시 일어선 시중쉰

시진핑이 7년의 하방 생활을 마치고 베이징에 돌아온 1975년 여름, 아버지 시중쉰에게도 커다란 변화가 찾아왔다. 허난성 뤄양시의 내열자재 공장의 부공장장으로서 '질병요양'이 허가되었던 것이다. 또한 아내 치신과 딸 시챠오챠오와 함께 살 수 있었다. 이는 1962년부터 시작된 연금생활이 13년 만에 사실상 끝났다는 것을 의미한다. 시중쉰은 자신의 부활이 가까워졌음을 확신했다.

시중쉰은 13세에 공산혁명에 참가한 태생적인 혁명전사였기에 건강을 지키기 위해 매일 신체 단련을 했다. 베이징에서 연금생활을 할 때도 고작 두 평의 방이었지만 시간이 날 때마다 방안에서 걷기 운동을 했다. 뤄양에서는 비가 내리는 날에도 아침 두 시간은 산책하는 것을 3년 내내 빼먹지 않았고, 산책이 끝난 후에는 공중목욕탕에서 땀을 빼며 신문과 책을 읽었다. 오후에는 교외의 댐까지 산책을 했다. 이 모든 것은 부활을 위한 준비였다.

그러나 인생에는 예기치 못한 뜻밖의 일이 반드시 닥친다. 시중쉰을 겨냥한 비극의 화살이 갑자기 날아온 것이다. 1976년 1월 8일, 시중쉰이 친형처럼 흠모하며 따랐던 저우언라이 총리가 사망한 것이다. 언젠가는 자신을 중앙으로 이끌어 줄 것으로 기대했던 저우언라이의 갑작스러운 죽음은 시중쉰에게 커다란 충격이었다.

1976년은 중국 현대사의 커다란 전환점이기도 했다. 망자亡者의 영혼을 기리는 청명절인 4월 5일, 민중이 베이징의 톈안먼天安門 광장에 대거 모여들어 저우언라이 총리를 추도하는 집회가 열렸다. 집회는 마오쩌둥의 부인 장칭江靑 등 소위 4인방(당 중앙위원회 부주석 왕훙원王洪文, 정치국 상임위원 겸 국무원 부총리 장춘차오張春橋, 정치국 위원 장칭, 정치국 위원 야오원위안姚文元)의 압정에 대한 항의집회로 변질되었다. 당국은 진압을 위해 경찰부대를 동원했고 이 과정에서 분노한 민중들과 충돌이 일어나 다수의 사상자가 발생했다. 이른바 제1차 톈안먼 사건이다.

4인방은 "덩샤오핑이 이 사건을 뒤에서 조종했다"라고 비난했으며 덩샤오핑은 다시 모든 직위에서 해임되었다. 7월 6일에는 민중의 존경이 두터운 '건국의 원훈' 주더朱德 원수가 사망했다. 같은 달 28일에는 베이징에서 동쪽으로 150킬로미터 떨어진 허베이성 탕산唐山시에서 진도 7.8의 대지진이 발생해 24만 명 이상이 사망했다. 그리고 9월 9일에는 급기야 마오쩌둥이 사망했다.

후계자로는 화궈펑華國鋒이 지명돼 주석직에 올랐으며 그의 후견인으로는 군 수뇌인 예젠잉葉劍英 원수가 임명되었다. 그들은 궁정 쿠데타를 일으켜 4인방을 체포하고 10년에 걸쳐 중국을 황폐화시킨 문화대혁명을 종결시켰다. 소식을 접한 국민들은 큰 기쁨을 표출했다.

뤄양에 있던 시중쉰은 예상했던 변화가 빨리 이루어진 것에 적지 않은 불안을 느꼈으나 당중앙에 편지를 보내 "앞으로도 계속 당을 위해 일하고 싶다"라고 요청했다. '질병요양'이라는 굴레가 씌워져 있어 공개적으로 움직일 수 없는 시중쉰을 대신해 아내 치신과 딸 시챠오챠오가 몇 차례에 걸쳐 베이징까지 가서 당 간부들을 직접 만났다. 칭화대학에서 학생 신분으로 공부를 하던 시진핑도 어머니, 누나와 함께 아버지의 명예회복을 호소했다.

이 과정에서 시진핑은 예젠잉 원수와 당중앙 조직부장으로 후에 총서기가 되는 후야오방胡耀邦, 원로 왕전 등 실력자들을 직접 만났다. 왕전은 시중쉰과 특별히 친밀하지는 않았으나 "시중쉰 동지는 매우 중요한 인물이다. 도움이 되도록 하겠다"라고 약속했다.

1978년 3월, 베이징에서 개최된 중국 인민정치협상회의(정협)에서 시중쉰은 정협 상무위원으로 선출되었다. 이는 실로 16년만에 중앙 정치무대에서 부활을 한 것이다. 시진핑에게는 아닌 밤중에 홍두깨와 같은 것이었다. 그는 아버지의 복권 소식을 라디오를 통해 듣고는 깜짝 놀랐다.

베이징에 있는 시중쉰의 집은 다시 문전성시를 이루었다. 수많은 사람들이 찾아온 것이다. 시챠오챠오는 "많은 사람들이 아버지를 만나기 위해 찾아와 집안이 하루아침에 북적거렸다"라고 당시를 술회했다.

시챠오챠오에게 깊은 인상을 준 사람은 부총리 위치우리였다. 위치우리는 대장정 시절 시중쉰이 옌안에서 칩거할 때 군의 간부로서 한 솥밥을 먹으며 고난을 함께했던 동료였다. 시챠오챠오는 아버지와 위치우리가 머리를 맞대고 새벽 3~4시까지 이야기를 나누는 모습을 여러 차례 목격했다.

또한 권력이 절정에 달했던 예젠잉 원수도 시중쉰을 만나자 "시중쉰 동지, 당신은 정말로 지독한 시련을 겪었소"라고 위로하며 힘껏 껴안았다. 시진핑은 아버지를 환대하는 간부들의 모습을 보고 시챠오챠오와는 다른 의미에서 인간 세태의 변화무쌍함과 사람의 심리를 꿰뚫어 보게 되었다.

"권력은, 접할 기회가 적고 이를 멀리서 바라보는 사람에게는 대단히 신비하며 새롭게 보인다. 그러나 권력이나 부귀영화, 명성 등은 예컨대 꽃처럼 쉽게 변한다. 세상은 얼마나 박정한가? 나아가 정치란 그 얼마나 잔혹한가?"

이처럼 시진핑은 염량세태炎凉世態의 추한 변화를 솔직하게 글로 남겼다. 이런 경험이 이후 그의 정치관을 형성하는 데 큰 영향을 미쳤다.

시중쉰은 1978년 4월 광둥성을 기반으로 하던 예젠잉 원수의 추천으로 광둥성 당위원회 제2서기로 부임해 광둥廣東성의 2인자가 되었다. 당 조직부장 후야오방은 시중쉰의 기용에 대해 "남쪽의 대문을 지키기 위해서였다"라고 평했다. 치신은 광저우廣州시 당 조직부장에 임명되었고, 시챠오챠오는 광저우 제일군의대학에 입학해 아버지를 따라갔다.

시중쉰은 그해 말 광둥성 당위원회 제1서기로 승격되어 광둥성의 일인자가 되었다. 제2서기에는 이미 부총리로 부활한 덩샤오핑의 측근 양상쿤이 베이징으로부터 파견되어 부임했다. 이제 역사는 큰 전환점을 맞아 광둥성을 무대로 덩샤오핑에 의해 대대적인 개혁이 막을 올렸다.

경제특구의 신설

광둥성에 도착하기 전 시중쉰은 후야오방의 집으로 식사 초대를 받았다. 후야오방은 시중쉰이 나락에 빠져 있던 날들을 위로한 뒤 광둥성에서 해야 할 일들에 대해 당부했다. 후야오방의 뒤에는 덩샤오핑이 있었는데 시중쉰의 광둥성 부임에는 덩샤오핑의 뜻이 강하게 작용했다. 시중쉰은 후야오방으로부터 덩샤오핑이 무엇을 생각하고 있는가를 상세히 듣고 광둥성에서의 개혁을 다짐했다.

시중쉰과 후야오방의 친밀한 관계는 이후에도 지속적으로 이어졌다. 그러나 1987년 1월 전국적으로 일어난 학생 민주화운동에 대한 대응이 잘못되었다는 이유로 궁지에 몰린 후야오방은 총서기에서 해임되었다.

시중쉰과 후야오방의 친밀한 관계는 후야오방을 스승으로 존경하는 후진타오胡錦濤도 잘 알고 있었다. 이는 훗날 돌고 돌아 시진핑에게 행운을 가져다주었다. 이른바 '1대에 걸친 친구, 3대에 이르는 친척'이라는 격언이 생긴 이유이다.

광둥성에 부임한 시중쉰은 덩샤오핑의 뜻을 받들어 문화대혁명으로 피폐해진 중국을 바로세우기 위해 분투했다. 시중쉰에게 부여된 최초의 업무는 광둥성에 인접한 홍콩으로 탈출하는 밀항자 대책을 세우는 것이었다. 1978년에만 약 5만 명의 밀항자가 구속되었으나 밀항에 성공하거나 바다를 건너는 도중 사망해 통계에 잡히지 않는 밀항자의 수는 그 이상으로 추정되었다. 밀항의 동기는 홍콩의 풍요로움이었다. 중국 본토와 홍콩의 노동자 수입은 100배 이상의 차이가 났다.

"홍콩과의 경계선은 한눈으로 알 수 있다. 저쪽의 논과 밭은 청색으로 우거졌고, 이쪽은 황색의 땅만 보일 뿐이다." 시중쉰은 충격을 받아 "똑같은 토지인데 이와 같은 차이가 나는 이유는 이쪽의 제도에 문제가 있기 때문이다"라고 지적했다. 이는 시중쉰과 함께 선전과 홍콩의 경계지역 일대를 시찰한 한 공산당 간부가 직접 들은 말이다.

시중쉰은 "밀항자 대책을 수립함에 있어 방지대책을 강화할 것이 아니라 홍콩과의 경제적 격차를 줄여야 하지만 이는 근본적으로 불가능하다"고 생각했다. 그래서 내린 결론은 "중국 본토에 해외의 자본과 기술을 도입하는 것"이었다. 이러한 시중쉰의 발상이 중국의 개혁·개방 노선의 효시가 되는 선전深圳 경제특구의 탄생이다.

시중쉰은 1979년 4월 베이징에서 열린 당중앙 공작회의에서 "광둥의 경제발전을 가속화해 아시아의 네 마리 작은 용(한국, 타이완, 싱가포르, 홍콩)을 따라잡기 위해 더욱 큰 자율권을 주어야 한다"고 강력하게 주장했다. 선전을 '수출상품 생산기지'로 지정하고, 그곳에 투자하는 해외기업에 세제 측면 등에서 우대조치를 취한다면 가공무역 거점으로서 홍콩이나 해외 화교로부터 자본을 유치하는 것이 가능하다. 그렇게 된다면 자금뿐만 아니라 훌륭한 경영 노하우와 첨단 공업기술도 흡수할 수 있다. 이른바 '특구 구상'이다.

이는 시중쉰이 1930년대에 샨시성과 간수성에서 혁명 활동을 할 때 옌안을 중심으로 하는 정치 해방구 '산간변구 소비에트정부'를 설립했던 경험에서 아이디어를 얻은 것이다. 그러나 특구 구상에 대해서는 반대 의견이 많았다. 한정된 지역이라 해도 그곳에 특별조치를 행해 외자를 도입하면 자본주의를 인정하는 것과 같으며 공산주의 이념에 반하는 것이기 때문이었다. 투철한 공산주의자라면 당연히 시중쉰의 제안에 반대했다.

"특구가 꼭 필요하다면 광둥성 주변에 7,000킬로미터의 철조망을 깔고 인접한 지역에 자본주의가 침투하는 것을 방지해야 한다"라는 황당한 의견도 제시되었다. 갑론을박이 많았으나 최종 결정권은 덩샤오핑에게 있었다. 오랫동안의 소란스러운 논쟁 끝에 덩샤오핑이 입을 열었다.

"옌안은 작은 지역이었다. 그것이 커져 산간변구 소비에트정부가 탄생했다. 그것도 일종의 특구였다. 광둥성 특구는 대단히 좋은 아이디어다. 다만 지금 중앙정부는 돈이 없다. 이곳에 모인 간부들이 어떻게 해서든 혈로血路를 열어주기 바란다."

이 말을 끝으로 모든 것이 결정되었다. 덩샤오핑이 이와 같은 결정을 내린 배경에는 개혁·개방에 대한 굳은 마음이 있고 그 돌파구를 마련하고자 활로를 탐색했기 때문이었다. "선전경제특구는 하나의 실험장이다. 중국 전체를 개혁시키기 위해서는 우선 일부 지역에 자유를 부여할 필요가 있다. 선전은 작은 지역이기 때 실패해도 아무런 손해가 없다." 시중쉰의 보고를 들으면서 덩샤오핑은 이와 같이 생각했을지도 모른다. 실제로 덩샤오핑은 1년 전 일본에 이어 동남아시아 3개국을 방문했는데 특히 싱가포르에서 강한 인상을 받았다.

그는 싱가포르를 시찰하면서 "정녕 이 나라가 중국인이 만든 나라인가?"라며 싱가포르의 발전에 경악을 금치 못했다. 그는 수행원들에게 "중국과 달리 작은 나라이기 때문에 가능했을지도 모른다"고 흉금을 털어놓았다. 당시 덩샤오핑은 리콴유 총리와 3시간에 걸쳐 회담을 했다. 리콴유 총리는 싱가포르의 경제발전 노하우를 덩샤오핑에게 들려주면서 "발전에는 정치적 안정과 대외개방이 필요하다"고 강조했다. 덩샤오핑도 그 의견에 전적으로 동의했다. 이와 같은 싱가포르에서의 경험이 덩샤오핑에게 경제특구 창설의 견인차 역할을 한 것이 틀림없다.

그러나 당 최고지도부의 몇몇 간부는 고식적인 반대를 했다. "특구라해도 산간변구는 정치특구였다. 경제특구는 아니었다." 이 발언을 전해들은 시중쉰 등 광둥성의 개혁파 간부들은 오히려 반색을 표했다. "그렇다. 경제특구다! 대단히 좋은 명칭이다." 이 발언이 원류가 되어 당초의 '수출특구'에서 '경제특구'로 명칭이 바뀌었다. 그해 8월의 전국인대 상무위원회에서 광둥성의 선전, 주하이珠海, 산터우汕頭와 푸젠성 샤먼厦門 등 네 지역에 경제특구를 설치한다는 안건이 정식으로 승인되었다. 수년 후에는 본 궤도에 올라 외화 획득의 원천이 되었을 뿐만 아니라 중국 전체의 개혁과 개방을 추진하는 기관차 역할을 했다.

이 과정에서 시중쉰 등 개혁파 인사들은 홍콩의 사업가들을 적극적으로 만났다. 이와 관련해 흥미 있는 에피소드들이 많다.

시중쉰은 개혁·개방의 추진을 위해 경제특구에 홍콩 자본을 유치하고자 다양한 형태로 홍콩의 사업가들과 회견하고 식사도 여러 차례 했다. 시중쉰과 친밀한 관계를 맺은 홍콩의 한 사업가는 시중쉰이 입만 열면 첫 마디가 "돈 좀 벌었습니까?"라는 질문이라며 그 열성에 탄복을 했다. 그때까지의 중국은 문화대혁명의 영향으로 자본주의를 통렬하게 비난했으며 극좌적인 경향이 여전히 강했기 때문이었다.

홍콩의 사업가가 그렇게 지적하자 시중쉰은 "지금 무슨 말을 하는 겁니까? 사업가가 돈을 벌지 못하면 이는 애국이 아닙니다"라고 천연덕스럽게 대답했다. 홍콩의 사업가는 시중쉰의 말을 듣고 "중국의 개혁·개방 노선은 엄청난 힘을 지니고 있다"라고 판단해 선전에 투자하기로 결정했다.

선전경제특구는 홍콩을 시작으로 일본, 미국 등의 해외자본을 대량으로 유치해 대성공을 거두었다. 이러한 공적에 의해 시중쉰은 '대외개방의 시조'로 불리게 되었다. 이에 앞서 1979년 8월 4일 후야오방 등의 끝없는 노력에 의해 당중앙은 류즈단 사건에 의한 시중쉰의 반당反黨 활동 혐의는 '날조된 것'이라 발표했으며, 시중쉰은 정식으로 명예를 회복했다.

기회를 기다리다

시중쉰의 명예회복이 정식으로 결정된 1979년 여름, 시진핑은 칭화대학을 졸업하고 중앙군사위원회 판공청에 배치되었다. 구체적인 직무는 당 정치국 위원으로 중앙군사위 비서장을 겸직하고 있던 겅뱌오 부총리의 비서였다.

겅뱌오耿飈는 가장 유력한 간부로서 다른 주요 공산당 간부들과 마찬가지로 군 출신이었다. 1909년 후난성에서 출생해 이미 70세의 나이였다. 1913년생으로 젊었을 때부터 수많은 전쟁터를 누비며 살아남은 시중쉰과는 고난을 함께 겪은 전우라고 할 수 있다.

겅뱌오와 시중쉰의 차이점은 시중쉰이 덩샤오핑을 지지하는 개혁파임에 비해 겅뱌오는 마오쩌둥을 지지하는 문혁파였다는 점이다. 문화대혁명으로 고통을 당한 시중쉰에 비해 겅뱌오는 외교 무대로 자리를 옮겨 스위스, 파키스탄 대사로 근무한 이후 외교부 차관을 거쳐 미얀마, 알바니아 대사를 지냈다. 장관급인 당 대외연락부 부장을 역임하는 등 순풍에 돛단배처럼 승승장구했다.

이는 겅뱌오가 문화대혁명 시기에 군의 중진이었던 예젠잉(1897년생) 중앙군사위 부주석이 어렸을 때부터 돌봐주었다는 점과 관계가 있다. 예젠잉은 마오쩌둥 사후 4인방의 체포를 단행했다. '궁정 쿠데타'로 불리는 대모험으로서 실패하면 역적의 오명을 뒤집어쓰고 사형될 것이 분명한 목숨을 건 도박이었다. 겅뱌오는 예젠잉의 명령을 받자 안색 하나 변하지 않고 따랐으며 중앙방송국과 라디오국을 접수해 4인방 체포를 성공시키는 데 큰 역할을 했다.

겅뱌오는 예젠잉과 마오쩌둥의 후계자가 된 화궈펑 주석으로부터 절대적인 신뢰를 얻어 최고지도부의 한 자리를 차지했다. 4인방 체포 다음 해인 1977년 가을에 열린 당대회에서 당 정치국위원으로 선발되었고, 1978년 3월에는 부총리로 선출되었다. 그야말로 인생의 최고 절정기였다. 그 시기에 시진핑이 겅뱌오의 비서가 된 것이다.

겅뱌오의 승진에 비례해 비서인 시진핑의 정치·사회적 지위도 격상되었고 급료 외의 복지적인 측면에서도 혜택이 많았다. 생활도 즐겁고 안정적이었다. 비서가 된 이듬해인 1980년 5월 하순부터 2주에 걸쳐 겅뱌오를 수행해 미국을 방문하는 등 해외 견문도 넓혔다. 1년 전까지만 해도 학생이었던 몸으로서는 상상할 수도 없는 경험이었다. 그러나 시진핑에게는 불만이 있었다.

"내 일상의 행동 범위는 반경 50킬로미터 내외였으며 베이징 바깥으로 나가는 일은 그리 많지 않았다. 항상 감시를 받는 '새장 속에 갇힌 새'였다."

혈기왕성한 청년 시절에 샨시성에서 자유롭게 능력을 발휘한 옛날이 그리웠다. 항상 민중과 함께 살겠다는 결의를 했던 터에 중앙 관료서의 생활은 적성에 맞지 않았다. 그러던 어느 날 사퇴 의사를 밝혔다.

"비서를 그만두고 싶습니다. (말단 조직인) 기층부터 다시 시작하고 싶습니다."

시진핑은 젊은 비서들이 모여 있는 자리에서 자신의 결심을 토로했다. 사람들은 그런 시진핑의 결의를 의아하게 여겼다. 그러나 시진핑이 지방 말단 간부로 일하고 싶다고 생각한 것은 느닷없이 튀어나온 것이 아니라 정치 상황을 민감하게 읽은 결과이기도 했다. 개혁·개방의 도입으로 덩샤오핑 주도의 개혁파 간부가 중요한 자리에 앉기 시작했으며 겅뱌오 등을 포함한 문혁파 간부는 서서히 밀려나는 상황을 읽은 것이다. 시중쉰이 개혁파의 중진이었기 때문에 정치적인 풍향에 민감하지 않을 수 없었다.

시진핑이 간파한 그대로 절정기에 달한 겅뱌오의 신변에도 서서히 변화가 일어나기 시작했다. 1981년 6월 당중앙위 전체회의에서 화궈펑이 당 주석 자리를 후야오방에게 넘겼으며, 덩샤오핑은 군사위원회 주석 자리를 탈환했다. 이어 7월에 겅뱌오는 군사위원회 비서장에서 해임되어 양상쿤楊尙昆이 후임으로 취임했다.

양상쿤은 건국 이후부터 덩샤오핑과 밀접한 관계를 유지했고, 당의 일상 업무를 처리하는 당중앙 판공청 주임으로서 실제적 지도자인 덩샤오핑을 보좌했다. 덩샤오핑이 어렸을 때부터 키운 간부들 가운데 수제자이자 직계 중에 직계였다. 문화대혁명 시기에 두 사람은 한 차례씩 실각했지만 덩샤오핑이 부활한 이후인 1978년 광둥성 당위원회 제2서기로 복직했다. 그 시기의 광둥성 제1서기는 시중쉰이었는데 두 사람은 덩샤오핑과 연결되는 선배와 후배가 되어 긴밀한 관계를 맺었다.

양상쿤은 광저우시 당위원회 제1서기 등을 거쳐 1982년에 당정치국 위원과 중앙군사위원회 부주석, 비서장으로 취임해 덩샤오핑의 개혁·개방을 측면에서 강력하게 추진했다. 그 공로로 국가주석과 군사위원회 제1부주석으로까지 승진했다.

양상쿤과 마찬가지로 시중쉰도 욱일승천했다. 1981년 6월부터는 당 중앙위원회의 일상 업무를 총괄하는 서기처 서기에 취임했고, 1982년 9월의 제12차 당대회에서 정치국 위원을 겸직하고 덩샤오핑이 이끄는 개혁파의 중진으로서 개혁·개방 전반에 걸쳐 빼어난 수완을 발휘했다.

시중쉰과 양상쿤이 승승장구하는 기세였던 반면 겅뱌오는 이미 기세가 기울고 있었다. 1982년 5월 부총리에서 해임되었고, 11월에는 3월에 취임한 국방장관 자리마저 잃었으며 1983년 6월에는 명예직인 전국인대 부위원장 직책만을 겨우 유지했다.

바로 1년 전인 1982년 3월 시진핑은 이미 겅뱌오의 비서를 사직하고 베이징에서 300킬로미터 떨어진 허베이성 정딩현의 당위원회 부서기로 부임했다. 그의 변신을 재빨랐다. 비서직을 그만두고자 했을 때 겅뱌오에게 "지방으로 내려가고 싶습니다"라고 밝혔다. 겅뱌오는 "지방으로 가고 싶다면 군의 야전부대로 가면 되지 않는가? 내가 소개장을 써주겠네"라고 제안했으나 시진핑은 거절했다. "겅뱌오의 지시에 따라 야전부대로 간다면 나의 생애 전체가 겅뱌오의 부하로 평가받게 된다 그렇게 되면 겅뱌오가 추락할 때 나 역시 무너진다." 시진핑은 이렇게 생각했다.

겅뱌오는 1984년 5월 홍콩 문제와 관련해 그만 커다란 실수를 저질렀다. "1997년 중국으로 반환된 이후의 홍콩에는 인민해방군을 주둔시키지 않는다"라고 발언한 것이다. 덩샤오핑은 이 말을 물고 늘어졌다. "대단히 잘못된 발언이다. 왜 인민군을 주둔시키지 않는가?" 덩샤오핑은 공개적으로 화를 내며 베이징을 방문한 홍콩 기자단 앞에서 겅뱌오를 비난했다. 이것으로 겅뱌오의 정치생명은 끝난 것과 다름없었다. 겅뱌오는 결국 전국인대 부위원장을 마지막으로 현역에서 은퇴했고, 중앙 무대에 복귀하지 못한 채 2000년 6월 23일 90세의 나이로 영면했다.

시진핑은 겅뱌오의 정치적 운명을 간파하고 비서직을 재빠르게 그만둔 뒤 지방으로 내려갔다. 이를 통해 권력의 흐름과 추세를 읽어내는 정치적 감각이 매우 뛰어남을 알 수 있다. 중국의 일인자는 당 주석, 당 총서기 혹은 황제 등으로 불리지만 그 이름이 무엇이든 절대적인 권력을 보유하고 막강한 힘을 발휘한다. 정치적 변동이 극심하고 격렬한 과도기에는 다양한 계층의 사람들을 분석해 자신의 몸을 보호하는 예민한 처세술이 요구된다.

당시 중국에서는 이미 개혁·개방이 도입되었고 시진핑과 같은 고급 간부의 자녀는 중앙의 당정 기관에서 근무하면서 중앙관료의 길을 착실히 걷든지 아니면 간부의 특권을 이용해 해외로 유학을 떠날 수도 있었다. 이는 문화대혁명 시대에 박해를 받아 불우한 시기를 보낸 간부 자녀들에 대한 일종의 보상이었다. 또는 향후 중국경제의 번영을 예측하고 '샤하이'(원뜻은 '바다로 나가다'이나 '사업에 뛰어들다'는 의미로 쓰임)라 일컬어지는 돈을 많이 벌 수 있는 분야에서 기업을 일으킬 수도 있었다. 실제 일부 간부의 자녀들은 특권을 악용해 막대한 이권을 탐하기도 했다.

그렇기 때문에 시진핑이 문혁 시절로 돌아가 궁박한 농촌에서 힘들게 일하는 고생스러운 길을 선택하자 대부분의 사람들은 이해할 수 없었다. 시진핑과 똑같이 대학을 졸업하고 비서가 된 간부 자녀들로는 쩡칭훙(훗날 국가체육총국장과 국가부주석 역임), 베이징 올림픽위원회 위원장 등을 지낸 우샤오주伍紹祖 등이 있다. 쩡칭훙은 시중쉰과 대단히 관계가 좋은 위치우리 부총리의 비서가 되어 시진핑과 더욱 친밀해졌다. 우샤오주는 보수파 지도자인 왕전 부총리의 비서로 근무했고, 쉬융야오許永躍(훗날 국가안전부장 역임)는 보수파 중진인 천윈의 비서로 일했다. 이처럼 많은 간부 자녀들이 고위 간부들의 비서가 되었다.

당 지도부는 유능한 간부 자녀를 유력한 간부의 비서로 임명해 정치적으로 훈련시키는 인사정책을 취했다. 문화대혁명으로 유능한 젊은 간부가 양성되지 못한 상황에서 중국의 미래를 고려할 때 젊은 지도자의 육성이 급선무였기 때문이었다. 그들은 함께 모여 현재의 과제와 미래의 전략을 토론하면서 뜻을 키워나갔다. 리더는 쩡칭훙이었으며, 이들을 중심으로 후에 태자당 그룹이 형성되었다. 오늘날에도 유력한 간부의 비서를 거쳐 중앙 정계에 진입해 당·정의 요직에 오르는 것은 간부 등용의 대표적인 패턴이다.

지방으로 내려가다

시진핑은 장래가 촉망되는 비서직을 스스로 버리고 지방으로 내려가는 길을 선택했다. 그가 이러한 선택을 한 또 다른 이유는 시중쉰이 고위급 간부에게 아들의 장래에 대해 자문을 구한 것도 한 요인이 되었다. 그 간부는 "청년이 큰 뜻을 품었다면 길은 정해져 있다. 지방에서의 경험을 축적해 한 단계 한 단계 올라선다면 장래에 큰 인물이 될 것이다"라고 충고했다. 이는 홍콩신문 《대공보》에 실린 내용이다.

이 간부가 과연 누구인지에 대해 신문은 구체적으로 언급하지 않았지만 시중쉰이 조언을 구할 정도의 고위급 간부는 최고지도자 덩샤오핑 외에는 없다. 그 증거로 덩샤오핑은 젊은 지도자 후보군을 선발할 때 후진타오를 필두로 지방에서 고생한 간부들을 대거 중앙으로 끌어올렸다.

시진핑과 마찬가지로 지방 관료를 지낸 후 중앙으로 발탁된 간부들로는 상하이로 내려갔던 쩡칭훙, 국가주석을 지낸 류샤오치劉少奇의 장남이자 군사과학원 정치위원인 류위안留圓, 충칭시 당위원회 서기 보시라이 등이 있다.

류위안은 출생과 성장 과정이 시진핑과 비슷하다. 당·정 간부의 양친을 모시고 있고 문화대혁명으로 양친이 실각했으며 지방으로 하방되어 이루 말할 수 없는 고통을 겪었다. 아버지 류샤오치는 4인방 등 문혁파의 최대 공격 목표가 되어 심한 고문으로 몸이 망가져 허난성에서 사망했는데, 이 사실을 숨기기 위해 타인의 이름을 도용해 시신을 매장

시켰다. 문화대혁명 시기 최대의 피해자라 할 수 있다. 류위안은 장남이었기 때문에 문화대혁명이 시작되자 대부분의 시기를 옥중에서 고문을 받으며 보냈다. 이러한 측면에서 보면 량자허에서 간부로 활약한 시진핑은 나은 형편이었다고 할 수 있다.

시진핑과 류위안은 어렸을 때부터 친구였다. 류위안은 1951년 1월생으로 시진핑보다 3살이 더 많지만 거의 동세대로 집도 같은 중난하이였기 때문에 어렸을 때부터 소꿉장난 친구였다. 또한 초등학교와 중학교도 같은 학교를 다녔다.

류위안은 대학 입시가 부활한 1977년 베이징사범대학에 입학했다. 시진핑은 1975년에 칭화대학에 입학했기에 학생으로 공부했던 시절도 서로 겹친다. 칭화대학과 사범대학은 베이징 하이덴구에 위치해 있으며 다시 만난 두 사람은 어릴 적 쌓았던 두터운 교분을 따스하게 유지했다.

류위안은 졸업한 후 곧바로 부친 류샤오치가 임종한 허난성의 농촌으로 내려가 말단 간부가 되는 길을 선택했다. 현장, 정저우郑州시 부시장, 허난성 부성장을 지냈다. 그러나 양친으로부터 물려받은 개성이 강했기 때문에 주변 간부들과 잘 어울리지 못해 무장경찰부대로 자리를 옮겼다. 다행히 2인자인 부정치위원까지 올라갔으며 이후 인민해방군으로 옮겨 총후근부(군수·보급 분야) 부정치위원이 되었다. 이처럼 지방에서 축적한 능력을 바탕으로 중앙으로 진출한 과정과 살아온 방식은 시진핑과 공통된 부분이 많다.

시진핑의 형뻘인 쩡칭훙은 상하이에서 뛰어난 능력을 발휘해 상하이시 일인자인 장쩌민의 눈에 띄었다. 장쩌민이 1989년 6월의 텐안먼 사건으로 당 총서기로 선발되었을 때 그가 유일하게 베이징으로 데려온 직속 부하가 쩡칭훙이었다. 시진핑은 이러한 쩡칭훙과 상하이에 머물 때나 베이징으로 자리를 옮겼을 때도 자주 연락을 취하여 친교를 유지했다.

또한 시진핑은 현재 충칭시 당위원회 서기 및 정치국 위원인 보시라이와도 유년시절 친구이다. 보시라이의 어머니는 문화대혁명 때 자살했고, 아버지는 실각하는 등 비참한 고통을 겪었다. 보시라이는 문화대혁명 후 랴오닝遼寧성의 간부를 역임했으며 다롄大連시와 랴오닝성 성장 대리로 일했다. 지금도 시진핑과 친밀한 관계를 유지하고 있다.

한편 비서로서 중앙에 남아 출세한 태자당 그룹도 있는데 시진핑은 그들과도 긴밀한 연락을 취하며 중앙의 움직임을 늘 주시했다. 시진핑은 허베이성 정딩현의 당위원회 부서기를 시작으로 2007년 10월까지 25년 동안 푸젠성, 저장성, 상하이시의 지방 간부를 지냈다. 특히 푸젠성에서는 18년간 근무해 정치적 기반을 확실하게 다졌다. 이 과정에서 수많은 어려움과 고난을 겪었으나 모두 극복하고 최고지도자로서 한 단계 한 단계의 고비를 넘어섰다. 어려운 시절에 격려가 되어준 것은 같은 간부 자제로서 지방으로 추방돼 고초를 겪는 동료들의 후원이었다. 같은 시기에 유사한 고난을 극복해 나갔던 격려와 힘은 태자당 단합의 첫 번째 요소라 할 수 있다.

시진핑은 지방에서의 오랜 경험에 대해 한마디로 이렇게 평가한다.

"만일 내가 그 시절에 중앙에 남아 있었다면 오늘의 나는 존재하지 않았을 것이다."

젊은 간부들 중에서 시진핑처럼 지방에서 오랫 동안 실제적인 경험을 쌓은 사람은 거의 없다. 그는 지방에서 다양한 업무를 처리하면서도 중앙의 정보를 입수하는 일에도 게으르지 않았다. 그것은 태자당 그룹의 긴밀한 지원이 있기에 가능했으며 시진핑의 막강한 정치적 자산이 되었다.

정치인, 시진핑

지방을 개혁하라

25년이나 계속된 시진핑의 지방 간부로서의 첫 부임지는 허베이성 스자좡石家庄시 정딩正定현이었으며 직책은 당위원회 부서기였다. 현의 3인자에 해당하는 자리였다. 1982년 3월의 일로 당시 28세였다.

정딩현은《삼국지》로 유명한 유비의 3대 무장 중에 한 명인 조자룡의 고향이다. 베이징에서 남쪽으로 300킬로미터 떨어진 농촌이지만 허베이성의 성도 스자좡에서 20킬로미터밖에 걸리지 않아 도시 근교의 농촌이라 할 수 있었다.

스자좡시 일인자인 셰펑은 시진핑을 첫 대면한 자리에서 "자네에게 큰 기대를 하고 있네. 산시에 하방되었을 때 반동 학생에서 우수한 당원으로 변모했다고 들었네. 자네가 지방으로 내려와 하부 조직에서 일하겠다고 결심한 마음은 누구도 이해하지 못 하겠지만 나는 자네에게 큰 기대를 걸고 있네"라며 격려했다. 셰펑이 아직 미지수인 시진핑을 격려한 까닭은 시중쉰 등이 뒷선에서 정딩현에 부임하도록 조치를 해두었기 때문이었다. 시진핑은 3년가량 정딩현에서 일한 뒤 푸젠성 샤먼시 부시장으로 승진했다. 이 인사에도 시중쉰의 의향이 반영되었다. 물론 그뿐만 아니라 시진핑을 중앙 간부로 육성하고자 하는 당중앙의 의사 또한 담겨 있었다.

정딩현에서는 대부분의 직원들이 "중앙의 고급간부 자제가 왔다더군. 과연 농촌을 알기나 할까?"라고 비웃었으며 내심 불안한 기색을 감추지 못했다. 그러나 이러한 우려는 기우에 불과했으며 시진핑은 곧 현 간부와 직원, 주민 등과 마음을 터놓고 지냈다. 한 간부의 말에 따르면, 시진핑은 근무할 때 군복을 입었으며 천으로 만든 구두를 신는 등 대단히 소박한 복장이었다. 말투는 겸허했고 허리를 낮추어 사람을 대하는 등 아버지의 위광을 내세우는 일도 전혀 없었다. 식사는 일반 직원들과 똑같이 실외의 시멘트 테이블에서 함께했고 자전거를 이용했다. 그는 자전거 예찬론자였다.

"자전거는 신체를 단련시켜 주며 민중을 가까이 하는 데 꼭 필요한 도구이다. 또 기름을 절약할 수 있다."

이러한 시진핑을 사람들은 모두 좋아했다.

"명망 높은 가문 출신이라는 것 외에는 우리 농민들과 거의 다를 바가 없었다."

그가 소박하고 검약한 생활을 꾸려나간 것은 스스로가 그런 생활을 좋아하기도 했지만 가문의 전통이기도 했다.

　시진핑은 현의 부서기로 1년 8개월 동안 근무한 후 현의 일인자인 당위원회 서기로 승격되었다. 점차 정치적 수완, 행정 능력을 시험받는 위치로 올라간 것이다. 그는 일찍이 칭화대학 시절이나 비서로 일했을 때도 부친이 간부로 재직했던 광둥성 외에 하이난도 등에서 개혁·개방의 현장을 직접 시찰한 경험이 풍부했다. 이러한 경험이 주효해 대담한 개혁정책을 펼치는 데 큰 도움이 되었다.

　농업·축산업 외에는 특별한 산업이 없는 정딩현에 상품 시장경제를 도입한 것도 하나의 좋은 예이다. 우유와 육우, 닭, 토끼 가공공장을 세우고 화학공업과 건자재, 의복 등의 대형 공장도 세웠다. 또한 노동자의 실제 생산량에 의거해 급료를 지급하는 '생산연계 청부제'를 적극적으로 도입했다. 이 제도는 당시까지만 해도 보편화되지 않은 방식이었다.

　정딩현에는 《홍루몽》에서 묘사된 것과 똑같은 청나라 시대의 거리가 남아 있었다. 시진핑은 이를 본격적으로 복구하고 재현시키기 위해 80만 위안을 투자했다. 그렇게 만든 곳이 룽궈푸榮國府로 명명된 놀이공원이다. 관광객을 유치하는 것 외에 영화 촬영을 하는 등 관광업을 중대 산업으로 육성했다. 시진핑이 현을 떠난 후에도 이 사업은 계속되어 1986년 8월, 140만 평 규모를 자랑하는 룽궈푸가 완공되었다. 그해 12월까지 100만 명이 방문했고 입장료 수입은 221만 위안, 그 외의 관광 수입은 1,768만 위안에 달했다. 또한 중앙정부로부터 '중국관광 정딩현 모델'로 인정받는 등 대성공을 거두었다.

시진핑은 공장 건설과 관광산업 외에도 은퇴한 원로 간부들의 복리후생과 마을의 위생문제에도 대책을 강구하는 등 다양한 방면에서 큰 업적을 쌓았다. 그가 정딩현에서 거둔 성공은 매스컴의 주목을 받았고 그의 대활약을 묘사한 TV 드라마 '새로운 별'이 제작되었다. 이 드라마는 정딩현에서 92퍼센트의 높은 시청률을 기록했다.

그는 업무 능력과 품행이 훌륭하다는 평가를 받았을 뿐만 아니라 친화력도 뛰어났으며 술을 마실 때면 모든 사람들과 잘 어울리는 소탈한 면도 보여주었다. 현의 문화국장 출신으로 후에 저명한 작가가 된 자다산賈大山과는 특히 의기투합했다. 술을 마시면 자정이 넘은 시각에 관사 담장을 기어올라 들어왔을 정도로 두 사람은 술을 좋아했고 친밀했다.

그 시절은 시진핑에게 청춘의 질풍노도와 같은 시기였다. 훗날 자다산이 중병을 앓아 베이징의 병원에 입원하자 푸젠성 당위원회 부서기였던 시진핑은 1997년 1월 먼 거리를 마다하지 않고 찾아갔다. 안타깝게도 2월에 자다산이 사망하자 장례식에 부인과 함께 연명한 화환을 보냈다.

시진핑은 1985년 6월 웅대한 뜻을 가슴에 품고 현을 떠났으나 1991년, 1993년, 1997년의 음력 1월 1일과 2005년 4월 4일에도 현을 시찰했다. 그만큼 이곳에 대한 사랑이 깊었다. 그가 저장성 당위원회 서기로 재직하던 2005년 12월 정딩현의 시찰단이 저장성을 방문했다. 그들에게 시진핑은 이렇게 말했다.

"정딩현은 나의 두 번째 고향입니다. 지도 간부로서 첫 부임지였고,

나의 기반을 구축했던 곳이지요. 나는 그곳을 떠난 후에도 줄곧 정딩현에 관심을 쏟았습니다. 관광업이 성공했다는 소식을 들었을 때 정말로 기뻤지요. 정딩현은 향후 상업, 무역의 중심지로 발전해야 합니다. 나는 항상 열렬히 응원하고 있습니다."

그의 말처럼 정딩현은 시진핑의 청년 시절을 수놓은 즐거운 추억을 간직한 곳이었다.

개혁·개방의 선봉에 서다

시진핑은 1985년 6월, 32세가 되던 생일에 샤먼시 부시장으로서 푸젠성의 성도인 푸저우시에 부임했다. 그곳에 도착하자 성의 일인자이며 당위원회 서기인 샹난이 시진핑을 환영했다. 샹난은 1918년 출생해 시중쉰보다 5세가 어리지만 시중쉰이 혁명 전쟁기에 함께 싸웠던 샹위녠의 아들이었기 때문에 시중쉰에게는 아들과 같은 존재였다. 그 역시 시중쉰을 흠모했다.

시중쉰이 전국인대 부위원장을 지내던 시절인 1982년 10월 정부 대표단 단장으로 북한을 방문했을 때 샹난도 대표단의 일원이었다. 두 사람은 베이징으로 돌아오는 열차 속에서 개혁·개방 정책에 대해 깊은 의견을 주고받을 정도로 친밀한 관계였다.

시진핑이 부시장으로서 환영을 받은 샤먼시는 샤먼도를 중심으로 주변의 작은 섬들을 포함해 약 120제곱킬로미터 중에서 서북부의 2.5

제곱킬로미터가 1980년 10월에 경제특구로 지정되었다. 당시 특구는 선전, 주하이, 산토우, 샤먼 네 곳으로 샤먼 외에는 모두 광둥성에 있었다.

광둥성 특구는 주로 홍콩과 마카오의 화교 사업가들로부터 투자를 받았으나 샤먼은 해협을 사이에 두고 타이완의 사업가들로부터 투자를 받기 위해 건설되었다. 중국 건국 이후 타이완에는 국민당 정부가 세워져 타이완해협을 사이에 두고 늘 긴장감이 감돌았다. 한때 중국은 진먼, 마주 등을 포격해 전쟁으로까지 비화될 가능성도 있었으나 미국의 개입으로 진정되었다.

그러나 그 후에도 양측의 긴장관계는 계속되었고 중국은 푸젠성을 중심으로 군 기지와 군수시설을 확충했다. 이 때문에 푸젠성은 군사 분쟁이 일어나면 타이완에 의한 공격으로 도시 전체가 파괴될 우려가 있었기 때문에 군사시설 외에는 거의 건설되지 않았다. 연해부에 있으면서도 경제가 발전되지 못했으며 무역도 진흥되지 못한 가난한 곳으로 남았다.

일본에서는 1990년대 중국으로부터 수많은 불법입국자들이 들어왔는데 그 대다수가 푸젠성 출신자였다. 그만큼 푸젠성은 경제적으로 뒤처져 있었다. 이와 같은 경제적 후진성을 벗어나고자 샤먼을 경제특구로 지정했으며 경제 발전은 푸젠성 정부가 반드시 실현해야 할 지상명제였다.

샹난은 1984년 2월, 선전 경제특구를 시찰한 후 샤먼 경제특구로 온 덩샤오핑을 배에 태워 샤먼도를 한 바퀴 돌면서 이렇게 요청했다.

"지금 샤먼 경제특구는 항구 주변의 2.5제곱킬로미터밖에 되지 않습니다. 이것으로는 매우 부족합니다. 경제특구의 범위를 좀 더 확대시켜주시기 바랍니다."

덩샤오핑은 즉각 승낙했고 그해 5월 경제특구는 샤먼 본도 전체를 포함하는 131제곱킬로미터로 확대되었다. 이에 의해 개혁을 추진하는 기운이 한층 높아졌다. 시진핑은 바로 이 시기에 샤먼에 부임한 것이다. 그는 비서 시절이나 허베이성 근무 시절에 시중쉰이 일했던 광둥성을 여러 차례 방문해 경제특구를 시찰하는 등 개혁·개방 정책에 대해 잘 알고 있었다. 샤먼시의 부시장으로 선발된 것은 그러한 점이 평가된 결과이기도 했다. 이러한 인사는 시진핑의 개혁성에 높은 점수를 주었다는 사실을 증명한다.

샹난은 시중쉰으로부터 연락을 받고 직접 시진핑을 만나 샤먼-푸저우 고속도로 건설에 대해 토론했다. 당시 중국에는 고속도로가 단 하나도 없었다. 샹난의 개혁 정신 역시 매우 높았던 것이다. 샤먼에서 푸저우까지는 300킬로미터가 되지 않았으나 자동차로 8시간이 걸렸다. 그 정도로 도로 사정이 열악했다. 오늘날 샤먼시에는 고층 빌딩이 빼곡하지만 당시에는 2, 3층의 주거용 건물들이 간혹 보일 정도로 낙후된 곳이었다. 시진핑은 이러한 샤먼시를 "예쁘고 귀여운 얼굴이지만 구질구질한 옷을 입어 가난한 모습을 그대로 보여주는 시골 처녀"라고 평했다.

이 때문에 시진핑은 고속도로 건설을 진지하게 검토하는 샹난을 대하자 자신의 능력을 십분 발휘하겠다는 결심을 다졌다. "나는 당시 용감하게 샤먼으로 뛰어들었다. 개혁과 대외개방을 열심히 실천하자고 다짐했다." 그러나 그 열정적인 결의에 찬물을 끼얹는 돌발사태가 시진핑을 기다리고 있었다.

험난한 개혁·개방의 길

샤먼시 부시장으로서 경제 발전의 결의가 대단한 시진핑을 처음으로 맞은 좌절은 든든한 방패막이자 개혁파의 거물인 샹난의 실각이었다. 개혁·개방 정책을 둘러싼 보수파와 개혁파의 권력투쟁이 푸젠성에 영향을 미친 것이다.

사건의 발단은 공산당 기관지 《인민일보》에 날아든 한 통의 투서였다. "푸젠성에서 만든 감기약은 달기만 할 뿐 감기가 전혀 낫지 않는다. 또 맛도 이상하다. 이를 철저히 조사해주기 바란다." 곧 기자가 감기약을 구입해 전문기관에 분석을 의뢰했다. "흰색 목이버섯에 사탕을 섞은 것으로 약효 성분이 전혀 없다"는 결과가 나왔다.

감기약은 푸젠성 진장에 위치한 향진기업이 제조한 것이었다. 향진기업은 농민이 중심이 되어 기업을 일으키고 농산물 외에도 특색 있는 생산품을 제조·판매하는 기업으로 개혁·개방 정책의 일환으로 만들어진 일종의 농촌형 벤처기업이다. 감기약 사건이 터지자 개혁·개방에 반대하는 보수파는 "농촌의 생산 기반과 사회주의 체제를 근본부터 무너뜨리는 자본주의적 수법"이라며 공격의 날을 세웠다.

이 사건은 국내뿐만 아니라 해외에서도 커다란 파문을 불러일으켜 수습할 수 없는 상황이 되었고, 개혁·개방 자체를 뒤흔드는 심각한 정치문제로 발전했다. 책임을 추궁받은 샹난은 결국 물러날 수밖에 없었다. 후임은 보수파의 천광이(당시 간수성 성장)가 임명되었는데 그는 쑹핑의 강력한 추천을 받았다. 천광이는 7년 동안 푸젠성에서 군림했고 개혁은 완전히 불이 꺼져 버렸다.

천광이에 대해 덧붙여 말하자면, 그는 푸젠을 떠난 후 중국의 민간 항공을 담당하는 민항총국장으로 자리를 옮겼다. 리펑李鵬 총리와 강한 연계를 맺고 있었기 때문에 리펑이 총리를 사직하고 전국인대 위원장이 되자 천광이도 전국인대 재무경제위원회 위원장을 맡아 중앙 정치에서 맹활약을 했다. 그는 인치에 의한 전형적인 중국형 처세술에 능통한 인물이었다.

한편 샹난은 정치 일선에서 물러나 베이징에서 거주했는데 시진핑은 그에게 자주 연락을 했고 베이징에 출장을 오면 반드시 찾아가 푸젠성이 안고 있는 문제와 해결책에 대해 조언을 들었다. 시진핑은 1997년 11월 해외 출장에서 돌아오는 길에 베이징에서 하룻밤을 묵었을 때도 샹난을 찾아갔다. 그와 이야기를 나누고 헤어질 때 "건강하게 지내시기 바랍니다"라고 당부했다. 샹난은 "내가 어딘가 몸이 좋지 않은 것처럼 보이는가"라며 농담으로 인사를 받았다. 그러나 공교롭게도 그날 밤 샹난은 심장발작으로 급사했다. 향년 79세였다. 시진핑은 샹난의 인생에서 최후의 손님이었던 것이다.

1980년대 후반 개혁파에게는 힘겨운 정세가 계속 나타났다. 1986

년 말부터 1987년 초에 걸쳐 학생들이 주도하는 민주화운동이 전국에 거세게 불었으며 이에 대한 대응책을 둘러싸고 후야오방 총서기가 실각됐다. 후야오방은 '정치의 민주화' 실현을 위해 덩샤오핑의 은퇴를 요구했으며 그것이 최고권력자의 역린을 건드려 경질된 것이다. 이러한 정쟁 속에서 시중쉰은 후야오방의 편을 들었기 때문에 1987년 당대회에서 정치국 위원으로 재선되지 못했고 전국인대 부위원장이라는 한직으로 강등되었다.

18개월 후인 1989년 4월 후야오방이 급사하자 민주화운동이 다시 불붙었고, 6월4일 톈안먼 사건이 터졌다. 수많은 희생자를 낸 이 사건으로 개혁·개방이 급속도로 냉각되었고, 보수적인 침체 분위기가 중국 전역을 휩쓸었다.

사상 최대의 부패 사건

개혁·개방의 최전선에서 활약하기를 갈망한 시진핑이었으나 푸젠성 시절의 처음 5년은 은인자중의 나날이었다. 이 기간 동안 주로 지역 시찰이나 가정방문 등 무난한 활동을 반복했다. 이것이 인정을 받았는지는 몰라도 시인대(시의회의원)의 다수가 샤먼시 시장 선거에서 시진핑을 시장 후보로 추천하는 이례적인 일이 일어났다.

중국의 선거에서는 촌 단위를 제외하고 시장이나 성장, 당위원회 서기 등의 경우에는 후보자가 한 명밖에 나오지 않는 경우가 대부분이다.

부시장이 된 지 얼마 안 되는 33세의 시진핑은 후보자로 선발될 위치가 아니었기 때문에 이러한 이변에 오히려 부담을 느꼈다. 그러나 푸젠성 간부들이 시진핑의 탁월함을 인정해 후보로 추천했으며 현직 시장과 시진핑 두 명이 시장 선거에서 경쟁하게 되었다. 결과는 현직 시장의 압승이었으나 이를 계기로 시진핑은 푸젠성에서 주목을 받게 되었다.

이후 시진핑은 샤먼을 떠나 푸젠성 내에서도 가장 발전이 늦은 닝더宁德 지구의 당위원회 서기에 임명되었다. 그의 나이 35세였다. 닝더는 푸젠성 동북부에 위치한 9개의 현을 통합한 곳으로 저장성에 인접해 있고, 바다와 산간 지역을 동시에 갖고 있는 농어촌 지대였다.

푸젠성은 평균 연수입이 160위안밖에 되지 않았고 중국 전체 빈곤 인구 77만 5,000명의 3분의 1을 차지하고 있었으며 그 대부분이 닝더 지구에 집중되어 있을 정도로 전국적으로 유명한 빈곤지대였다. 푸젠성은 타이완과의 분쟁이 발생할 경우 최전선이 되기 때문에 군사기지와 시설 외에는 공공투자가 거의 이루어지지 않았고, 생활 기반시설을 포함해 경제건설 사업에서도 제외되어 있었다. 산업을 유치하지 못해 공업 수준은 매우 낮았으며 서민들은 농업이나 어업으로 생계를 겨우 유지했다. 이것이 빈곤의 커다란 원인이었다.

시진핑은 극빈층을 구제하는 일부터 시작했다. 모초(풀의 일종)로 만든 집에 거주하는 주민 7,000명의 집을 짓는 일부터 시작해 해안선을 따라 가로 15미터, 세로 2미터의 작은 배에서 살아가는 선민 2만 2,000명에게도 집을 지어주었고 보조금을 지원해 생계를 유지할 수 있도록 했다.

심각한 빈곤의 부작용으로 인해 푸젠성에서는 오직汚職과 부패가 만연했다. 최대의 산업은 권력을 쥔 관공서였기 때문이었다. 푸젠성뿐만 아니라 빈곤 지역에서는 공무원의 생활이 가장 안정적이었고, 신분상으로도 가장 높았다. 예를 들어, 간부의 대다수는 공금을 횡령해 자신의 집을 지었다. 관리들이 탐욕에 눈이 멀어 달콤한 즙을 짜내려는 행태가 습관처럼 형성되어 있었다. 시진핑은 재임 중에 뇌물을 받은 부현장급 간부 242명, 과장급 이상 간부 1,399명을 적발해 징계에 처하는 특단의 조치를 단행했다.

시진핑은 푸젠성에서 푸저우시 시장과 성장 등의 요직을 지냈는데 공무원들의 뇌물수수와 부패에 계속 골머리를 앓았다. 특히 성장으로 취임한 이듬해인 1999년 4월, 중국 역사상 최대의 부패사건으로 일컬어지는 '위안화 사건'이 터졌다.

위안화 사건은 자동차와 담배, 석유, 전자·화학제품 등의 밀수가 약 530억 위안, 탈세 약 300억 위안 등 합계 830억 위안의 규모로 국고에 손해를 끼친 대형 사건이었다. 이 사건에 푸젠성 당위원회 서기를 지낸 베이징 시장 자칭린賈慶林의 아내 린요우팡林幼芳이 관여되었다는 소문이 돌았다. 또한 베이징이 공안부 차관, 군의 고관을 포함해 푸젠성과 샤먼, 푸저우시의 고위간부 대부분이 체포되었다. 주범인 무역회사 사장 라이창싱黎津平은 캐나다로 도망쳤다. 자칭린은 사건이 적발된 후 린요우팡과 이혼했으나 다시 재결합했다.

이와 같은 혼란이 계속된 푸젠성에서의 시절이었으나 다른 한편으로 시진핑은 인맥을 착실하게 형성했다. 특히 샹난의 심복이었던 자칭린과는 친밀한 관계를 구축했다. 자칭린은 장쩌민에 의해 발탁되어 베이징 시장, 당위원회 서기를 거쳐 정치국 상무위원으로 선임되는 출세 가도를 달렸다.

자칭린은 베이징의 제1기계공업부에서 근무할 때 샹난이 부하로 일했으며 샹난과 매우 친밀했다. 중국은 인치의 국가로 불리지만 자칭린처럼 능수능란하게 처신해 출세한 간부는 그렇게 많지 않다. 또한 위안화 사건은 자칭린이 푸젠성에 있을 때 수면 아래에서 진행된 것이지만 그것이 사법 당국에 의해 뒤늦게 적발된 것은 큰 행운이었다. 푸젠성을 떠난 이후에 사건이 터졌기 때문이다.

자칭린의 후임인 당위원회 서기에는 푸젠성 성장이었던 천밍이陳明義가 취임했다. 성장에는 화학공업부장을 지낸 허궈창賀國强이 부임했다. 그는 1999년 6월 충칭시 시장으로 영전했고, 지금은 당 기율조사위원회 서기를 겸직하는 정치국 상무위원이다.

허궈창의 후임 성장으로 취임한 사람이 시진핑이었는데 이때 위안화 사건이 발각되었다. 성의 일인자였던 천밍이의 아내와 아들이 사건에 연루되었다는 사실이 밝혀져 천밍이는 해임되었다. 그 자리에는 후진타오의 기대가 높은 공청단파의 젊은 리더인 쑹더푸宋德福가 임명되었다. 그는 "나는 담배를 담당했고 시진핑은 술을 책임졌다"라고 자랑할 정도로 시진핑과 2인 3각과 같은 협조체제를 구축했다. 시진핑의 능력은 쑹더푸에 의해 후진타오에게 보고되었고, 후진타오는 시진핑을 염두에 두게 되었다.

현재의 당 상무위원회에는 자칭린, 허궈창, 시진핑 이렇게 푸젠성 간부 출신이 3명이나 있다. 9명 중 3명의 '푸젠방'에 더해 같은 상무위원인 저우융캉은 쩡칭훙의 직계로 시진핑과 친하다. 이것이 시진핑이 차기 최고지도자의 자리를 획득하는 데 큰 강점이 된 것임은 확실하다. 그와 같은 토대가 위안화 사건의 소용돌이 속에서 구축되었다는 점이 매우 흥미롭다.

지도자의 길을 걷다

시진핑은 2002년 10월, 여러 가지 사건을 겪은 푸젠성을 떠나 기온이 따뜻하고 경치가 좋으며 경제적으로도 발전한 저장성으로 자리를 옮겼다. 직무는 저장성 성장 대리였다. '대리'는 법률적 호칭에 불과했으며 실질적인 저장성 성장이었다. 그러나 저장성에는 지연이나 혈연으로 연결되는 사람이 한 명도 없었다. 친한 지인이나 친구도 거의 없었다. 저장성 사람들이 볼 때 전형적인 낙하산이었다.

그렇지만 부임한 지 한 달이 지나 성장 대리에서 성의 일인자인 당위원회 서기로 승격되었다. 통상적으로 성장에서 수년간의 경험을 축적한 뒤 서기로 승진되기 때문에 이처럼 빠른 인사 승진은 이례적이었다.

이러한 이면에는 그해 11월에 개최된 제16차 당대회에서의 비밀 결의가 중요한 역할을 했다. 대회에서는 총서기로 선발된 후진타오가 "당의 미래 지도자를 육성하기 위해 40대의 제5세대 젊은 간부 1명을 당 정치국 상무위원으로 등용할 필요가 있다"고 제안했다. 10년 전인 1992년 가을의 제14차 당대회에서 티베트자치구 주석이었던 후진타오 자신이 '제4세대의 대표'로서 정치국 상무위원회에 진입했던 전례에 따른 제안이었다.

1989년 3월, 라싸拉薩를 중심으로 한 티베트자치구는 티베트 불교의 최고지도자 달라이 라마 14세의 귀향과 티베트 민족의 자결을 요구하는 승려와 민중에 의한 시위와 집회 등으로 소란 상태였다. 자치구 일인자인 후진타오는 즉시 계엄령을 선포하고 군대와 무장경찰을 긴급 출동시켜 이를 평정했다. 라싸 소란이 일어난 지 3개월 후 베이징에서 톈안먼 사건이 발발했는데 중앙 지도부는 사태 평정에 쩔쩔맸다. 그런 연유로 후진타오에 대한 평가가 높아졌다. 이전에도 후진타오는 귀저우 성의 일인자 시절에 살인범 체포나 열차 전복사고 등에서 즉시 경찰을 출동시켜 사건을 잘 처리한 공로로 "후진타오는 돌발사건의 대응에 뛰어나다"라는 평가를 받았다. 이것이 덩샤오핑의 귀에도 들어갔던 것이다.

제14차 당대회 개최에 즈음해 덩샤오핑은 '제4세대의 대표'를 결정하는 회의를 열었고, 장쩌민 등 최고지도부에게 사실상의 차기 일인자로 후진타오를 추천했다. 장쩌민江澤民 등은 "수리부장水利部長 정도라면 등용할 수 있습니다"라며 완곡하게 반대했다. 덩샤오핑은 씩 웃으면서 "그 직책은 너무 약하네. 이 젊은이는 우선 품격이 있고, 후야오방에게 충정을 다했지. 둘째, 원칙을 지켜 티베트 시위에 강력하게 대처했

네. 셋째, 밑바닥에서 출발했고 공청단에서도 활동했으며 귀저우의 일인자로 일하면서 경험을 축적했네. 넷째, 긴 시간 동안 서부지역에 있었기 때문에 서부의 문제를 잘 알고 있지. 다섯째, 아직 50세가 되지 않은 젊은 사람이네"라고 강조했다. 후진타오는 장쩌민의 후계자로 49세의 젊은 나이에 정치국 상무위원회에 진입했다.

그로부터 10년 후인 제16차 당대회에서 '제5세대의 대표' 후보로 선발된 사람이 49세의 시진핑과 후진타오의 심복인 47세의 리커창李克强(허난성 성장) 두 사람이었다. 후진타오의 목표는 물론 자신이 키운 리커창을 상무위원회에 진입시키는 것이었다. 그러나 장쩌민은 강경하게 반대했다.

"현재의 50세 이하의 동지는 아직 많은 경험을 축적하지 못했다. 다양한 곳에서 더 활동을 해 단련을 하지 않으면 안 된다."

장쩌민의 이 발언은 공표되지 않았으나 의사록에는 기록되어 있다. 이 비밀결의에 의해 시진핑은 13년 이상을 보낸 푸젠성을 떠나 저장성으로 부임한 것이다. 한편 리커창은 2003년 허난성 성장 겸 허난성 일인자인 서기로 승격했고, 2004년에는 중앙정부가 최고 역점을 둔 동북진흥 정책의 중심지인 랴오닝성 일인지로 자리를 옮겼다.

이 시기부터 시진핑과 리커창은 미래의 자리를 놓고 격렬한 경쟁을 벌였다. 두 사람 모두 '미래를 위해서는 한 번이라도 실패하면 안 된다'는 커다란 부담을 느꼈다. 특히 후진타오의 심복으로서 차기 최고지도자에 근접한 리커창은 중압감을 버티지 못하고 행동이 신중해져 과감한 결단을 내리지 못하는 경우가 많아졌다.

리커창에 비해 시진핑은 낙관적인 태도를 유지했다. 당의 인사를 한 손에 장악하고 있는 당 조직부장은 어렸을 때부터 시진핑이 '형님'으로 흠모해왔던 쩡칭훙이었기 때문이다.

정치가도를 달리다

도약의 발판을 다지다

중국은 2009년 10월 1일 건국 60주년을 맞이했다. 정확히 10년 전인 건국 50주년 기념일에 시진핑은 아버지 시중쉰과 함께 베이징 톈안먼 누각 위에서 열린 기념식장의 중심에 서 있었다. 시진핑은 푸젠성 성장 대리로 부임한 지 얼마 안 되었기에 이와 같은 장소에서 쟁쟁한 대간부들과 어깨를 나란히 할 지위는 아니었다. 그러나 초창기 당 간부인 85세의 시중쉰이 기념식에 초대되었기 때문에 수행원으로 행사에 참석한 것이다.

시중쉰은 1990년에 일선에서 물러난 이후 자신이 창설하기 위해 분주했던 광둥성 선전 경제특구로 내려가 여생을 보냈다. 선전은 장쩌민이나 후진타오 등 최고지도자가 자주 시찰했는데 그때마다 그들은 반드시 시중쉰의 저택을 찾았다. 현역 최고간부가 은퇴한 원로를 방문하는 것은 당의 전통이었다. 특히 춘절(구정)을 전후해 총서기를 필두로 정치국 상무위원 등이 분담해 원로를 방문하는 것이 연례행사였다.

최고실력자로서 개혁에 큰 역할을 한 덩샤오핑이나 그 반대의 입장에서 보수파의 중진으로 맹활약한 천원 등은 1990년대 들어 점차 2선으로 물러났으며 동정은 잘 알려지지 않았다. 원로 간부들이 차츰 은퇴하고 그들의 이름이 잊혀져가는 상황에서 간혹 언론에서 원로의 동정을 보도하는 경우도 있었으나 큰 관심을 끌지는 못했다.

천원은 1995년에, 덩샤오핑은 1997년에 사망했다. 그러자 1999년 건국 50주년 기념 행사가 개최되었을 때 생존해 있는 원로는 시중쉰과 보수파로 이름을 날린 보이보 전 부총리 정도에 불과했다. 더구나 시중쉰은 노인성 치매 증상이 발병하기 시작했고 정신적으로도 불안정한 상태였다. 그러나 당중앙의 강력한 요청을 물리칠 수 없어 행사에 참여하기로 했다. 베이징 방문 여행의 전체 일정은 12일이었다. 전용 비행기가 선전으로 날아와 시중쉰 가족을 태우고 베이징으로 갔으며 당 경호국 간부가 경호를 맡았고 전국인대의 간부가 파견되어 안내를 맡았다. 시진핑은 방문 기간 중에 시중쉰과 항상 행동을 같이 했다.

여행 일정은 시중쉰의 비서가 자세한 기록을 남겼다. 그에 따르면 치매 발작을 염려했으나 정신상태가 매우 좋아 우려하던 상황은 일어나지 않았다. 다만 시중쉰은 비행기 타는 것을 좋아하지 않았다.

기념식 전날인 9월 30일 오전에 장쩌민 국가주석의 대리인 후진타오 국가부주석이 예방했다. 시중쉰은 후진타오에게 "젊고 능력이 있으며, 인민 대중의 평판도 매우 좋다. 구낫위원회 부주석으로서 장쩌민 주석을 돕는 책임은 막중하다. 당신과 같은 젊은 간부는 인민의 희망의 별이다"라고 격려했다. 이에 대해 후진타오는 "시중쉰 어르신, 우리들은 모두 당신의 건강을 염려하며 빠른 쾌유를 빕니다"라고 시중쉰의 귀에 대고 큰소리로 말했다.

다음 날인 10월 1일의 기념식에서는 텐안먼 누각 위에서 원자바오 부총리가 인사를 건네며 시중쉰의 두 손을 부여잡고 "저는 언제나 당신의 격려와 지원에 감사하고 있습니다"라고 말했다. 이는 원자바오가 1985년 당중앙 판공청 부주임으로서 직무를 처음 맡았을 때 정치국 상무 위원인 시중쉰이 따뜻하게 격려를 하며 보살펴 준 것을 가리킨다.

그날은 예년보다 날씨가 다소 쌀쌀했는데 장쩌민은 시중쉰에게 "이렇게 추운데도 대단히 건강해 보이십니다. 앞으로도 더욱 건강하시기 바랍니다"라며 시중쉰의 건강을 염려했다. 시진핑이 푸젠성에서 근무하던 시절 상사였던 자칭린(후에 베이징시 일인자, 현재 당 정치국 상무위원)은 10월 4일 시중쉰의 베이징 관광에 동행해 유서 깊은 베이징호텔에서 점심 식사를 대접하고 세 시간이나 연회를 베풀었다.

이처럼 최고지도부가 시중쉰에게 극진하게 예를 다하는 가운데 장쩌민 등은 시진핑과도 여러 차례 이야기를 나누었다. 시중쉰의 베이징 방문을 수행한 시진핑이 아버지의 덕으로 많은 것을 얻은 셈이다.

많은 이들의 지지를 받다

시진핑이 최고지도자로 선택된 결정적인 이유는 장쩌민에게 주목받은 것이 결정적 요인이라고 할 수 있다. 다만 시진핑과 리커창을 비교하면, 리커창이 공청단의 지지밖에 받지 못하는 것에 비해 시진핑은 장쩌민과 쩡칭훙 국가부주석을 중심으로 한 상하이방을 포함해 부친 시중쉰의 부하인 원자바오溫家寶와 태자당 그룹, 칭화대학 그룹, 나아가 부인 펑리위안이 활약한 인민해방군 등 지지 기반이 다양하다. 중국의 권력을 형성하는 각층으로부터 폭넓은 지지를 받았다. 이 차이는 실제로 매우 크다.

우선 칭화대학 그룹부터 살펴보면, 중국의 당·정부 중추에는 칭화대학 출신자가 대단히 많다. 1950년대 이후 칭화대학은 차관급 간부를 약 300명 정도 배출했는데 그 수는 발군의 모습이다. 1987~1992년 사이의 제13기 당중앙위원회에는 정치국 상무위원회에 야오이린姚, 쑹핑宋平이 있었고, 부총리에는 캉스언康世恩 등 칭화대학 출신자가 장악했다. 1998년부터 5년간 총리를 지낸 주룽지와 전국인대 부위원장 펑페이윈, 그리고 후진타오도 모두 칭화대학을 졸업했다.

특히 2002~2007년의 제16기 당중앙위원회에는 상무위원인 후진타오 외에 우방궈吳邦国, 황쥐黄菊, 우관정吳官正이 있었으며, 부총리에 쩡페이옌曾培炎, 국무위원에 화젠민華建敏이 포진하는 등 막강한 그룹을 형성해 또 하나의 대청제국大淸帝國이라고 야유를 받을 정도로 라이벌인 베이징대학과는 큰 격차를 보였다.

두 번째는 상하이방과 푸졘성 그룹이다. 상하이방에 대해서는 시진핑의 유년시절 동무인 쩡칭훙이 리더라는 점, 푸졘성에서 근무하던 시절에 장쩌민을 형으로 모신 자칭린으로부터 주목을 받았다는 점, 시진핑이 상하이시 일인자로 근무했다는 점 등 대단히 관계가 깊다. 또한 18년 이상이나 간부로 근무한 푸졘성은 시진핑에게 제2의 고향이라 할 수 있다. 그 기간 동안 푸졘성 일인자를 지낸 자칭린 외에 현재의 정치국 상무위원인 허궈창賀國强도 성장을 지냈으며 9명의 상무위원 중 3명이 푸졘성의 최고간부직을 역임했다. 또한 시진핑이 저장성 당위원회 서기 시절에 전임자였으며 부총리였던 장더장張德江과도 좋은 관계를 맺고 있었다.

중국 정부에 뿌리 깊은 세력을 갖고 있는 석유그룹의 존재도 무시할 수 없다. 개혁·개방을 추진해 급격한 경제발전을 이룰 수 있었던 원동력은 석유와 석탄 등 에너지 부문의 공헌이었다. 특히 석유가 큰 역할을 했기에 석유그룹이 세력을 확대하는 계기가 되었다. 그 중진 중에 한 명이 쩡칭훙이다. 쩡칭훙은 석유그룹의 원로인 위치우리 부총리의 비서를 지냈고 국영 석유회사에서 근무한 후 상하이시 간부로서 두각을 나타냈다.

정치국 상무위원으로서 석유그룹을 들자면 당 조직부장인 허궈창과 법 분야 일인자인 저우융캉周永康이다. 시진핑은 쩡칭훙을 통해 허궈창과 저우융캉 두 사람과도 친밀하였으며 정부 부처 내의 석유그룹 멤버들과 연계되어 있었다.

한편 시진핑은 태자당의 대표격으로서 기득권을 장악하고 있는 중앙과 지방의 관료들, 보수적인 인민해방군으로부터도 지지를 받았다. 중국 전문가인 일본 국제교양대학교 윌리 램Williy Lam 교수는 "부모가 대간부이면 기득권을 지키고자 하는 욕망이 강하다. 그들은 체제 옹호파가 되어 보수적인 생각과 사고에 빠져 버린다. 그것이 보수적인 관료층과 군으로부터 지지를 받는 커다란 요소가 된다"라고 지적했다.

중국에서는 한 명의 간부가 여러 그룹에 속하는 경우가 많으며 인간관계가 복잡하게 얽혀 있다. 시진핑은 칭화대학 그룹과 상하이방, 푸젠성 그룹, 석유 그룹, 태자당 그룹, 나아가 인민해방군이라는 중국 지도부 내의 다양한 그룹으로부터 두루두루 지지를 받았으며 이것이 그의 커다란 강점이다.

'천하의 패자霸者'가 되기 위한 전략

시진핑은 후진타오를 중심으로 한 그룹의 견제에 아랑곳하지 않고 '천하의 패자霸者'가 되기 위한 발걸음을 착착 내딛었다. 그중에 하나가 젊은 간부의 양성이었다. 시진핑은 홍콩·마카오를 담당하고 있으며 2009년 7월 마카오의 행정장관을 뽑는 선거에서 개인적으로 친분이 있는 추이스안崔世安을 지원해 당선시켰다. 추이스안은 행정장관이 되기 전에도 마카오에서 사회문화관(각료급에 해당)을 지냈다. 마카오의 행정장관은 임기가 5년이며 재선이 가능하기 때문에 추이스안은 최장 10년간 마카오의 최고지도자로 재임할 수 있었다.

시진핑은 홍콩에서도 차지 행정장관으로 친중파 인물을 옹립했고 2009년 홍콩을 방문했을 때 이를 위한 사전 정지작업을 벌였다. 뿐만 아니라 심복 비서를 매월 한 차례 홍콩으로 파견하거나 홍콩의 정부 요인을 베이징으로 초대해 각종 정보를 청취했다.

시진핑은 중앙당교의 교장도 겸임하고 있었기 때문에 젊은 간부를 대상으로 자주 강연을 했다. 중국의 관리들은 점차 젊어지고 있었다.

이 때문에 관리들을 대상으로 한 강연이나 학습 활동에서는 부정부패의 방지, 여성 문제, 술자리에서의 처신 등이 주요 테마가 되었다. 특히 시진핑은 이러한 부분을 중시해 "정치의 기본은 덕"이며 "금전, 여색, 음주에 특별히 주의하라" "민간업자의 '설탕포탄'(검은 돈)에 주의하라"라고 강조했다.

시진핑이 좋아하는 말은 덕재겸비德材兼備이며, 강연을 할 때는 '덕으로 정치를 한다' '정치로 덕을 구현한다' '덕으로 정치를 베푼다'라는 덕德과 정政을 기본으로 한 사자성어를 자주 사용했다. '국민을 위한' '실무' '청렴'이라는 단어도 자주 출현했지만 '덕'을 첫 번째 정치적 신조로 삼고 있었다.

특히 푸젠성을 무대로 중국 전역을 뒤흔들었던 중국 최대의 부정부패 사건이었던 위안화 사건의 조사과정에서 푸젠성의 간부들 대부분이 연루되었으나 시진핑은 깨끗하다는 것이 밝혀지기도 했다. '오직 단 한 명'이라고 말할 정도로 시진핑만이 사건에 관여되지 않았던 점도 스스로 큰 긍지를 느끼는 대목이었다. 이것 역시 시진핑의 강연에서 자주 강조되는 중요한 포인트였다.

시진핑은 다음의 일화를 즐겨 말하는 버릇이 있었다.

"푸젠성 시절에 나의 아내는 시장에 나가 직접 참외를 샀다. 그러한 작은 일이 많이 축적되면 큰 업적이 이루어진다."

시진핑에 대한 긍정적이고 서민적인 일화는 매우 많다. 그 일화를 모두 소개하자면 책 한 권으로도 부족하다. 그것이 미화되었건 실제 그대로이건 다양한 일화가 알려졌다는 사실만으로도 시진핑의 위상을 짐작할 수 있다. '서민과 친숙한 지도자'라는 이미지를 구축하는 전략은 중국의 패권을 장악하는 데 필수불가결한 요소로 작용했다.

최고권력자로 등극하다

시진핑은 강력한 라이벌 리커창을 통쾌하게 제치며 역전승을 거두고 중국 대륙의 최고지도자로 등극했다. 시골로 내려간 시진핑은 리커창과는 달리 밑바닥에서부터 한 계단 한 계단씩 올라가는 거북이 과정을 밟았다. 이것은 밑바닥 세상부터 터득하는 장점이 되었고, 지도자로서 소중한 자산과 덕목이 되었다. 또한 현역 장교 신분으로 국무원 부총리 겸 중앙군사위원회 비서장 겅뱌오의 비서로 일하는 동안 인민해방군 안에서 존재를 드러내지 않으면서도 현역 장교로 자신의 능력을 마음껏 발휘하는 기회를 얻었다. 그리고 시골로 내려가 지방 도시의 서기로 일하면서 군대 경력을 이어갔고, 당 고위직으로 일할 때에도 군구 서기 등을 맡으며 군문에서 멀어지지 않았다.

그는 절대로 튀지 않는 스타일이었다. 사람이 너무 지나치게 튀면 다치는 경우가 많다는 것을 스스로 깨달았다. 그랬다가는 한번에 모든 것을 잃을 수도 있다는 것을 중국의 5,000년 역사를 통해 몸에 익혀왔다. 게다가 1인자보다는 2인자가 되는 것이 더 좋다는 중국인들의 습성을 몸에 지녔다. 그걸 시진핑은 최대한 이용한 것이다. 이런 점에서는 오래전부터 단연 앞선 인물로 꼽혔다. 시진핑은 조용한 스타일을 지향하면서 몸에 익혔다. 부드러움 속에 숨겨진 강한 리더십과 카리스마의 인물이다.

또 하나의 장점은 언론이 시진핑의 친구처럼 가까이 다가섰다는 점이다. 대체로 언론은 시시비비를 꼬집어 내는 것이 생리인데도 그에게는 친구처럼 대하는 성향을 보여주었다. 중국 최고지도자들은 거의 대부분이 언론에서 사전 예고 없이 사진 촬영하는 일을 무척 싫어한다. 사전 허락 없이 사진 촬영을 할 때는 중국이나 외국 기자들을 가릴 것 없이 화를 버럭 내는 일이 당연한 것처럼 되어 있었다. 하지만 시진핑은 절대로 그렇게 하지 않았다. 오히려 언론의 특성을 알고 먼저 접근하여 언론을 이용하는 지혜가 있었다. 특히 홍콩 언론을 비롯한 외신들에게는 생각하지도 못할 만큼 우호적인 자세를 보였다. 그러니 시진핑에 대한 국내외 평가가 아주 좋을 수밖에 없는 것이다.

시진핑은 리커창과는 처음부터 다른 전략으로 나왔다. 마지막까지 신중을 기해 조심하고 또 조심하면서 말과 행동을 신중하게 하고 그러면서도 자신감을 가지고 당당하게 나섰다. 시진핑은 시중쉰이 세상을 떠난 2002년 전까지 팔로八老로 막후에서 상당한 영향력을 행사했던 아버지의 후광을 충분히 활용하였다.

시중쉰은 1928년 15세의 어린 나이로 공산당에 입당해 당의 최정예 부대인 제1야전군 정치위원으로 항일 전쟁을 승리로 이끈 혁명 원로로 유명하다. 중국이 건국된 후인 1950년대에는 당 중앙선전부 부장, 정무원 비서장, 당 중앙위원, 국무원 부총리 등의 요직을 두루 거치면서 상당한 위력을 떨쳤다. 그런 아버지의 덕이 아들에게 미치지 않았다고 말할 수가 없다.

또한 시진핑에게는 앞에서 끌어주고 뒤에서 밀어주는 막강한 후원 세력이 있었다. 바로 태자당 출신들이다. 중국 전역에 걸쳐 4,000여 명에서 1만 명 정도로 추산되는 태자당의 인맥은 천군만마의 힘이 되었다. 당·정·군을 포함하여 경제계 고위층 인사의 후세들을 일컫는 태자당은 시진핑을 중국 최고의 권력자로 만들어낸 1등 공신으로 꼽힌다. 한때 정권을 독점했던 상하이방이나 공청단파와 함께 중국 정계의 3대 계파 가운데 하나로 꼽힐 정도이다. 당연히 다른 그룹을 견제하기 위해 자신들과 출신 성분이 비슷한 시진핑을 감싸고 지원하는 일에 발 벗고 나섰던 것이다.

시진핑 시대의 개막

서민 정치 시대를 열다

옛날 수나라 문제文帝 때 관중 지방(지금의 산시성)에 엄청난 가뭄이 들었다. 임금은 신하를 보내 백성이 무엇을 먹고 사는지 알아보라고 했다. 신하가 돌아와 백성이 콩가루와 겨를 섞어 먹는다고 보고했다. 임금은 눈물을 흘리며 "내 밥상에 고기와 술을 올리지 말라"고 일렀다. 그는 주린 백성을 뤄양 땅으로 데려가 비상식량 창고를 열어 밥을 먹였다. 그는 노인과 어린이에게 길을 양보할 만큼 백성을 생각한 어진 임금이었다.

또 송나라 정치가이자 시인 소식蘇軾이 항저우 태수로 부임해 가니 서호 호수의 둑이 여기저기 터져 곧 범람할 기세였다. 소식은 조정에서 돈을 받아와 20만 명을 동원해 무너진 제방을 고쳤다. 어진 정치에 감격한 백성이 소식에게 돼지고기와 채소를 바쳤다. 그러나 소식은 그것들을 큰 솥에 넣고 오래 푹 고아 백성과 나눠 먹었다. 백성들은 맛까지 좋은 그 음식을 소식의 호를 따 동파고깃국이라고 불렀다.

1947년 마오쩌둥과 저우언라이가 이끄는 홍군이 산시성 위린에서 국민당 군대 6,000여 명을 물리친 뒤 늦은 시간에 저녁을 먹고 있었다. 주민들이 공산당 최고 지도부가 왔다며 양 두 마리를 잡아 바쳤다. 마오쩌둥은 "전쟁 때는 모두가 어렵다. 농민이 먹는 대로 먹겠다"며 돌려보냈다. 마오쩌둥은 병사들과 똑같이 배추절임과 씀바귀를 먹었다. 공산 정권을 세운 뒤 황제처럼 군림한 마오쩌둥이었지만 적어도 내란이 일어날 때는 스스로의 몸을 낮춰 국민의 마음을 얻고 존경을 받았다.

2009년 중국 최대 명절인 춘절 설을 앞두고 후진타오 주석이 공산혁명의 성지인 징강산井岡山 기슭 농가를 찾아간 일이 있었다. 그는 주민이 주는 군밤을 먹고, 주민들과 함께 맷돌을 돌려 콩을 갈아 두부를 빚었다. 시골 노인들과 술잔을 주고받으며 살아가는 이야기도 나누었다. "백성은 먹는 것을 하늘로 여긴다"는 유명한 말을 했다.

백성이 굶주리면 나라에 등을 돌린다. 지도자들은 늘 백성이 먹는 것을 살피고 같은 음식을 먹으며 민심을 어루만진다. 이를 일컬어 음식정치라고 이른다.

2014년 여름 어느 주말, 시진핑 주석이 베이징 중심가 허름한 만두가게를 불쑥 찾아 들어가 시민들과 함께 만두를 먹었다. 시진핑 주석은 다른 사람들의 뒤를 이어 줄을 서서 차례를 기다린 끝에 고기 만두와 돼지 간볶음 3,650원 어치를 사서 자리에 앉아 맛있게 먹고 그릇을 깨끗이 비웠다. 시진핑은 "점심 때가 되어 지나가다가 들려 아주 맛있게 먹었다"고 말하면서 안전한 먹을거리를 당부했다.

만두는 중국에서 가장 서민적인 음식이다. 그런 시진핑을 본 중국인들은 환호했고 만두 가게엔 엄청난 손님이 몰려들었다. 시진핑은 소박한 점심 한 끼로 국민의 마음을 끌어당겼다. 화려한 요리를 즐기던 관리들은 시진핑의 '음식 정치'를 보며 어떤 생각을 했을지 모를 일이다.

부패 척결의 의지

시진핑 국가 주석은 취임 초기부터 부패와의 전쟁을 선포했다.

"호랑이부터 파리까지 모두 때려잡겠다."

호랑이는 고위직을 말하고, 파리는 하위직을 가리키는 말이다. 부패를 몰아내겠다며 칼을 휘두르고 있다. 원자바오 전 총리는 10년이 넘은 점퍼를 입고 재해 현장을 누벼 '서민 총리'라는 별명을 얻었다. 시진핑 주석은 부패 척결, 원자바오 전 총리는 청빈이 자신의 트레이드마크이다.

부패와의 싸움을 펼치고 있는 시진핑은 지금 매우 복잡하고도 까다로운 숙제를 놓고 고민에 빠졌다. 중국 사람들은 유별나게 현금을 좋아한다. 그건 어느 나라 사람이나 마찬가지지만, 특히 중국은 더욱 심하다는 이야기이다. 중국 속담에 이런 말이 있다. "돈이 있으면 귀신에게라도 연방아를 돌리게 할 수 있다." 이 말은 돈이 있으면 귀신도 부려 먹을 수 있다는 말이다. 현금을 좋아하는 사람들은 축재를 좋아한다. 축재는 돈을 모아두는 것이다. 그래서 축재를 하려면 부정과 부패가 따른다. 부정과 부패는 사회 곳곳을 어둡게 만든다. 그래서 정말 무섭다. 이 문제를 해결하지 않고서는 선진국이 될 수도 없고 복지국가가 되기도 어렵다.

중국의 부패는 얼마나 심각한가? 그 진원지는 공무원, 일반 사회, 군대라고 보고 있다. 중국에서는 이 세 곳을 부정부패의 온상이라고 여기면서 공무원의 부정부패를 관다오, 일반 사회를 민다오, 군대를 쥔다오라고 말한다. 이들 부정부패는 권력 주변과 연결된 것처럼 알려지거나 권력의 실세들이 뒤에서 봐 주는 것처럼 알려져 있다는 점이다. 뇌물이면 안 되는 일이 없고, 빽이 없으면 되는 일이 아무것도 없다는 말이 공공연하게 떠돌아다닌다.

시진핑은 오래된 관행처럼 되어 있고 곪아 터질 대로 곪아 터진 부정부패를 어디서부터 어디까지 손대야 하는가? 털고 또 털어도 끝이 없이 부정부패가 쏟아지는 것이 오늘의 중국의 현실이라는 말이 돌아다니고 있을 정도로 심각하다는 것이다. 부정부패를 파헤치려면 전임자나 고위 관리자의 비리부터 캐내야 한다. 여기에 시진핑의 고민이 달려 있다.

시진핑 국가 주석은 부정부패 척결을 강력하게 펼치고 있다. 시진핑 주석은 성역 없는 사정의 칼날을 휘두르고 있다. 그 칼 끝에 엄청난 권력을 휘두르던 저우융캉 전 중국 공산당 정치국 상무위원과 류즈쥔 전 철도부장, 보시라이 전 충칭시 서기가 단칼에 쓰러졌다. 그리고 쑤룽^{苏荣}

전국 인민정치협상회의 부주석, 한푸차이韓福才 전 칭하이 성 인민대표대회 부주임, 정샤오위鄭篠萸 전 국가식약감독국 국장 등이 각종 비리와 공금 횡령으로 파면 당했다.

시진핑 주석의 부정부패 척결 정책은 고르바초프처럼 개혁 방침을 분명하게 내걸지는 않았지만 부패척결에 따른 방향과 방법 등은 고르바초프와 비슷하게 닮았다는 것이다. 중국이 옛날 소련과 다른 점이라면 경제적으로 쇠퇴의 길을 걸었던 소련과 달리 중국은 성장을 지속하고 있다는 점이다. 그만큼 서민 생활도 놀라운 속도로 향상되었고 중국 공산당 체제도 큰 힘을 지니고 있다는 것이 다른 점이다.

그러나 공금 횡령과 비리의 온상인 공산당 간부와 시장 독점에 따른 국유기업의 지나친 이익, 경제 급성장에 따른 부의 양극화 등의 현상이 두드러져 지금 중국의 문제는 옛날 소련과 다르지 않다는 지적이 많다. 시진핑 주석 앞에 나타난 것은 시간과의 싸움이다. 개혁의 성과가 충분히 나올 때까지 국민이 인내력을 가지고 지켜봐 주기를 바라는 것뿐이다.

시진핑의 중국몽中國夢

시진핑 국가 주석이 취임한 후 이른바 '3공 경비'가 엄청 줄어든 것으로 나타났다. 3공 경비는 공무 접대비, 관용차 구매·운영비, 해외 출장비를 말한다. 이는 중국 지도부가 공직 사회를 대상으로 관료주의,

형식주의, 향락주의, 사치풍조 등을 반대하는 운동을 펼친 결과물이라는 분석이다.

시진핑 주석은 부패척결에 대하여 매우 강한 자신감을 보이면서 스스로 근검 검소한 생활에 시범을 보이고 주도적으로 추진한 결과 청렴을 골자로 하는 국민 생활이 폭넓게 전개되고 있다는 것이다.

시진핑 주석은 부정부패의 책임을 물어 후진타오 전 총서기의 2기 정권 시절인 2007년부터 2012년 당시 총리급이었던 저우융캉 전 정치국 상무위원과 부총리 급이던 쉬차이허우徐才厚 전 정치국위원 겸 중앙군사위 부주석을 각각 사법기관으로 넘기도록 조치하였다. 통상 정치국 상무위원에게는 아무리 큰 비리가 있더라도 손을 대지 않았고, 해방군 고위층 장성의 부패 사건도 군사 기밀로 다루는 것이 일종의 관행이라는 점이다. 그래서 '영악한 호랑이'들에 대하여 매우 강경한 조치를 내렸다. 이는 시진핑이 부패 척결의 새 역사를 쓰고 있다는 사실을 의미한다.

시진핑 주석은 중국의 부패 척결을 강조하면서 몸소 지휘하고 있다. 중국 공산당 제18차 중앙기율검사위원회 2차 전체회의에서 중요한 담화를 발표했다.

"모든 당원이 당의 18차 당 대회 안배에 따라 덩샤오핑 이론인 '3개 대표' 중요 사상을 굳건히 지키면서 과학적인 사고방식으로 재무장하고 발전적 지도력과 지엽적인 것을 구분해 해결하고, 종합 통치 능력과 처벌, 예방 지침 등을 철저히 이행해야 한다. 이를 통해 더욱 과학적이고 효과적으로 부패 척결에 나서며 당의 기풍과 청렴 정치를 구축하고 부패 척결을 더욱 강화해야 한다.”

시진핑은 공산당 간부들은 대체적으로 우수하고 양호하다고 강조하면서 이와 동시에 현재 일부 분야에서 부패 문제가 거듭 불거지고 있다고 강한 불만을 터뜨렸다. 일부 심각한 규율 위반 사건이 나쁜 영향을 낳고 있으며, 부패 척결이 여전히 힘들고 어렵다고 말한 것이다.

더불어 국민들이 불만을 느끼는 부분이 아직 많다고 지적했다. 당기풍과 청렴한 정치를 구축하는 일과 부패 척결은 장기적이고 복잡하며 매우 힘든 임무이나 부패 척결, 청렴 제창은 반드시 이루어내야 할 목표로 부패 및 변모 방지에 대한 경각심을 오랫동안 마음속에 품어야 한다고 강조했다. 이러한 임무의 핵심은 바로 일상에서의 실천과 지속적으로 이행하는 것이다. 굳은 결심으로 부패를 척결, 횡령을 일소하여 부패 현상의 싹을 잘라 실질적인 성과를 냄으로써 국민들의 신뢰를 얻어야 한다고 밝혔다.

시진핑 주석은 매우 중요한 지시 사항을 발표했다.

“전국 정법 기관은 공공안전, 사법 공정, 권익 보장에 대한 국민의 새로운 기대에 부응하여 평안한 중국, 법치 중국, 견실한 업무 팀 구축을 위해 모든 힘을 다할 것이며, 사법 체제의 개혁과 엄격한 공안 기관 통치를 해나갈 것이다. 불공정한 법 집행, 사법 부패를 척결해 집행 능력을 높이고 국민안전에 대한 신뢰와 만족도를 높여야 한다. 공신력을 높여서 모든 사법 안건에서 국민 한 사람 한 사람이 공평 정의를 느낄 수 있도록 해야 한다. 조화롭고 안정적인 사회 속에서 중국만의 특별한 사회주의를 순조롭게 추진할 수 있도록 해야 한다.”

시진핑은 왜 이 같은 중국의 꿈이나 강한 군대의 꿈인 강군몽을 외치는 것일까? 그 배경에는 중-일 갑오전쟁, 즉 청-일 전쟁 120주년인 2014년, 120년 전 일본과의 전쟁에서 패배의 교훈을 새기자는 캠페인을 거국적으로 전개한 것을 꼽는다. 그때 시진핑은 이런 메시지를 전파한 것이다.

"전쟁에서 승리할 수 없는 군대는 존재할 필요가 없다."

청나라의 실권자 서태후가 이화원 건립과 자기 생일 비용에 엄청난 돈을 쓰면서 예산 지원을 중단하는 바람에 군대들이 군사훈련을 하지 못하고 여객과 화물을 실어 나르는 뱃사공 역할만 했다. 중앙정부의 지원 없이 거대한 함대의 보급과 훈련을 감당한다는 것 자체가 모순이다. 이로 인해 군대의 기강은 완전히 무너졌고 사기마저 땅으로 떨어졌다.

따라서 시진핑 주석은 행동으로 말할 수밖에 없는 것이다.

"청-일 전쟁의 교훈에서 보았듯이 앞으로의 전쟁에서는 반드시 이기는 강한 군대가 되어야 한다. 그런 군대가 되기 위해서는 군대의 부정 부패 척결과 함께 기강을 확립해야 한다. 이를 위반하는 자는 호랑이든, 파리든 다 잡을 것이다."

철저한 공산당원 시진핑

시진핑의 인생과 언행 사이에는 모순이 없다. 그의 정치철학은 실제 그의 마음에서 우러나온다. 푸젠성 성장으로서의 포부를 밝힌 부분에 주목하면 인생에서의 체험과 정치적 자세에 밀접한 관계가 있다는 점을 알 수 있다.

시진핑은 인터뷰에서 "공산당원이 가장 중요시해야 할 것은 집단주의 정신입니다"라고 강조했다. 일제 치하에 공산혁명에 몸을 던지고 자식들에게 단결을 강조한 아버지로부터의 영향과 지방아에서의 하방 체험, 이후의 행정 경험을 통해 자연스럽게 몸에 배인 철학이었다.

시진핑은 1999년 8월 푸젠성 성장 대리로 취임했으며 이듬해인 2000년 1월에 성장으로 승격했다. 그때 성 간부들에게 두 가지를 강조했다. 첫 번째는 전임 성장이 이룬 기초 위에서 일을 추진하는 것이었다. 자신이 주도권을 갖고 있었으나 무턱대고 방침을 갑작스럽게 전환시키지 않았다. 이는 어떤 의미에서는 대단히 소극적인 자세라 할 수 있다.

두 번째는 성장이라 해도 조직의 일원에 불과하다는 것을 강조한 점이었다.

"성장일지라도 당위원회의 지도 아래 업무를 추진하는 것은 당연합니다. 집단주의 정신은 중화민족의 결집력이며 우리 공산당원이 일괄적으로 견지해온 훌륭한 전통이기 때문입니다."

이러한 집단주의가 시진핑이 부상하게 된 정치적 요체이기도 하며 또한 그가 진심으로 신봉하는 정치 신조이기도 하다. 시진핑은 지방에서 근무할 때 개혁·개방을 추진해 많은 실적을 올렸다. 두 곳 모두에서 커다란 성과를 올렸기 때문에 사람들은 시진핑을 개혁자로 평가한다.

그러나 스스로는 그렇데 생각하지 않는다.

"나는 우선 인민을 선동하지 않겠다고 속으로 다짐했습니다. 누구든 새로운 임지에 막 부임하면 멋진 말만 앞세웁니다. 그것은 매우 쉬운 일이지요. 사람들을 선동하는 것은 쉬운 일이지만 얼마 지나지 않아 실망을 가져옵니다. 나는 약한 불로 천천히 물을 데우는 방법을 썼습니다. 어떤 때는 냉수를 붓기도 했지요. 나는 세 가지 계획을 세웠습니다. 첫째 싼뚜아오항의 개발, 둘째 주원철도의 수리, 셋째 지역 중심 도심지 건설이었습니다. 나는 '느긋하게 해보자. 우리들의 경제적 기초는 아직 약하기 때문이다'라고 스스로를 설득했습니다. 그로부터 12년 동안 분투한 결과 중국 정부는 도심지 건설을 비준했고 철도공사도 개시되었으며 싼뚜아오三都奧항도 개발에 들어갔습니다. 하룻밤에 기적을 일으키는 것은 불가능하지요."

그의 말처럼 시진핑은 12년에 걸쳐 계획을 진행시켰다. 문화대혁명과 하방을 경험하고 인내함으로써 와신상담臥薪嘗膽의 정신이 몸에 배인 것이다.

"출세를 목적으로 하지 않습니까?"라는 질문에 시진핑은 이렇게 대답했다.

"그것은 대단히 중요한 문제입니다. 무엇을 인생의 좌표로 삼는가의 문제이기도 하지요. 정치 세계에 들어오기 전 나는 심각하게 이 문제를 생각했습니다. 두 가지 문제에 대해 사상적으로 확실히 할 필요가 있었지요. 하나는 '나는 어떤 길을 가고자 하는가'였고 두 번째는 '내가 추구하는 것은 무엇인가' 였습니다. 공복公僕으로서 큰일을 하기 위해 먼저 올바른 뜻을 세우는 것이 중요합니다. 야생 곰의 발바닥과 상어 고기를 함께 얻을 수 없는 것과 마찬가지로 정치의 길에 들어서면 명예와 돈을 동시에 얻을 수 없습니다. 그런 까닭에 저는 재산을 축적하는 일은 처음 부터 생각하지 않았습니다. 쑨원이 말한 것처럼 뜻을 세우고 큰일을 이루 고자 한다면 경제적인 부가 따르는 대관이 되어서는 안 됩니다. 오늘날은 합법적으로 부를 추구하는 길이 많습니다. 비즈니스로 부를 얻는 것은 올바른 방법입니다. 큰돈을 벌면 세금을 많이 내 국가에 도움이 되고 사 회주의 시장경제를 발전시키는 데도 큰 힘이 됩니다. 그러나 정치에 발을 들여놓은 사람이 돈을 축적한다면 '탐관' '적관'이 됩니다. 이런 사람은 반드시 추락하게 되어 있습니다."

중국을 이끌어 갈 시진핑은 '공산당원'의 마인드를 그대로 보여주 는 말로 말을 마쳤다.

"공산당원에게 민중은 의식주를 제공해주는 부모입니다. 그러므로 몸과 마음을 바쳐 봉사해야 합니다. 당과 정부의 모든 방침과 정책은 인민 대중의 이익에 부합하는가를 최고의 기준으로 삼아야 합니다. 또 한 인민의 공복이라는 사실을 한순간도 잊지 않고 항상 인민의 삶과 환경에 주의를 기울여야 합니다. 인민의 보호, 인민의 중요성, 인민의 즐거움, 인민의 요구에 부응하는가를 일의 출발점과 종착점으로 삼아 야 합니다. 자기 부모처럼 인민을 경애하고 인민의 이익을 지키고 인민 을 위해 분투해야 합니다. 이것이 우리 공산당원의 마음가짐입니다."

최고의 지도자 시진핑

중국의 최고지도자인 당 총서기 및 국가주석에게 요구되는 조건은 세 가지이다.

1) 적어도 2개 성省 이상에서의 실적이 있을 것
2) 이념적으로 온건하며 공산주의 사상을 견지할 것
3) 친족 스캔들이 없을 것

시진핑은 푸젠성, 저장성 두 성과 상하이시에서 실적을 올렸으며 공산주의 사상에 정통하고 건국 이전부터 공산혁명에 투신한 대간부의 가정에서 출생했기에 위의 조건을 만족한다고 할 것이다.

게다가 시진핑에게 행운이었던 것은 청소년 시기나 지방 근무 시절부터 인맥에 의해 은혜를 입었다는 사실이다. 중앙으로의 진출은 쩡칭홍 국가부주석의 후원 없이는 실현될 수 없었다. 푸젠성 시절에 자칭린을 알게 된 것은 후에 장쩌민에게 주목 받는 커다란 원인이 되었다. 아버지 시중쉰과 후야오방 총서기가 절친한 동료였던 것도 큰 도움이 되었으며 푸젠성 성장 시기에 당위원회 서기 쑹더푸宋德福가 후진타오와 대단히 친했다는 점도 행운이었다.

이러한 만남이 그저 행운이었을까? 반드시 그렇지 않다. 누구를 만나든 시진핑은 그를 소중하게 여겼으며 친구로 만들었다. 최소한 적으로 만들지 않았다는 점에서 시진핑의 비범함을 알 수 있다. 그의 단점이라면 지방에서의 생활이 길고 해외여행과 시찰이 적었다는 점이다. 또 외국 유력인사와 거의 인연이 없다. 외국어도 할 줄 모른다. 현재의 세계화 추세를 고려하면 국제감각의 결여가 우려되는 사항이다. 그러나 2009년 일본을 방문했을 때 외교 일정들을 실수 없이 처리했다. 한국 방문도 잘 해냈고 북한도 방문했으며, 유럽 여러 나라의 방문에서도 높은 점수를 받았다.

한편으로 우려되는 것은 군에서의 실제적인 경험이 없다는 점이지만 대학 졸업 후 최초의 직장이 중앙 군사위원회 판공청이었고 국방장관 겅뱌오의 비서였기 때문에 군에 대해 잘 알고 있다. 부인 펑리위안彭麗媛이 군의 고위 간부였다는 사실, 지방 근무시절에 행정 책임자로서 군 관계자와 빈번하게 접촉했다는 점을 감안하면 그리 우려할 사항은 아니다.

요컨대 시진핑은 최고지도자로서 최적의 조건을 갖춘 인물이다.

시진핑이란 인물의 개인적인 역사와 그의 사상적 됨됨이를
살펴봄으로써 중국의 미래를 형성해 나갈 수 있다.

习近平
的伟大中国梦

2 부

习近平

시진핑,
사상에 대해 말하다

시진핑과 국민

정치는 민심을 따르면 흥하고,
민심을 거스르면 망한다

정지소흥재순민심政之所興在順民心

정지소폐재역민심政之所廢在逆民心

"정치는 민심을 따르면 흥하고, 민심을 거스르면 망한다."

-중국 인민정치협의회 성립 65주년을 축하하는 대회에서

정치 세력에게 가장 근본적인 문제는 '민심'이다. 《관자管子》에 나오는 이 글은 민심을 잡는 것과 정권을 잡는 것이 상호보완적인 관계임을

설명한다. 시진핑은 민심의 동향과 민생의 고통을 진실하게 이해하고, 국민의 마음을 자기 마음처럼 받아들이라고 말했다. 근본적으로 국민에게 이익이 되고 이론적 근거가 있는 정책을 시행할 때 당이 정치적 우세를 획득할 수 있기 때문이다.

그동안 중국 공산당은 당의 깃발에 '인민'이라는 두 글자를 새겨넣음으로써 국민을 한결같이 섬기겠다는 의지를 표명해왔다. 국민은 혁명, 건설, 개혁을 이루는 원동력이자 지혜의 원천이었다.

이제 중국 국민은 더 나은 삶을 살고 싶어 하는 새로운 기대를 품고 있다. 따라서 당은 발전 성과가 전 국민에게 공평하게 돌아갈 수 있도록 더 노력해야 하고, 모두가 풍요롭게 생활할 수 있도록 정책을 추진해야 한다.

《환구시보》 '논쟁' 코너에는 사회개혁 우선론을 주장하는 수도사범대학의 츄원화 교수(부총장)의 글이 있다. 한마디로 경제개혁 다음에는 행정개혁과 '사회 건설'이 핵심 과제로 제기되기 때문에 정치개혁을 즉시 추진해서는 안 된다는 것이다. 또한 현 단계에서는 단순히 경제개혁만 추진해서도 안 된다. 대신 '복지 및 법치사회'의 수립을 목표로 하는 사회개혁을 추진해야 한다. 단순히 경제개혁만 추진해서는 안 되는 이유는, 이것만으로는 중국이 당면한 최대 과제인 '공평'을 달성할 수 없기 때문이다.

정치개혁을 추진하지 말아야 하는 이유도 간단하다. '경제 기초'와 '상층 구조(즉 정치체제)' 사이에는 '사회 건설'의 층이 존재하고, 개혁은 이를 뛰어넘을 수 없기 때문이다. 즉 경제개혁 이후 곧바로 정치개혁으로 가는 것은 '점진적 개혁의 원칙'에 부합하지 않으며, 민심과도 부합하지 않는다. 결국 "행정개혁이 순리적으로 진행된 이후에야 비로소 사회 건설이 성숙하게 된다. 또한 정치개혁을 추진할 수 있는 기회가 성숙해졌을 때 추진하는 것이 정치개혁에 대한 정확한 방향이다." 한마디로 정리하면, 중국은 '경제개혁→행정개혁→사회개혁→정치개혁' 순으로 개혁을 추진해야 한다.

그런데 최근 몇 년 동안 사회개혁 우선론을 가장 강력하고 영향력 있게 주장한 사람은 싱가포르대학 동아시아연구소의 정융녠鄭永年 교수(소장)다. 2000년대 초 정융녠 교수는 새뮤얼 헌팅턴의 영향을 받아 '국가 건설 우선론'을 주장했다. 여기서 국가 건설은 각종 국가기구와 제도를 제대로 수립하여 잘 운영하는 것을 의미한다. 정치개혁은 당장 추진해야 하지만 그 순서는 '민주화 우선'이 아니라 '국가 건설 우선'이어야 한다는 것이다.

그는 민주화와 국가 건설은 다른 것이며, 몇 가지 이유로 현재의 급선무는 국가 건설이라고 주장했다. 첫째는 최우선 과제인 경제 발전을 위해서다. 경제 발전의 기본 조건은 정치 질서인데, 국가 건설이 이를 제공할 수 있다. 둘째는 민족 통합과 국가 분열의 방지다. 셋째는 세계화에 적응하기 위해 유능하고 강력한 국가가 필요하다. 넷째는 정치 민주화의 전제조건으로 국가 건설이 필요하다.

그는 중국이 추진해야 하는 경제개혁, 사회개혁, 정치개혁은 서로 밀접한 연관성을 가진다고 주장했다. 그는 중국의 민주화 경로로 세 가지를 주장했다. 첫째는 당내 민주(핵심은 공개적인 방식으로 우수한 인재를 선발하는 것), 둘째는 사회 민주 혹은 인민 민주(핵심은 인민대표대회, 정치 협상, 기층 민주, 사회단체 등을 통한 정치 참여), 셋째는 헌정 민주(핵심은 당과 국가의 법률 준수)다. 동시에 그는 '선발選拔'은 중국의 전통이고 '선거選擧'는 현대 민주의 형식인데, "선거가 최고 지도자의 수준質을 보장할 수 없기 때문에 선발을 먼저 하고 선거를 후에 해야 한다"라고 주장했다.

정융녠 교수는 2010년 무렵부터 분명한 사회개혁 우선론을 주장했다. 덩샤오핑이 제시한 중국이 '3단계 발전'을 차용하여 '중국개혁 3단계'를 주장한 것이다. 이에 따르면 "중국의 개혁은 경제개혁을 거쳐 사회개혁에 도달해야 하고, 다시 정치개혁에 도달해야 한다." 중국에는 이런 '3단계가 최선의 실천'이라는 것이다. 그의 주장에 있어 사회개혁이 '주체성 개혁'이 되어야 하는 이유는 몇 가지다. 첫째는 개혁·개방 이후 사회가 정치와 경제로부터 분리되어 독립했다. 둘째는 경제개혁을 통해 경제제도가 확립되었기 때문에 다음 순서는 사회제도의 확립이다. 셋째는 경제성장 일변도 과정에서 희생된 복지·교육·주택 등 그동안 제대로 해결하지 못한 '부채 상환'을 위해서다. 넷째는 경제성장의 신新 성장 동력을 위해서다. 신 성장 동력은 수출이 아닌 내수에서 찾아야 하는데, 이를 위해서는 사회제도의 완비가 필요하다. 다섯째는 선거 민주를 위한 기초 제도의 수립과 중산층의 육성을 위해서다.

정융녠 교수가 사회개혁 우선론을 주장하는 중요한 현실적 근거는 싱가포르의 경험에서 찾을 수 있다. 그에 따르면 아시아에서 '양질의 민주' 국가는 일본과 싱가포르뿐이다. 싱가포르가 양질의 민주국가가 될 수 있었던 것은 몇 가지 때문이다. 첫째는 사회·경제 발전이다. "높은 수준의 사회·경제 발전이야말로 민주정치의 물질적 기초다." 둘째는 법치 수립이다. 셋째는 민주제도를 운영하는 과정에서의 '혁신'이다. 예를 들어 싱가포르는 다양한 인종을 대표하는 의원을 선출하기 위해 인종 간 혼합 거주를 장려하고, 인종에 기초한 정당의 활동도 장려하는 제도를 운영한다. 그래서 중국도 '광범위한 민주화'를 추진할 것이 아니라 싱가포르의 경험에 입각하여 중국에 맞는 제한된 범위의 민주제도를 추진해야 한다.

정융녠 교수는 중국의 개혁과 관련하여 세 가지 개혁을 제시한다. 첫째는 공산당 개혁으로, 핵심은 '개방식 정당체제'를 건설하는 것이다. 이는 공산당이 추진하는 당내 민주에 대한 것으로, 정융녠 교수는 싱가포르 인민행동당이 인재를 초빙하는 경험을 토대로 공산당도 더욱 적극적으로 인재 충원에 노력할 것을 주장한다. 둘째는 국가제도의 건설이다. 셋째는 사회개혁의 추진이다. 사회개혁을 통해 사회보장, 의료, 교육, 주택 등과 관련된 기본 제도를 수립하고, 동시에 방대한 중산층을 육성할 수 있다면, 중국은 '중간 소득의 함정'을 극복하고 '저수준 민주의 함정'에서도 벗어나, '민주, 부강, 공정한 사회'를 이룩할 수 있다고 그는 주장한다.

정치의 핵심은
국민의 고단함을 살피는 것이다

치정지요재어안민治政之要在於安民

안민지도재어찰기질고安民之道在於察其疾苦

"정책 시행의 핵심은 국민을 편안하게 하는 것이고,
 국민을 편안하게 하려면 국민의 고단함을 살펴야 한다."

-《가난에서 벗어나자》(시진핑 저) 중에서

험난한 세상을 살다 보면 각종 어려움을 겪게 마련이다. 사회 전반적으로 볼 때 어려움을 겪는 국민의 비율은 그리 높지 않다 하더라도 개인이나 각 가정으로서는 자신들이 가장 어려움을 겪고 있다고 생각한다. 따라서 사회의 각계 리더들은 국민이 안정적으로 생활하고 즐겁게 일할 수 있는 환경을 만들기 위해 노력해야 하고, 국민들이 처한 어려움을 해결하는 데 중점을 두어야 한다.

시진핑은 18대 대회가 끝나고 외신 기자들을 만났을 때 "국민은 이상적인 생활을 열망한다. 그러므로 이것이 우리가 추구해야 하는 목표이다."라고 강조했다. 이 말에는 '더 좋은 교육, 더 안정적인 일자리, 더 만족스러운 수입, 더 아름다운 환경' 등의 개념들이 포함된다.

국민을 편안하게 하려면 먼저 국민의 고단함을 살펴야 한다. 입으로는 국민을 위해 봉사한다면서 행동으로는 국민의 고단함을 살피지 않고 민생에 대한 걱정을 문서로 작성하기만 하고 정작 국민에게 혜택이 돌아가는 정책을 시행하지 않는 것은 이율배반적인 행위이다. 이렇게 해서야 어떻게 민심을 얻겠는가.

국민의 고단함과 근심 걱정을 진실하게 살피고, 자신의 아픈 배를 치료하듯 국민의 걱정을 해결하고 근본적인 이익을 줄 수 있는 방안을 만들어야 한다. 그래야만 더 많은 국민이 단결해서 선진 국가 건설과 민족 부흥의 길에 강한 힘이 되어 줄 수 있다.

18차 당대회는 16차 당대회의 '전면적 소강사회 건설' 방침을 계승하여 '전면적 소강사회의 완성' 방침을 다시 확정했다.

먼저, 공산당은 2020년까지의 시기를 '중요한 전략적 기회'로 판단한다. 이는 16차 당대회에서의 결의와 같다. 무엇보다 향후 10년은 중국에게 '전략적' 시기다. 중국이 세계 강대국으로 발돋움할수 있는가의 여부가 이 시기에 결정되기 때문이다. 중국은 2003년에 1인당 국민소득GDP 1000달러를 달성했다. 이에 따라 정치·경제·사회 등 여러 영역에서, 여러 갈등과 대립이 집중적으로 출현하는 '모순 표출기'에 접어들었다. 만약 이런 모순을 제대로 처리하지 못하면 발전은 좌절될 것이다. 이처럼 이 시기는 국가 발전에 결정적 시기이기 때문에 전략적 시기라고 한다.

또한 2020년까지의 10년은 중국에 있어 '기회'이기도 하다. 중국은 '중화민족의 위대한 중흥'을 달성할 수 있는 천재일우의 기회를 맞고 있다는 것이다. 국내적으로는 개혁·개방 정책을 성공적으로 추진한 결과 지난 30년 동안 연평균 9.9퍼센트의 높은 성장률을 달성했다. 일반 국민의 생활수준도 크게 향상되었다. 이에 따라 정치 안정과 사회 단결이 유지되고, 공산당과 국가에 대한 국민의 지지도 높아졌다. 또한 국제적으로도 급속한 경제성장을 기반으로 한 중국의 위상이 크게 높아졌다. 이뿐만 아니라 현재는 평화와 발전이 중심인 시대다. 그래서 중국이 국내 발전에 전념할 수 있는 안정적인 국제환경이 조성되었다. 다시 말해, 지금은 미국이나 러시아와 같은 강대국이 중국을 군사적으로 침략할 가능성은 매우 낮다.

중요한 전략적 기회이기에 중국이 달성할 목표가 바로 전면적 소강사회의 완성이다. '전면적' 소강사회의 완성 목표는 정치·경제·사회·문화 등 다양한 영역을 포괄한다. 이는 경제성장 지상주의를 추구했던 이전의 목표가 주로 경제 영역에 집중된 것과 크게 차이가 난다. 다시 말해, 이전 단계에서는 경제 발전이 모든 것에 우선하는 목표였고, 그래서 지난 시기 동안의 중국은 정치·사회·환경 등 다른 영역은 크게 신경을 쓰지 않고 경제성장에만 몰두했다. 그런데 이제는 이렇게 해서는 안 된다는 것이다.

우선 경제적으로는 '지속적이고 건강한 발전'을 이룩해야 한다. 이를 위해 경제 발전 방식의 전환을 달성하고 국내 총생산GDP과 주민소득을 2010년에 비해 두 배로 증가시킬 것이다. 이를 수치로 표현하면, 국내 총생산의 목표액은 약 20조 달러(물가와 환율 고려)고, 주민소득이 목표액은 약 1만 2,000달러가 된다. 이를 달성하기 위해서는 매년 7~7.5퍼센트의 경제성장률을 달성해야 한다. 이것은 2011년 3월 전국인대 4차 회의에서 통과된 〈12차 5개년 개혁 요강〉의 성장 목표를 다시 반복한 것이다. 즉 〈12차 5개년 개혁 요강〉은 5년 동안 연평균 7퍼센트 성장한다는 목표를 제시했다. 한편 현재 많은 연구보고서에 의하면, 중국은 2020년까지 연 7퍼센트 성장률을 달성할 수 있을 것으로 예측된다.

참고로 7퍼센트 성장률을 목표로 설정한 것은 중국의 잠재적인 성장률과 더불어 실제적인 이유 때문이기도 하다. 한마디로 7퍼센트 성장률은 일자리 창출과 이를 통한 사회 안정에 필요한 목표다. 중국에서 국내 총생산이 1퍼센트 성장하면 약 120~130만 개의 일자리가 만들어진다고 한다. 중국에서는 매년 약 2,000만 명의 신규 노동력이 노동시장에 진입하고, 이중에서 900만 개의 일자리를 제공해야 5퍼센트 정도의 도시 등록 실업률을 유지할 수 있다. 900만 개의 일자리를 제공하기 위해서는 7퍼센트의 성장률이 반드시 필요한 것이다.

정치적으로는 '인민민주의 부단한 확대'를 이끌어내야 한다. 이를 위해 민주제도의 개선, 의법치국의 실현, 법치정부의 완성, 사법 공신력의 제고, 인권 존중과 보장의 실현 등이 선차적으로 형성되어야 한다. 문화적으로는 '문화 소프트파워의 현저한 증강'을 이룩할 것이다. 이를 위해 사회주의 핵심 가치 체계를 확산시키고, 문화 산업을 중심 산업으로 육성하고, 문화 강국의 기초를 강화하는 데 힘을 모아야 한다. 사회적으로는 '인민 생활수준의 전면적 제고'를 달성할 것이다. 이를 위해서는 공공서비스의 균등한 제공의 완전 실현, 교육 수용과 혁신 인재 배양 수준의 제고, 충분한 취업, 소득 격차의 축소, 전 국민의 사회보장 실시 등을 추진해야 한다. 마지막으로 환경 보호 면에서는 '자원 절약형 및 환경 친화형 사회 건설에서 중대한 진전'을 반드시 이끌어내야 한다.

정리하면, 중국은 법치, 전환, 민생, 소프트파워, 지속 가능한 발전, 평화 발전을 핵심으로 하는 국가 발전 전략을 추진하고 있다. 법치는 의법치국의 줄임말로, 정치 발전의 목표다. 전환은 경제 발전 방식의 전환을 의미하며, 경제 발전의 목표다. 이것의 지도 이론이 '과학적 발전관'이고, 당대회에서 당헌 개정을 통해 '당의 공식 이념'에서 '지도 이념'으로 지위가 높아졌다. 사회 발전의 목표가 민생이고, 이것의 지도 이론이 바로 '조화사회' 건설론이다. 소프트파워는 국내적으로는 사회주의 가치 체계를 수립하고 대외적으로는 중국의 문화적 매력을 확산하는 방침을 의미한다. 지속 가능한 발전은 환경보호와 에너지 절약을 위한 방침이다. 평화 발전은 외교 전략의 목표이자 방침이다.

국민의 지지는 그들의 작은 근심을 해결해줄 때 나온다

이민지사利民之事 사발필흥絲發必興
여민지사厲民之事 호말필거毫末必去
"백성을 이롭게 하는 일은 실오라기만큼 작아도 반드시
해야 하고, 백성을 괴롭히는 일은 털끝만큼 작아도 반드시
없애야 한다."

-당의 군중노선 교육 실천활동 1차 총화 및 2차 부서회의 연설에서

국민의 이익을 추구하는 일 중에 사소한 일은 없고, 국민에게 봉사하는 일 중에 소홀히 해도 되는 일은 없다. 징강산에서 제정된 3대 규율(①모든 행동은 명령을 따른다. ②대중에게서 바늘 하나, 실 한 올 빼앗지 않는다. ③모든 전리품은 공유한다.)과 8항 주의(①말을 부드럽게 한다. ②공평하게 사고판다. ③빌린 물건은 반드시 되돌려준다. ④물건을 훼손하면 배상한다. ⑤다른 사람을 때리거나 욕하지 않는다. ⑥농작물에 피해를 주지 않는다. ⑦부녀자를 희롱하지 않는다. ⑧포로를 학대하지 않는다.)는 그 규정의 엄정함을 통해 모두의 마음을 하나로 모으는 중요한 매개체로서 작용했다.

국민의 신임과 지지는 어디에서부터 비롯되는 것일까? 정부가 국민을 위해 봉사하고, 국민의 근심을 해결할 때 국민의 신임과 지지를 얻을 수 있다. 시진핑은 교육 실천활동 때 일부 관료가 자신의 불찰을 돌아보기는커녕 '이런 활동은 나와 관계없다'는 식으로 남의 잘못만 지적하고, 적극적으로 참여하기는커녕 '나는 문제없다'는 식으로 소극적인 태도로 일관하는 것을 발견했다. 이에 현미경으로 들여다보는 것처럼 민생의 고단함을 살피고, 4풍(①관료주의 ②형식주의 ③향락주의 ④사치풍조)의 고질병을 극복하고, 국민에게 봉사하는 의식을 높이고, 분수를 엄격히 지키고, 국민의 이익에 관한 일이면 실오라기 또는 털끝만 한 일이라도 세심하게 마음을 쓰라고 지시했다. 과거에 대수롭지 않게 여기던 문제를 중요하게 인식하고 소홀하게 여기던 문제를 다시 살피면, 국민을 더 이롭게 할 수 있고, 국민의 삶의 질을 상당 부분 저하시킨 병폐를 없앨 수 있다.

이제 필요한 건 사상 무장이다. 이를 위해 시진핑은 '핵심에서 바깥으로의' 전략을 구사하고 있다. 먼저 정풍整風운동을 당 고위층에서 시작해 중국 공산당 전체로 확대하고, 이를 다시 국민 모두로 확산한다는 것이다. 그리고 이 작업을 수행하기 위한 파트너는 선전업무로 잔뼈가 굵은 류윈산 정치국 상무위원이다. 시작은 당8조黨八條다. 회의 간소화와 근검절약 등 8가지 지시사항이 당 중앙 정치국 위원들에게 전해졌다. 12월 중순에는 인민해방군에도 금주령이 포함된 군10조軍十條가 하달됐다.

이어 전당 차원의 정풍운동 깃발이 올랐다. 모든 것은 군중을 위해, 군중에 의지해, 군중에서 나와서 군중으로 돌아가야 한다는 군중노선 교육실천활동이 전개되기 시작한 것이다. 시진핑은 당이 군중의 삶과 동떨어질 수밖에 없는 건 형식주의, 관료주의, 향락주의, 사치바람 등의 네 가지 바람 때문이라며 4풍四風 반대 운동을 역설했다. 또 이와 함께 문화대혁명 시대를 연상케 하는 '거울 보고 옷매무새 똑바로 하며 몸을 씻고 병을 치료하자照鏡子 正衣冠 洗洗 治治病'는 캠페인을 전개했다.

시진핑의 군중노선은 그저 일방적으로 지시를 하달하는 것으로 끝나는 게 아니다. 시진핑 자신이 직접 허베이河北성을 찾아 군중노선 교육실천활동의 하나로 그 성의 간부들과 함께 4일 반 동안 자아비판 대회를 개최했을 정도다. 이에 허베이성 성장 등 고위 간부들이 식은땀을 흘렸다는 후문이다. 특히 전국선전사상공작회의는 마침내 정풍운동을 전국민을 상대로 전개하는 시작점이 됐다. 이날 시진핑은 선전사상 부문이 '제 역할을 다해 줄 것守土有責'을 요구했다.

얼마 후 인터넷을 무대로 자유와 인권, 민주를 논하던 유명 블로거들이 일제히 단속되기 시작했다. 특히 중국 당국은 인터넷을 이용한 타인 비방 클릭 수가 5,000회를 넘거나 재전송이 500회를 넘을 경우 위법이라는 인터넷 비방죄를 발표해 충격을 주었다. 체제에 도전하는 목소리가 나오곤 하는 인터넷에 대한 중국 당국의 대응 전략은 한편으론 부수고 한편으론 세우기邊破邊立 작전으로 알려진다. 유언비어 단속을 명분으로 서방의 가치관을 전하는 파워 블로거는 부수고破 친정부 학자를 동원해 체제를 옹호하는 목소리를 세우는立 방법이다.

시진핑의 정풍운동은 결국 당 내부에 쌓인 폐단을 처리하고 민심을 다잡음으로써 선대가 싸워 얻은 강산打江山을 지켜나가겠다保江山는 결의와 다름없다.

중국은 예부터 농업국가였고 경자유전耕者有田은 모든 중국인의 꿈이었다. 마오쩌둥의 공산당이 장제스蔣介石의 국민당을 물리칠 수 있었던 원동력 역시 농촌에서 나왔다. 마오쩌둥는 도시에서의 봉기를 요구하는 사회주의 혁명의 전통 모델을 따르지 않았다. 그 대신 농촌을 근거지로 해 도시를 포위하는 작전으로 대륙의 패권을 쥘 수 있었다. 그러나 건국 이후 마오쩌둥의 차이나 1.0 경제는 농촌과 농업을 희생해 도시에 중공업을 건설하는 계획경제였다. 마오쩌둥가 낭만적으로 추진했던 인민공사人民公社나 대약진大躍進 운동 등은 수천만 명의 아사자를 양산하는 비극으로 막을 내렸다.

덩샤오핑의 차이나 2.0 시대 경제의 특징은 개혁·개방이다. 개방의 절정이 중국의 세계무역기구WTO 가입이었다면 개혁의 핵심은 농촌에서 시작됐다. 농산물의 사유화를 인정한 농가청부생산제로 인해 중국경제는 다시 기력을 회복할 수 있었다. 이를 토대로 시장경제를 도입해 중국 경제는 세계 2위의 실력을 키웠다. 장쩌민과 후진타오를 거치는 기간 지금의 중국경제는 국유자본과 국가권력이 결합해 이익이 되는 모든 영역으로 손을 뻗쳤다. 그 결과 국유 부문은 커지고 민간 부문은 축소되는 국진민퇴^{國進民退} 현상이 나타났다.

문제는 중국의 성장이 인민의 희생을 담보로 하고 있다는 점이다. 물가와 부동산 가격은 폭등하고 대기와 토양, 수질 등 환경 전체가 오염돼 삶의 질은 형편없이 추락했다. 특히 성장의 과실 대부분이 인민 전체가 아닌 일부 권력 집단으로 흘러 들어가 엄청난 빈부격차의 문제를 낳고 있다.

시진핑의 차이나 3.0 경제는 바로 이와 같은 앞선 시대의 문제점을 해결하며 지속적인 성장을 이어가려는 것이다. 중국에서 경제는 리펑^{李鵬} 총리 이래 총서기의 후원 아래 총리가 맡는 것으로 인식되고 있다. 여기서 시진핑-리커창 조합의 경제팀이 탄생한다.

시-리 체제는 해법의 출발점을 역시 농촌에서 찾고 있다. 리커창은 2012년 처음으로 '새로운 4개 현대화^{新四化}' 방침을 제시했다. 과거 공업과 농업, 국방, 과학기술의 4개 현대화에 빗대어 정보화, 공업화, 도시화, 농업 현대화라는 '신사화' 정책을 주창한 것이다. 핵심은 도시화다. 이는 간단히 말해 농민을 도시민으로 바꾸는 것이다. 2011년 기준으로 51.27퍼센트인 도시화율을 매년 0.8퍼센트포인트씩 끌어올려 2030년에는 70퍼센트 가깝게 만들겠다는 계획이다. 린이푸^{林毅夫} 베이징대학 교수는 도시화가 중국의 고질적인 농민, 농업, 농촌의 삼농^{三農}

문제를 해결할 가장 좋은 방법이라고 말한다.

이에 따라 '신사화'는 차이나 3.0 경제의 엔진이 될 수 있고, 도시화는 그 엔진을 돌리는 열쇠가 될 수 있다는 평가가 나온다. 리커창은 이와 함께 시장의 역할을 존중한다. 자연히 국유 부문에 대한 개혁은 불가피하고, 기득권과의 싸움이 예상된다. 상하이자유무역시범구가 문을 열었지만 국내외적인 반대에 부닥쳤다. 기득권을 놓지 않으려는 국내 세력과 상하이의 부상을 우려하는 싱가포르와 홍콩 등의 반발이 거세기 때문이다.

시진핑은 사회주의의 본질은 빈곤해소, 민생개선, 공동부의 실현이라고 말한다. 일부 특권 계층이 아닌 천하의 이익을 꾀하려는 시−리 체제의 경제는 이제 시작일 뿐이다. 앞길이 그리 순탄치만은 않아 보인다. 꿈은 마음속에 있지만 길은 발 아래 있기 때문일까.

국민을 보면
국가의 통치 상황을 알 수 있다

인시수견형人視水見形 시민지치불視民知治不

"맑은 물에 비추면 자신의 모습을 알 수 있고,
백성의 정신을 보면 그 나라의 통치 상황을 알 수 있다."

-당의 대중노선 교육 실천활동 1차 총화 및 2차 부서회의 연설에서

시진핑은 국민을 종종 배를 띄우는 물, 씨를 뿌리는 땅, 가지와 잎에 생명력을 공급하는 뿌리에 비유하며 국민을 보면 그 나라의 통치 상황을 알 수 있다고 말했다. 그렇기 때문에 관료에게 국민이 얼마나 중요한지는 아무리 강조해도 지나치지 않으며 당과 국민은 따로 떨어져서는 생각할 수 없는 혈육관계임을 강조했다. 그렇기에 당내 교육활동은 국민에게 가깝게 다가가는 것을 핵심 과제로 삼고 국민에게 폐쇄적이어선 안 된다는 점을 골자로 하고 있다. 시진핑은 관료들에게 국민의 객관적인 상황을 고려하지 않은 채 자기 생각대로만 말하는 것을 경계하라고 지적했다.

그는 국민을 통치 상황을 비춰주는 물에 비유했다. 실생활에서 교육 실천활동은 물론 그 밖의 일을 할 때도 국민에게 감독과 평가를 맡기고, 수시로 국민이라는 거울에 비추어 국민의 잣대로 비교해야 함을 강조한 말이다. 그렇게 하면 관료는 '누구에게 의지하고, 누구를 위해서 일해야 하는가'라는 물음에 스스로 대답할 수 있게 된다.

요컨대 격변하는 시대 속에서 심상치 않은 바람이 불어온다. 바로 시진핑이라는 묵직한 존재감을 가진 거대한 바람이다. 전 세계에 미치는 시진핑의 영향력은 실로 대단하다. 자신만의 정치 철학과 타고난 지도력으로 중국을 강성하게 만들었고 그 결과, 정치나 경제 이외의 모든 면에서도 앞서는 나라로 성장하고 있다. 이제는 복지, 환경, 의료, 교육 정책을 크게 강화하며 강대국의 행보를 걷고 있다. 사람들은 중국의 부흥과 함께 시진핑의 시대가 열린 것이라고 입을 모아 말한다.

시진핑은 2017년 10월 19차 당대회에서 인민의 복지에 힘쓰고 시장경제가 낳은 불평등과 부조리 문제 등을 해결하겠다고 말했다. 시진핑의 이 말은 중국판 복지국가인 '샤오캉 사회'를 만들겠다는 의지가 강력하게 드러나는 대목이었다. 그는 덧붙이며 건국 100(2049년)까지 부강한 국가를 건설할 계획도 제시했다.

이렇듯 시진핑의 시선은 과거, 현재, 미래 모두를 아우르고 있다. 과거의 중국을 잊지 않으며 현재 속에서 끊임없이 국민들과 소통을 주고받으며 미래의 중국을 더 나은 강대국으로 만들기를 꿈꾸고 있다. 이러한 시진핑의 진두지휘 아래에서 중국의 세력이 국제사회 속에서 거미줄처럼 뻗어 나가고 있다. 시진핑의 1인 체제가 더욱더 강화되고 견고해지면서 중국이란 나라 또한 단단해졌다.

시진핑은 친근하고 따뜻한 이미지로 자국민들의 마음을 사로잡았다. 정치할 때는 불도저 같은 리더십으로 1인 영도체제를 구축하고 이내 중국 최고 권력자로 등극하였다. 인민일보에서 자국민을 대상으로 설문조사를 했을 때 자국민 대부분 "시진핑이 지도자로서 자신감과 전략적 의지를 보유해 주석으로서의 충분한 자질을 갖췄다"라고 대답하였다.

시진핑의 아버지 시중쉰은 문화대혁명 속에 모든 직책에서 해임되었다. 그 때문에 시진핑은 혁명 간부의 후손에서 반당 분자의 아들로 추락했다. 당시 남들 다 하는 홍위병조차 될 수 없었다. 하지만 시진핑은 좌절하지 않고 마오쩌둥 시대의 정신을 이어받아 지식청년이 되었다.

그는 7년 동안 농촌에서 농민들과 함께 지내며 지금의 정치를 할 수 있는 자양분을 얻었다. 그 시기에 농촌 생활을 통해 실사구시의 정신을 배우고 대중의 삶에 관심을 갖게 되었다. 여러 고난도 있었으나 시진핑은 고난을 통해 세상을 볼 줄 아는 넓은 시각을 가지고 마음이 단단해질 수 있었다. 당시의 어려웠던 시대 상황을 투사해보면서 건강하고 좋은 정신을 가지게 되었다. 이때의 경험들이 시진핑의 정치적인 정체성과 이데아를 구축하는 기제로 작용했다.

현재 시진핑이 강조하는 대중노선이 바로 7년 동안의 농촌 경험에서 우러난 것이다. 집권 이후 그는 강력하게 반부패 정책과 친서민 행보를 대중들에게 널리 알리고 추진해나갔다. 덧붙여 시진핑은 인민이 주체적 지위를 가질 수 있도록 하고, 늘 대중의 안위를 마음에 두고, 대중의 생각, 우려를 항상 염두에 두어야 한다고 말한다.

시진핑은 "모든 시대마다 그 시대의 정신이 있다"면서 시대정신에 대한 이해를 국민들에게 강조했다. 또한 나라 부강의 꿈을 이루기 위해서는 모든 국민이 한마음으로 뜻을 모아야 한다고 말했다. 시진핑이 추구하는 시대정신은 중화민족의 부흥이다. 중화민족의 부흥이란 꿈을 이루기 위해서 중국만의 길을 가야 하고, 중국 정신을 드높여야 한다는 것이다.

시진핑은 전통 중국의 영광을 오늘날 잊지 않고 전통문화를 되살려 더 막강한 중국의 꿈을 실현하고자 한다. 세계를 뒤흔들고 있는 중국의 시진핑 주석의 행보가 기대된다.

어떻게 하면
가난에서 벗어날 수 있을까

안득광하천만간安得廣廈千萬間

대비천하한사구환안大庇天下寒士俱歡顔

"어떻게 하면 방이 천 간 만 간 되는 집을 지어

세상의 가난한 선비들을 기쁘게 할 수 있을까."

- '실질적으로 일하고 선두에 서자'라는 주제로 열린 기념일 관련 시장 공급 및 물가 상황
  점검 연설에서

기회가 있을 때마다 시진핑은 국민의 삶을 개선하는 일에 끝은 없고 오직 새로운 시작만이 있다고 반복해서 강조한다. 국민은 관료들이 하는 일의 출발점이자 목표점이 되어야 한다. 관료들이 국민을 진실하게 대하지 않고 마음을 주지 않는다면, 발전과 개혁을 이룬들 무슨 의미가 있겠는가? 국민의 생활 형편은 민심으로 이어지고, 민심은 국운에 영향을 준다.

세상의 가난한 선비들을 보호하겠다는 두보杜甫의 시는 시진핑의 포부 및 정치적 관심과 맞닿아 있다. 이 관심은 90여 년의 역사를 가진 중국 공산당의 가치이기도 하다. 일찍이 강태공姜太公은 "나라를 잘 다스리려면 부모가 자식을 사랑하는 것처럼, 형이 동생을 사랑하는 것처럼, 누가 굶었다는 소식을 들으면 가엾게 여기는 것처럼, 힘들게 일하는 것을 보고 슬퍼하는 것처럼 백성을 대하라."라고 했다. 그의 말처럼 국민의 심부름

꾼인 관료는 국민의 일상생활을 항상 염려해야 한다.

시진핑 국가 주석을 핵심으로 하는 5세대 지도부는 민생개선과 민생개선과 사회개혁을 통해 지지기반을 확대하겠다는 의도를 3중전회에서 통과된 강령성 문건에서 분명히 드러냈다. 3중전회에서 통과된 '전면적 개혁심화에 관한 약간의 중요한 문제에 대한 중국공산당 중앙 결정'(이하 결정)에 사회보험료 인하, 수입분배 개선 등 민생개선과 1자녀정책 완화, 호구(호적)제 개선, 노동교화제 폐지 등 중국 국민의 기본생활과 관련된 사회개혁 내용이 상당수 포함됐다. 이에 따라 이런 개혁조치들이 구체화됨으로써 중국인의 생활에 직접적인 영향을 미치게 될 것이다.

시진핑 체제 개혁의 특징은 경제제도나 체제 개혁에 주안점을 뒀던 과거정권과는 달리 이런 생활밀접형 개혁에 초점을 두고 있다는 점이다. 특히 개혁내용 중 호구제, 사회보험료 인하, 1자녀정책 완화, 노동교화제 폐지 등은 여론을 적극 수용했다는 점에서 주목된다.

3중전회에서 제시된 이런 개혁조치는 대부분 점진적으로 추진된다. 퇴직연령 연장 등은 매년 3개월씩 연장하는 방식을 택하게 될 것으로 알려졌으며, 사회보험료 인하도 관련 이해당사자들의 의견을 수렴해 점진적으로 시행하게 된다. 3중전회에서 제시된 개혁안들은 출생에서부터 교육, 일상생활, 노후에 이르기까지 국민의 생활과 직결되는 것들이다. 오는 2020년까지 개혁 시간표가 계획대로 이행되면 중국인의 일상과 사회생활이 확연하게 달라질 것이다.

시 주석이 거창한 개혁 구호를 내세우는 대신 국민의 생활에 직결되는 과제에 주력한 것은 국민의 눈높이에 맞춰 개혁·개방을 추진함으로써 지지 기반을 확대하겠다는 의도에서 비롯된 것이다. 중국이 개혁·개방을 통해 경제적으로 성장하고 국민의 눈높이도 높아졌지만 여전히 공산당 일당체제 아래 인터넷 통제 등을 비롯한 사회적 통제가 지속하고 있다. 체제안정에 우선순위를 둔 이런 통제 장치는 외국은 물론 중국인에게 상당한 불만 요소였고 이런 불만은 빈부격차 심화, 물가 인상, 부동산 가격 폭등 등과 맞물려 정권에 적지않은 부담이 됐다.

시 주석이 중국인의 이런 불만에 대처하고 중국인에게 개혁·개방의 효과를 피부로 체감할 수 있도록 생활개혁을 적극 추진하게 된 것이다. 3중전회에서 나온 민생개혁과 사회개혁 내용중 퇴직연령 연장을 비롯한 일부는 그동안 사회적으로 논란이 됐던 사안에 대해 방향을 분명히 제시했다는 점에서 상당한 의미가 있다. 이는 또 새 정부가 이해관계는 복잡하지만 국민의 생활에 큰 영향을 미칠 수 있는 사안을 방치하지 않고 적극적으로 대응하겠다는 의지를 드러냈다고 볼 수 있다.

시진핑과 중국의 정치

통치자가 바르면 명령하지 않아도
아랫사람들이 스스로 행동한다

정자政者, 정야正也. 기신정其身正, 불금이행不今而行

기신부정其身不正, 수금부종雖今不從

"정치는 바른 것이다. 통치자가 바르면 명령하지 않아도

  아랫사람들이 스스로 알아서 행동하지만,

  통치자가 바르지 않으면 명령해도 따르지 않는다."

-《지강신어(之江新語)》(시진핑 저) 중에서

시진핑은 조직의 관료가 일을 깔끔하게 처리하는 것이야말로 마르

크스주의 정당의 특성과 취지에 부합하는 것이라고 주장해왔다. 또한 관료는 국민을 이끌고 모범을 보이는 한편, 그러한 행동을 정치의 핵심으로 삼아야 한다고 강조했다. 중앙 지도자가 모범을 보이면, 아랫사람들이 본받아 관료사회 전체에 청렴하고 고결한 인격의 분위기가 형성이 된다.

시진핑은 여러 장소에서 청렴한 정치에 관한 잠언을 인용하며, 공명정대하고 솔선수범하고 말과 행동을 일치시키는 품성을 가지라고 관료에게 요구했다. 국민은 관료가 무슨 말을 하는지 듣고, 무슨 일을 하는지 눈을 반짝이며 지켜본다. 국민 사이에서 권위와 신뢰와 영향력을 높이는 가장 좋은 방법은 모범적으로 활동하고 인격적 매력을 발산하는 것이다. 그렇지 않으면, 무대 위에서 연설할 때는 박수를 받을 수 있으나 무대 아래에서는 욕을 먹을 것이다. 이런 사람이라면 백 번 말하고 행동한들 무슨 영향력과 호소력이 있겠는가.

요즘 중국에서는 공자를 포함한 옛 유교사상가의 사상을 가르치는 강의가 늘고 있다. 특히 정부 관료와 공산당원은 시진핑 국가주석의 방침에 따라 전통사상 강의를 의무적으로 수강하고 있다. 월스트리트저널은 중국 정부의 주요 부처 공무원들이 중국고전철학 전문가로부터 공자를 비롯한 옛날 학자들에 대한 강의를 들었다며 최근 중국에서 진행되는 유교사상 강의를 소개하기도 했다.

상공부, 교육부 등 중국 정부의 관료들은 당시 날짜를 정해 돌아가면서 하루에 2시간씩 강의를 들었다. 2,500년도 더 된 시절에 공자가 했던 발언 등을 들으며 효도 등 유교사회에서 중요하게 여겼던 덕목을 따를 것을 권고받기도 했다. 당시 강의를 했던 왕 지 교수는 며칠 연속 강의를 하느라 목이 쉬었다. 그는 "시진핑의 말이 불을 붙였다"며 중국 관료들이 공자 배우기에 나선 이유를 설명했다.

중국은 지난 1세기 동안 공자와 유교사상을 멀리했다. 1910년 청 나라가 무너지고 신문화운동이 시작됐고 1921년 공산당 설립, 1949년 중화인민공화국 건설 등 격변기를 지나면서 유교는 완전히 잊혀 갔다.

마오쩌둥이 공산주의 국가를 건설한 뒤에는 조상 숭배가 금지됐고 1966년 시작된 문화혁명 시절에는 공자를 깎아내리는 캠페인이 전개 됐다. 마오쩌둥이 사망한 뒤인 1979년 유교사원이 다시 오픈했지만, 시 장경제 도입 등으로 말미암아 중국 사회에서 유교사상은 존재감이 크 지 않았다.

무려 100년가량이나 소외당했던 유교사상은 시진핑이 집권하고 나 서 다시 주목받고 있다. 시진핑은 2013년 공자 사원을 방문했으며 다음 해에는 공자의 2565회 생일 축하 행사에 참석했다.

시진핑 국가주석이 관료들에게 유교 사상을 학습하게 하는 데는 특 별한 이유가 있다.

시진핑 국가주석은 제18기 공산당 중앙위원회 제4차 전체회의(18기 4중전회)에서 "관료들의 부패가 만연해 일부 지역에서는 부패로 관료사회 가 무너져 버렸다"고 중국 사회의 뿌리 깊은 부패구조를 강도 높게 비난 했다. 공산당 중앙기율검사위원회가 출판한 '시진핑의 당풍염정 건설 및 반부패 투쟁에 관한 발언 요약집'이란 책자에서 시 주석의 부패척결 의 지를 담은 발언이 공개됐다.

시 주석은 4중전회에서 "간부들의 부패가 심해져 대담한 수법으로 막대한 금액을 수뢰하고 있다"면서 "일부는 자신의 벼슬길을 위해 익명으로 무고하고 유언비어를 조장하며 공산당 중앙을 모함하는 행위까지도 일삼고 있는데 반드시 바로잡아야 한다"고 강조했다.

시 주석은 이에 앞서 군중노선교육실천 관련 회의에서도 "부패가 있으면 반드시 처벌해야 한다"면서 "당의 규율과 규칙이 '종이호랑이'나 '허수아비'가 돼서는 절대로 안 된다"고 말했다. 특히 부패 관리들의 외국 도피 현상을 지적하면서 "'무관용'의 태도로 부패분자들을 하늘과 바다 끝까지 추적해 반드시 처벌해야 한다"고 강조했다.

시 주석은 2013년에 열린 중앙기율위 회의에서도 "인민들이 가장 증오하는 부패와 특권 남용 현상이 심각해지면 반드시 당도 나라도 망한다"며 "이런 현상은 당과 인민군중의 혈육관계를 끊는 살상력을 지니고 있다"고 지적했다. 또한 시 주석은 "한번 쏜 화살은 돌아오지 않고 개혁의 고비에서는 용감한 자가 승리한다"며 전방위적인 반부패 드라이브를 걸겠다는 의지를 밝혔다.

경제성장이 최우선인 시대에는, 경제성장을 촉진하는 부패는 묵인되어, 많은 사람이 가볍게 모른 체 해왔다. 그러나 부패는 통제불능이 되어, 이제는 중국이라는 나라의 안정성도, 공산당의 정당성도 위협하고 있다.

거버넌스가 느슨했던 30년을 거치며, 지방 당국 중에는, 그들의 불법적인 권익과 경제적 이익을 보호하기 위해 손을 잡고 그룹을 만드는 자들도 나타났다. 그들이 행한 공비착복과 횡령은 천문학적인 액수에 달하지만, 그것은, 그들이 정치권의 계단을 오르기 위해 서로 도와 기득권을 지키는 공범이 아니고서는 불가능했을 것이다.

　이러한 은밀한 정치 네트워크는 실질적으로 상당히 견고한 것이며, 많은 관리들이 중앙 정부에 대항하기 시작했다. 그들은 포스트와 특권을 지킴으로써, 그들의 경제적 이익을 지키려 했다. 중앙정부는 지방의 통치자들을 제어하지 못하는 한, 개혁계획과 작별인사를 하지 않을 수 없었을 것이다.

　그러한 경위에서, 시진핑은 부패에 대해 눈을 감던 관례를 종료했다. 그는 지방 정부의 권력을 중앙당국의 수중으로 가져왔다. 그리고 그는, 광범위한 반부패 캠페인을 시작한 것이다.

　관료가 탐욕을 부리는 것보다 더 큰 재앙은 없다. 시진핑은, 관료의 탐욕은 한번 시작하면 끝을 알 수 없게 된다는 사실을 상기시키고 있다.

중국의 정치 시스템에 대한 권리는 오직 중국에 있다

위국불가이생사爲國不可以生事, 역불가이외사亦不可以畏事

"나라를 다스릴 때 까닭 없이 문제를 일으켜도 안 되지만,
문제가 생겼을 때 두려워해서도 안 된다."

-제18기 중앙위원회 제3차 전체 회의 중에서

"문제를 일으키면 안 된다"라는 말은 나라를 다스릴 때 제도를 안정적으로 유지해야 함을 의미한다. 나아가 이 말은 나라를 다스리는 중요한 정책을 아침저녁으로 바꾸지 않고 가만히 지켜보는 것을 말한다. 나무의 뿌리가 튼튼하게 버텨줄 때 가지와 잎이 무성해지듯이, 그렇게 해야만 좋은 결과를 볼 수 있다. "문제가 생겼을 때 두려워해서도 안 된다"라는 말은 일부에서 중국의 발전 방식에 대해 비난과 의심을 보낸다고 해서 움츠러들거나 그들의 생각에 맞춰 관점을 바꾸면 안 된다는 것을 의미한다.

시진핑은 한 국가의 통치 시스템은 그 국가의 역사, 문화와 전통, 경제와 사회의 발전 수준, 그리고 국민에 의해서 결정되어야 한다고 강조했다. 중국의 정치 시스템에 대해서 옳고 그름을 주장하고 결정할 수 있는 권리는 중국에 있다. 중국에 권리가 있는 만큼 당당하고 명확한 태도를 가져야 하고, 중국 입장에서 분석하고 결론을 내린 뒤 그에 바탕을 두어 정책을 추진해야 한다.

중국 특색의 민주론은 공산당의 공식 입장이다. 이는 2005년 10월에 발간된 《중국의 민주정치 건설》(백서)에 잘 명시되어 있다. 이에 따르면 민주는 서구의 전유물이 아니라 "인류 정치 문명의 발전 성과"이며, "세계 각국 인민의 보편적 요구"이다. 동시에 "각국의 민주는 내부에서 생성되는 것이지 외부에서 강압적으로 부여되는 것"이 아니다. 결론부터 말하자면 민주는 각 국가가 처한 특수한 역사적·사회적 상황과 조건을 기반으로 발전한다. 그래서 이 세상에서 유일하면서 보편적으로 적용할 수 있는 민주 모델은 없다. 이처럼 민주의 보편성을 인정하지만 동시에 민주의 특수성 또한 강조하는 것이 민주를 보는 공산당의 기본 관점이다.

또한 《중국의 민주정치 건설》에서는 네 가지를 "중국적 사회주의 민주정치의 특징"으로 제시한다. 즉 중국의 민주는 공산당 영도의 인민 민주, 가장 광범위한 인민이 주인이 되는 민주, 인민민주독재에 근거하고 보장하는 민주, 민주집중제를 근본적인 조직 원칙과 활동 방식으로 삼는 민주라는 것이다. 이런 특징은 다시 몇 가지 기본적인 정치제도로 구체화된다. 인민대표대회제도, 공산당 영도의 다당합작 및 정치협상 제도, 민족구역 자치제도, 도시와 농촌의 기층민주제도, 인권 존중과 보장이 그것이다.

이와 같은 공산당의 공식 입장은 2007년 10월 공산당 17차 당대회에서 행한 후진타오 총서기의 '정치보고'에서도 그대로 반복되었다. 즉 공산당은 "중국 특색의 사회주의 민주"를 위해 "공산당 영도, 인민의 주인화, 의법치국의 유기적 통일"을 유지하고, 인민대표대회제도, 다당합작 및 정치 협상제도, 민족구역 자치제도, 기층 군중자치제도 등 기본 정치제도를 계속 발전시킬 것이라고 주장했다. 이런 내용은 2012년 11월 18차 당대회로 그대로 이어졌다.

그런데 18차 당대회에서는 "협상 민주제도"를 명시적으로 언급함으로써 중국 특색의 민주가 협상 민주의 특징을 갖고 있음을 강조했다. 다시 말해 중국은 '서구식 민주'를 추구하는 것이 아니라 '중국식 민주'를 추구할 것이고, 그러한 방향성의 출발점으로 양자 간에 분명한 선을 긋고 구별할 것을 분명히 했다.

최근의 중국 사회에서는 이러한 중국 특색의 민주를 적극적이고 당당하게 주장하는 '적극적 옹호론'이 등장했다. 이는 2008년 세계 금융위기 이후에 나타난 새로운 특징이다. 이것은 크게 두 가지 요소로 구성된다. 하나는 이론의 타당성만을 기준으로 따지는 것이 아니라 실제 사실을 근거로 서구 민주를 비판하는 것이다. 다른 하나는 중국의 엘리트 선발 방식, 즉 '현명하고 유능한 인재 선임' 방식이 민주적인 선거 방식보다 우월한 제도라는 주장을 근거로 중국의 정치 모델을 적극 옹호하는 것이다. 이 두 가지를 주장하는 대표적인 사람이 바로 푸단대학의 장웨이웨이張維爲 교수다.

장웨이웨이 교수에 따르면, 서구 정치체제는 '여섯 가지의 곤경'에 빠져 있다. 우선 '3화化'의 문제가 있다. 첫째는 '민주의 게임화'다. 서구 민주는 경선으로, 경선은 다시 정치영업으로 단순화되고, 정치영업은 다시 자금 모집, 책략 준비, 예능과 같은 것으로 전락했다. 둘째는 '민주의 자본화'다. 즉 서구 '민주民主'(국민이 주인) 제도는 점점 '전주錢主'(돈이 주인) 제도로 변화되었다. 셋째는 '민주의 단견화短見化'다. 정치가는 득표를 위해 인기 영합 정책을 남발하고, 그 결과 국고가 탕진되고 국민이 그 피해를 고스란히 책임져야 하는 사태가 발생했다.

게다가 서양의 정치체제는 '세 가지 유전자 결핍'의 문제를 안고 있다. 첫째는 "인간은 이성적이다."라는 명제인데, 이는 선거 과정에서 나타나는 인간의 비이성적인 성질을 무시한 것이다. 둘째는 "(자유 등 개인)권리는 절대적이다."라는 명제인데, 이는 사회 이익을 무시한 것이다. 셋째는 "절차는 만능이다."라는 명제인데, 이는 "실질적 민주"를 무시한 것이다.

또한 장웨이웨이 교수는 "중국 모델은 서구 모델과의 경쟁을 두려워할 필요가 없다."고 주장한다. 그의 주장에 따르면, 중국의 지도자 선발 방식인 '인재 선임'이 민주 선거보다 우월하기 때문이다. 예를 들어, 정치국 상무위원은 모두 두세 번 정도 성省 당서기를 역임하면서 능력을 검증받은 사람들이다. 그래서 "1인 1표로 계산하는 민주 논리"에 따르면 중국 정권이 합법성이 없지만, "치국治國은 반드시 인재에 의존해야 한다는 논리"에 따르면, 미국 정부가 합법성이 없다. 더 나아가 중국은 "반대를 위한 반대의 민주 모델"이 아니라 "일종의 협상 성격의 민주 모델"을 폭넓게 모색하여 "국가가 장기적으로 지도할 수 있도록" 보장하고 있다. 그 결과 "상하이의 푸둥浦东을 예로 들면, 1990년에 푸둥발전전략을 수립하여 현재까지 일관되게 추진하였는데, 그 결과 오늘날의 '푸둥의 기적'을 창조했다." 이 점에서 보면 "상하이는 뉴욕과의 경쟁을 두려워할 필요가 없고, 중국 모델은 서구 모델과의 경쟁을 두려워할 필요가 없다." 이런 주장은 중국의 정치 모델에 대한 옹호로 연결된다.

이런 주장은 《인민일보》와 같은 공산당 기관지에서 널리 홍보되고 있다. 예를 들어, 2013년 3월 12기 전국인대 1차 회의에서 국가 지도자 인선이 완료된 이후, 《인민일보》는 몇 편의 글을 실어 '인재 선임'이 중국식 민주의 특징이면서 동시에 정치가 서구 정치보다 우월한 점이라고 주장했다. 이를 통해 우수한 지도자의 선임과 평화로운 권력 교체를 완료했고, 정치 및 정책의 안정성과 지속성을 보장할 수 있기 때문이다. 한마디로 이러한 '정치 확장성'이야말로 '중국의 국가적 우세'라는 것이다.

한편 서구 민주에 대한 비판과 중국 특색의 민주, 특히 '인재 선임'에 대한 옹호는 2011년 북아프리카 및 중동 지역에서 발생한 '아랍의 봄'에 대한 중국 측의 평가에도 적용된다. 일부 중국학자에 따르면, 현재 아랍의 봄은 '아랍의 가을'을 지나 '아랍의 겨울'로 접어들고 있고, 이로 인해 아랍 인민들은 심각한 교통을 겪고 있다. 그 이유는 각국의 조건(예를 들어, 경제 발전의 수준, 민족 통합의 정도, 사회 공평의 수준)을 무시하고 "너무 빠르게 민주"를 달성할 욕심으로 서구식 민주주의를 무분별하게 도입했기 때문이다. 그 결과 정치는 마비되고 민생은 피폐해졌으며 종족 대립과 갈등만 확대되었다. 그 반대의 예로는 싱가포르를 들었다. 싱가포르는 자국의 조건에 맞는 정치체제를 발전시켜 경제 발전과 정치·사회 안정을 성공적으로 달성했다. 결국 중국은 이런 아랍의 실패와 싱가포르의 성공을 교훈 삼아 중국에 맞는 중국 특색의 민주를 발전시켜야 한다.

편안할 때 위기를 잊지 말라

안이불망위安而不忘危, 존이불망망存而不忘亡,
치이불망란治而不忘亂
"편안할 때도 위기를 잊지 말고, 존재할 때도
 멸망함을 잊지 말고, 다스릴 때도 혼란스러움을 잊지 말라."

-중앙 신장 공작 좌담회 연설에서

지금 중국은 이미 위험이 높아진 사회로 접어들었다. 뿌리 깊은 각종 모순이 속속 드러나고, 불안정하고 불확실한 요소들이 곳곳에서 터져 나온다. 지방의 부채 문제, 인터넷 관리 문제, 가치관 문제 같은 거시적인 문제만이 아니라 출산 조정, 식품 안전 관리, 민원 업무 개혁 같은 미시적인 정책 문제도 폭발적으로 증가하고 있다.

　　이들은 모두 민감한 위험 요소가 되어 사회에 광범위하게 영향을 줄 수 있고, 예상치 못한 시스템 리스크를 일으킬 수도 있다. 기쁠 때 근심거리를 잊지 않고, 비가 오기 전에 미리 창문을 수리하는 것처럼 사회 현상에 대한 예측 가능성을 높여야 한다. 그렇게 하면 어려움이 닥쳐도 안정적으로 대응할 수 있다.

　　1950년 이후, 중국 공산당은 중국 사회주의 주요 모순에 대해 두 차례에 걸쳐 이론적 탐색을 진행했다.

　　제1차는 1956년 중국 공산당의 8대에서 시작하여 1981년 당의 11기 6중 전회에 완성되었다.

　　중국 공산당8대는 국내 주요 모순을 선진공업국 건설과 낙후된 농업국이라는 현실 모순으로 규정지었다. 그리고 그 당시 경제문화의 신속한 발전으로 인해 경제문화에 대한 불만족이라는 모순이 증대되었다. 이 같은 사회 주요 모순을 해결하기 위해서 사회 생산력을 향상시키고 발전시키고자 노력했다. 그리고 계급 투쟁 강령과 문화대혁명이라는 엄정한 잘못을 지적했다.

　　1981년 중국 공산당 11기 6중 전회는 두 가지 역사적 경험에 대한 결론을 내렸다.

사회주의 개조는 기본적으로 완성된 후에, 중국은 국민의 증대되는 물질문화에 대한 수요와 낙후된 사회 생산 간의 모순을 정확하게 인식하였고, 이로써 계급 투쟁을 강령으로 한 잘못된 이론과 실천을 철저히 부정하였다. 따라서 중국은 사회주의 현대화 건설을 위주로 개혁과 개방을 추진하게 되었다.

제2차는 시진핑 주석이 19대 보고서에서 "중국 특색의 사회주의는 신시대에 진입했고, 중국의 사회주의 주요 모순은 이미 국민의 나날이 증대되는 아름다운 생활에 대한 수요와 불균형적이고 불충분한 발전 간의 모순"이라고 지적한 것에서 비롯된다.

중국 사회의 주요 모순의 변화는 중국 수립 이후 특히, 개혁개방 이후 경제발전의 심화로 인한 중대한 전략적 판단이 바로 중국 특색의 사회주의가 신시대에 진입했다는 중요 근거가 되며, 시진핑 신시대 중국 특색의 사회주의 사상의 중요한 내용이며, 중국의 2대 100년 분투 목표를 실현할 수 있는 중대한 이정표인 것이다.

중국의 신시대 사회의 주요 모순은 사회 생산력의 향상과 발전, 유물 변증법을 운용한 사회주의 초급단계 모순 운동의 서로 다른 과정의 분석을 통해 새로운 이론 근거를 마련하였다.

즉, "날로 증대되는 물질 문화에 대한 필요성"이 "국민의 날로 증대되는 아름다운 생활에 대한 필요성"으로 대체되었다. 여기에는 물질문화생활에 대한 더 높은 요구와 국민의 민주, 법치, 공평, 정의, 안전, 환경 등에 대한 날로 증대되는 새로운 요구가 추가되었다.

또한 "낙후된 사회 생산"이 "불균등, 불충분한 발전"으로 대체되었다. 발전의 중점은 물질 생산, 즉 경제, 정치, 문화, 사회, 생태문명이라는 "5위 1체"의 발전을 포함, 발전 불균등과 불충분 문제를 해결하는 것에 중점을 두었다.

중국 사회주의 모순 발생과 변화의 조건과 근거는 다음 4가지로 대별해 볼 수 있다.

첫째, 사회주의 생산력 발전 수준이 대폭 상승된 것이 사회 주요 모순 변화의 기초이다.

경제 총량은 세계 11위에서 2010년 세계 제2위가 되었고, 2017년 국내 총생산액이 82만 7,000억 원에 달했다. 이것은 1978년에 비해 33.5배 증가한 것이다. 제조업 생산액이 8년 연속 제1위를 차지했고, 220여 종의 주요 공농업 제품 생산력이 세계 제1위를 차지하고 있다. 즉, 낙후된 사회생산력은 더 이상 주요 모순의 대상이 아니다.

둘째, 국민 생활 수준이 현저히 높아졌다. 중국은 14억 명이 배불리 먹는 문제를 해결하여 세계 인구 가운데 가장 많은 중등 수입 군이 있는 나라가 되었다. 특히 금년 사회 소비품 소매총액이 세계 1위를 차지할 것으로 보인다.

셋째, 경제의 지속적인 고속성장으로 도농, 지역 및 사회, 생태환경 등의 영역에 불균형과 불충분의 문제가 두드러졌다. 또한 경제력의 상승으로 과거에 비해 이러한 문제들을 해결할 수 있는 조건이 갖춰지고 있다.

넷째, 중국 공산당 19대 이후, 당 중앙은 창의적인 새로운 이념과 새로운 사상 전략을 제시하여 시진핑 신시대 중국 특색의 사회주의 사상이 형성되고, 사회모순의 변화에 대응하기 위한 과학이론이 제기되었다.

1997년 중국 공산당 15대 보고서에서 9가지 사회주의 초급단계의 내용을 분석하였는데, 그것은 사회주의 현대화와 중화민족의 위대한 부흥을 실현하는 날이 오면 사회주의 초급 단계가 끝나는 시기로 볼 수 있다.

특히 중국 공산당 19대 보고서에서는 빈곤문제 해결, 농촌진흥전략 실시, 지역협조발전 실시, 오염방지문제 해결, 경제수준의 고급화(제품과 서비스 질 개선), 국민대중의 다양하고 개성적인 소비수요에 대한 민족, 교육과 의료 등 사회사업의 발전, 취업 우선전략 등의 실행을 제안하였다.

사회주의 모순의 변화요구에 따라, 중국은 발전 방식의 전환, 경제 구조의 우수화, 성장 동력 전환, 고수준의 경제 발전을 가속화 하기 위해, 국외 하이테크 기술, 녹색 첨단 환경보호 기술, 고 첨단 제조업 제품과 현대화 서비스업이 거대 시장으로 부상하고 있다.

또한 사회 주요 모순의 변화에 따라, 중국은 전면적인 개방, 고수준의 무역과 투자 자유화, 편리화 정책을 추진하고 외국인에 대한 국민대우 관리제도, 외국기업의 용이한 시장진입, 서비스업의 대외개방은 외국기업에게 중국경제 발전의 기회를 공유할 수 있는 거대한 투자기회를 제공하게 되었다.

게다가 국민의 날로 증대되는 아름다운 생활에 대한 수요를 만족시키고, 발전 불균형과 불충분 문제를 해결하기 위해 중국이 중등 수입군을 확대하는 정책을 펼치고 있을 뿐 아니라, 외국제품과 서비스의 수요가 부단히 증가함에 따라, 해외 여행, 구매와 국외 인터넷 구매가 쾌속적인 성장 속도를 보이고 있다. 이것은 세계경제 성장을 위해 커다란 동력을 제공하게 될 것이다.

마지막으로 중국의 신시대 사회 주요 모순을 해결하고, 중화민족의 위대한 부흥인 중국의 꿈을 실현하기 위해서는 평화적인 국제환경과 안정적인 국제질서의 조성이 무엇보다 중요하다. 이를 위해, 중국은 평화발전의 길을 걸어나가고, 세계 평화의 건설자, 세계 발전의 공헌자, 국제질서의 수호자임을 자처하며 나서고 있다.

국가의 가장 큰 위협은
관료의 나태함과 해이함이다

천하지환天下之患, 최불가위자最不可爲者
명위치평무사名爲治平無事, 이기실유불측지우而其實有不測之憂
좌관기변이불위지소座觀其變而不爲之所
즉공지어불가구則恐至於不可救

"세상에서 가장 큰 근심은 태평무사할 때 예측하지 못한
문제가 도사리고 있는 것이다. 가만히 앉아서 변화를
지켜보기만 하고 아무런 조치를 취하지 않으면 돌이킬 수
없는 지경이 된다."

-신장 시찰 작업을 마무리하는 연설에서

시진핑은 다양한 자리에서 소식이 지은 이 문장을 좋아한다고 여러 번 밝혔다. 역사적으로 이와 비슷하게 평안함에 도취하는 바람에 위기를 자초했던 교훈은 많았다. 당나라는 개국 이후 태평성세를 이뤘지만, 현종이 진취심을 잃고 나태함과 향락에 젖은 결과 쇠퇴했다. 청나라는 강희제와 건륭제 때 한창 번영했지만, 강한 정치력과 군사력에 자만한 나머지 사치로 인한 부채가 만연하고 관료의 기강이 해이해져 몰락의 길을 걸었다.

　국가와 사회 조직이 생존하고 발전할 때 가장 큰 위협은 돌발적인 대재난이나 사고가 아니다. 눈치채지 못하는 사이에 서서히 물드는 나태함과 해이함이 가장 큰 문제이다. 그래서 시진핑은 각급 관료에게 "슬기로운 자는 일이 생기기 전에 미리 그 일을 내다본다"라고 말하며 주도면밀한 계획을 세워 사전에 문제를 예방하라고 끊임없이 강조했다.

　중국지도층이 해결해야 할 가장 큰 숙제는 바로 부패척결이다. 중국공산당 18대에서 발표한 보고서에서는 부패문제가 해결되지 않는다면 국가와 당은 절체절명의 위기에 빠질 것이라 경고했다. 시중에 떠도는 말 중에 "부패를 척결하지 않으면 나라가 망하고, 부패를 척결하면 당이 망한다"는 말이 있다. 물론 너무 과장된 말이긴 하다. 필자의 소견으로는 부패문제가 해결되지 않으면 당은 망할 수 있으나 나라가 망할 가능성은 없다고 본다. 부패를 척결하면 당이 망할 수도 있지만 당을 구할 수도 있는데 이것은 전적으로 중국 당국이 어떻게 부패를 척결하느냐에 달려 있다.

　부패척결의 핵심적 딜레마는 어떻게 기존의 누적된 부패를 처리하느냐, 즉 이미 발생한 부패행위를 어떻게 해결할 것인가라는 점이다. 과거의 부패에 대해 결말을 짓지 않는다면 부패척결은 결코 성공할 수 없다. 척결조치가 아주 강력할 경우 작게는 정부관원들이 직무에 소극적이거나 태만하게 되어 정부기능이 마비되거나 반식물 상태에 빠지게 되며 심각한 경우는 정부관원들의 심한 반발을 사게 되어 개혁은 물 건너가게 될 것이다. 그러나 부패를 척결하지 않고 어물쩡 넘어가버린다면 국민들의 공감을 얻지 못하게 된다. 이것이 바로 딜레마이다.

이 문제를 해결하려면 지도층의 지혜와 과감한 결단뿐 아니라 일반 국민들의 이해와 인내심이 필요하다. 거시적으로 봤을 때 지난 10년간 중국의 부패는 두 가지의 중요한 변화를 겪었다. 첫째는 부패가 가치를 창출하는 쪽에서 가치를 훼손하는 쪽으로 변화했다. 지난 1980~1990년대에 소위 '부패'라는 것은 대부분 민간에서 정부관료에게 뇌물을 주고 권리를 사는 것이었고 이를 통해 자원은 효율적으로 이용되었다. 기존에 국유기업이 독점했던 자원이 민영기업에게로 흘러갔고 이들은 더 큰 부가가치를 창출하면서 경제성장을 이끌었다.

하지만 현재의 부패는 더 이상 그런 종류의 부패가 아니다. 정부관료들은 권력을 남용하여 특히 원래 민간에서 갖고 있던 권리를 회수하여 자원의 비효율성을 초래한다. 1980~1990년대의 부패는 체제개혁과 관련 있는 부패였고 부패의 과정 속에서 정부가 독점하던 몇몇 권리들이 풀려나갔다. 이 때문에 어떤 의미에서 부패를 통해 중국의 시장화 개혁이 추진된 것이다. 그러나 지난 10년간의 부패는 체제에 역행하는 부패였다. 부패가 점점 심해지면서 체제는 점점 시장화에서 멀어져만

갔다. 1980~1990년대의 부패가 기업이 관료를 매수하는 부패였다면 지난 10년의 부패는 흔히 관료가 관료를 매수하는 이른바 '매관매직' 형 부패였다. 물론 기업이 관료에게 뇌물을 주는 현상은 여전하지만 매관매직현상과 비교했을 때 그 비중은 현저히 줄어들었다.

둘째, 부패척결의 강도가 점차 커지면서 부패도 이에 따라 더욱 심각해졌다. 16대 이후 70여 명의 성급^{省部級}관리들이 낙마했는데 모두가 부패 때문이거나 부패와 관련된 사유였다. 생각해 보자. 매년 70여 명의 성급간부가 잡혀간다는 것은 역사적으로 보나 다른 나라를 봐도 드문 경우이다.

새로운 지도부는 부패척결을 가장 우선시 여기고 있지만 사실 예전의 지도부도 부패척결에 주력했다. 학자들과 정부고위층에서는 수많은 부패척결 조치들을 잇따라 내놓았는데 이러한 조치들은 대체로 다음과 같은 몇 가지로 요약될 수 있다. 첫째, 감독을 강화하여 부패행위 적발율을 높이는 것이다. 상식적으로 생각해도 100명이 부패를 저질렀는데 1명만 잡힌다면 전혀 위협적이지 않는다. 그러나 50~60명이 잡힌다면 위협도가 크다고 볼 수 있다. 둘째, 언론의 자유가 있어야 한다. 언론자유가 보장되면 국민들이 정부를 감시할 수 있게 된다. 셋째, 처벌의 수위를 높여 뇌물을 수수한 부패관료들이 실질적으로 위협을 느껴야 한다. 넷째, 정부관료들의 실질적 임금을 높여주어 "고임금의 청렴한" 관료를 만드는 것이다. 현재 관료들이 부패를 저지르는 원인 중의 하나는 그들의 명목 임금이 너무 낮아 가외의 수입이 필요하기 때문이다. 다섯째, 관료들의 재산을 공개하는 것이다. 이 부분은 최근에 많이 언급되고 있다. 여섯째, 관료들의 정신교육을 통해 도덕적 수준을 높이는 것이다. 일곱째, 정부부처의 권력을 축소해야 한다. 현재의 정부 권력은 너무 크다. 만약 정부의 심사의결권과 자원배분권리, 특정산업에 대한 정책 제정권리, 경제에 대한 행정적 간섭을 줄인다면 부패는 크게 줄어들 것이다. 여덟째, 진정한 민주화와 법치를 실현하는 것이다.

이러한 조치들은 우리가 부패척결을 위해 취할 수 있는 모든 사항을 포괄하고 있다. 정부가 새롭게 바뀌거나 정부의 규모가 작아져도 혹은 지금의 부패 정도가 그다지 심각하지 않더라도 이러한 조치들은 부패예방에 효과적이다. 그러나 현재상황은 그렇지가 않다. 현 정부에서 부패를 척결하기에 몇몇 조치들은 듣기에만 그럴싸할 뿐 실제로는 실행하기가 어렵다. 이러한 상황에서는 상술한 조치들이 효과를 보기에는 매우 제한적이다. 제한적이라고 말하는 가장 큰 이유는 바로 지금의 부패가 너무 심각한 수준이기 때문이다.

사실 부패행위를 처벌하는 데에는 두 가지 경로가 있다. 첫째는 법률적 처벌이고 둘째는 명예와 여론의 처벌이다. 과거에는 어떤 사람이 부패혐의로 체포되면 법률적인 처벌을 받아 감옥에 가게 되며 동시에 주위사람들이 모두 그를 깔보게 되어 명예에 대한 처벌도 이루어졌다. 그러나 지금은 그렇지가 않다. 부패관료가 형을 받으면 오히려 큰 동정을 받게 되며 많은 사람들이 그의 자식들이나 부인을 도와주곤 한다. 이것은 지금 적발된 부패관리가 단지 수많은 부패관료들 중 극소수일 뿐이며 부패 정도가 더욱 심각한 사람들이 많다는 것을 의미할 수 있다.

때문에 가장 핵심적인 문제는 어떻게 기존의 누적된 부패행위를 처리하느냐이다. 여기에는 두 가지 방법이 있다. 하나는 기존의 책임을 물어 철저하게 처벌하는 것, 다른 하나는 기존의 과실에 대한 책임은 묻지 않고 지금부터의 부패만 처벌하는 것이다. 물론 여기에 내포된 각각의 정확한 함의를 파악할 필요가 있다.

과거의 책임을 묻는 방법의 문제점을 짚어 보자. 지난 경험에서 알수 있듯 기존의 책임을 묻는 부패척결방식은 이미 강력하게 시행되고는 있지만 부패의 심각성에 비교해 볼 때 그저 수박 겉핥기 식밖에 안되기 때문에 문제를 근본적으로 해결할 수 없다.

지난 부패척결조치는 부패를 저지른 사람에게 크게 위협이 되지는 않았다. 부패를 저지른 관료들은 대부분 주식이나 복권을 사는 것처럼 운에 기대었다. 운이 나빠 적발되면 재수가 없다고 생각했고 운이 좋으면 그냥 넘어가는 것이었다. 또 하나 더욱 심각한 문제는 부패척결이 권력투쟁의 수단으로 변질될 수 있다는 것이다. 상대방의 적발여부는 그가 저지른 부패가 얼마나 심각한지 보다는 자신의 말을 얼마나 잘 듣고 따르느냐에 따라 결정될 수 있다. 이런 경우 체포된 부패관료는 가장 심각한 경우가 아니거나 진짜 부패관료가 아닐 수도 있다.

물론 아주 대대적인 부패척결조치를 고려해볼 수 있다. 하지만 어느정도까지 대대적으로 시행할 수 있을까? 만약 정말 대대적으로 척결운동을 펼친다면 모든 관료들이 스스로 위기감을 느껴 업무에 소극적이거나 태만하게 되고 부패관리들끼리 뭉치게 할 수도 있다. 부패가 이렇게 보편적으로 퍼진 이상 관료들끼리는 서로 눈감아주게 될 것이고 다른 사람을 보호하는 것이 곧 자신을 보호하는 것이라 여기게 된다. 그렇게 되면 관료들이 연합하여 반 부패조치에 조직적으로 대항하게 될 것이고 정부는 결국 마비될 것이다. 정부가 마비되면 부패척결은 더 이상 진행되기 힘들게 되며 개혁은 물 건너가게 된다.

그렇다면 부패척결은 누가 할 것인가? 부패가 이렇게 넓게 퍼져 있다는 점을 감안하면 부패척결을 담당한 관료들 자체도 깨끗하지 못한 관리일 가능성이 큰데 이들이 얼마나 강력하게 부패를 척결할 수 있을까? 과거의 복잡다단한 역사에서 볼 수 있듯 체제의 부조리는 부패가 만연하게 되는 주요원인이라는 점을 인식해야 한다. 부패혐의로 체포된 관리들이 국민들의 동정을 사는 경우가 있는데 이는 국민들이 능력 있는 사람은 체포되고 능력 없고 불성실한 사람은 오히려 안 붙잡힌다고 생각하기 때문이다.

중국의 미래가 걸린 핵심사안인 만큼 전국민적인 토론이 필요하다. 필요할 경우 아르헨티나의 사례처럼 국민투표를 실시하는 것도 좋다. 정부가 먼저 구체적인 방안을 내놓고 국민투표를 하여 50퍼센트 이상이 찬성하면 실시하고 대다수가 거부하면 폐기하는 것이다. 만약 아주 주도면밀하게 계획을 짠다면 정책이 실시되고 일 이년 후에는 국민들도 그 효과를 체감하게 될 것이라 생각된다. 부패가 크게 줄어들고 정부의 서비스가 크게 개선되는 것을 국민들이 느끼게 되면 그 정책의 이점을 이해하게 될 것이다. 물론 여기에는 국민들의 인내심이 필요하다는 사실을 명심해야 한다.

중국을 다스리는 근본은
공산당의 지도와 사회주의제도이다

치국유여재수治國猶如栽樹

본근불요즉지엽무영本根不搖則枝葉茂營

"나라를 다스리는 것은 나무를 심는 것과 같아서 본 뿌리가

흔들리지 않으면 가지와 잎이 무성하게 자란다."

-제18기 중앙위원회 제3차 전체회의 중에서

　　나라를 다스리는 근본은 무엇일까? 시진핑은 중국 공산당의 지도
와 사회주의 제도가 그것이라고 대답하며 지금 중국은 역사와 국민이
선택한 방향으로 발전하고 있다고 설명했다. 덧붙여 세계 제2의 경제
대국으로 도약한 것만 보더라도 중국식 발전 모델의 우수성은 증명된
거로 볼 수 있다고 강조했다.

　　시진핑은 지금 중국은 960만 제곱킬로미터의 광활한 토지 위에서
14억 중국인의 응집된 힘을 발휘하고 있다고 말하며 중국은 중국 고유
의 방식을 따를 때 더없이 광활한 무대와 성숙한 역사적 지혜와 강한
추진력을 가진다고 설명했다. 나라를 다스릴 때 자신감을 굳게 지키는
것은 매우 중요하다. 근본이 흔들리지 않으면 국가 경제, 정치, 문화 등
을 지속적으로 개혁하며 발전할 수 있기 때문이다.

　　중국공산당은 제18기 중앙위원회 제3차 전체회의(18기 3중전회)를 열

어 시진핑 체제의 개혁 청사진을 제시했다. 시진핑 지도부가 본격적인 자기색깔을 드러내게 되는 셈이다.

통상 중국은 당 대회를 열어 새 중앙위원회를 구성하고서 1중 전회와 2중 전회를 통해 지도부 선출과 당·정·군 주요 인사를 확정, 진용을 정리하고 3중 전회에서 새 지도부가 추구할 정책 방향을 제시해 왔다. 과거 덩샤오핑 시절의 11기 3중전회(1978년)에선 개혁·개방 노선이 채택됐으며 장쩌민의 14기 3중전회(1993년) 사회주의 시장경제체제 확립과 국유기업 개혁 방안이 제시됐다. 후진타오 시절의 16기 3중전회(2003년)에선 사유재산권 인정과 인권 보장이 주요 의제가 됐다.

3중 전회의 주요 개혁 의제는 정부와 시장 간 기능 조절이 되었다. 시장의 활력을 키워 정부주도 성장의 한계를 극복하고 각종 규제완화, 정부 개입 축소, 자유화 및 사유화 개혁 확대를 통해 자원배분이나 가격결정에서 시장의 역할을 강화하는 조치들이 나왔다.

또 중국 새 지도부가 과감한 금융 및 기업 개혁을 추진하기 위해 '상하이 자유무역시범지구' 개설했다는 점을 고려해 3중전회에서는 금융, 외환, 기업 창업 및 운영, 소비 및 판매 등 경제 전반에 걸쳐 시장주도 경제를 뒷받침할 수 있는 개혁조치들이 제시되었다. 시장활력 강화를 뒷받침할 수 있도록 정부기능 개혁, 세제 개혁 등도 함께 추진되었다. 3중전회 이후 중국 경제의 '시장화 지수'는 물론 '자유화 지수'나 '사유화 지수'도 높아졌다.

3중전회에선 아울러 그간 누적된 부패와 빈부격차 등 체제적 병폐 치유를 위해 과감한 부패척결 조치가 이어지면서 의료보험 등 사회안전망 강화, 보장방(서민용 저가 분양 및 임대 주택) 건설, 부동산 규제 방안, 수입분개 개선 방안도 제시되었다.

국무원 발전연구중심이 '383' 개혁안을 통해 관리 부패를 줄이기 위한 '청렴 연금제도'를 제안하고 정치국은 낭비풍조 척결을 위해 '당정기관 절약 및 낭비반대 조례'를 공표했다는 점은 사정작업을 임기 내내 지속적으로 추진하겠다는 의지를 보여주는 것이다.

토지제도 개혁도 이뤄졌다. 중국 토지소유제는 국가소유제와 일종의 농촌 공동토지인 집체소유제로 이원화 돼 있었는데, 집체토지는 소유권과 이용권의 경계가 모호해 도시화를 위한 토지수용이나 사유화 때 보상을 둘러싼 분규가 자주 빚어졌다.

3중전회선 집체토지의 사용권을 분명히 하기 위한 개혁방안이 제시되었으며, '383' 개혁안에는 등기제 등을 해법으로 제시했다. 농민공의 복지향상과 도시화를 가로막는 호적제도 개선도 추진되었다.

한편 정치개혁에 대해서는 당내 민주화 강화, 정부에 대한 감시 강화 등을 위한 정부개혁 조치가 일부 나왔다.

중국은 3중전회를 앞두고 중국식 사회주의 특색 정치제도를 강조하고 서구식 다당제에 대한 비판을 강화하는 등 정치개혁보다는 권한행사를 투명하게 하거나 감시체제를 강화하는 등의 정부개혁에 치중했다.

시진핑 지도체제는 3중전회를 통해 독자적인 통치색깔을 드러내게 되었다. 지금의 상황에서 가장 뚜렷이 드러난 '시진핑 표' 정책은 부패척결이다. 시진핑 지도부는 출범 이후 강력한 사정작업을 이어가면서 권위를 확립하고 보시라이 전 충칭 서기로 대표되는 반대세력을 억눌러왔다.

시진핑 지도부가 '체제 내 병폐 치유'를 강조한 만큼 앞으로 부패 척결 드라이브는 계속될 것이다. 아울러 중국특색 사회주의 체제를 유지하기 위해 언론 및 인터넷 통제와 종교, 인권운동 등에 대한 감시체제는 유지 또는 강화할 것이다.

"중국공산당(중공)은 중국 특색 사회주의와 마르크스주의 발전관을 굳게 지키고 실천하는 것만이 진리를 검증할 수 있는 유일한 길이라는 관점 아래 대중의 문제를 해결하고 개혁개방을 심화해야 한다."

시진핑은 "중국의 노선 문제가 중국 공산당의 성패를 결정하는 가장 중요한 사안"이라며 이같이 강조했다.

그는 중공 중앙당교에서 열린 '중공 중앙위원 및 후보위원 스빠따+八大, 제18차 중공 전국대표대회 정신 학습반' 개학식에서 "스빠따 정신을 한마디로 요약하면 중국 특색 사회주의 건설이며 이 노선이야말로 중국 국민의 요구를 제대로 반영한 것이자 중화민족의 위대한 부흥을 위한 유일한 길"이라고 강조했다.

또한 그는 "중국 특색 사회주의 노선은 개혁개방이 시작될 당시 제시된 이념이지만 과거 중국에서 공산주의 정권이 수립됐을 당시의 사회주의를 기반으로 한 것이어서 기존의 사회주의 이념과 대립하거나 상반되는 것은 아니다"고 설명했다.

그는 "개혁개방 이후의 역사로 그 이전의 역사를 부정하거나, 개혁개방 이전의 역사로 개혁개방 시기를 부정해서는 안된다"며 "실사구시 원칙에서 주류와 지류를 명백히 구분해야 한다"고 강조했다.

시진핑이 중국 5세대 지도부 출범 후 노선문제를 공식으로 거론한 것은 개혁개방에 따른 빈부격차 확대, 사회적 불평등 심화, 부정 부패 만연 등으로 노선 갈등 조짐이 나타나고 있는 것에 대응하기 위한 것이다. 중국 특색 사회주의 노선을 강조함으로써 사회주의 본래의 좌파적 이념을 주장하는 사람들을 달래는 한편 개혁개방을 지속적으로 추진하겠다는 의도를 강조한 것이다.

시진핑은 2017년 10월 18일 19차 당대회에서 이렇게 보고했다. "오랜 세월에 걸친 노력 끝에 중국의 사회주의가 새 시대로 접어들었다. 이는 중국 발전의 새로운 역사적 방위다." 이에 〈인민일보〉는 시진핑의 발언을 심층 분석한 중앙당교 교수 2명의 칼럼을 10월 20일자에 실었다.

중앙당교 당위원회 위원인 셰춘타오 교무부 주임은 "중국 특색 사회주의의 새 시대 진입이 중국 발전 현황에 대한 정확한 판단"이라며, "개혁개방 이후 약 40년간 중국의 경제력, 과학기술력, 국방력, 종합국력이 세계 선두에 진입하고, 국제지위도 유례없이 높아져 당, 국가, 인민, 군대, 그리고 중화민족의 면모에 유례없는 변화가 일어났다"고 말했다. 그는 "이는 중국 특색 사회주의가 새 시대로 진입한 중요한 근거"라고 덧붙였다.

셰 주임은 "새 시대는 중국사회의 주요 모순 전환에 대한 철저한 개념 정리를 토대로 한다"며 "중국 특색 사회주의가 새 시대에 진입하면서 중국사회의 주요 모순이 인민들의 삶의 질에 대한 요구 증가와 불균형·불충분한 발전 사이의 모순으로 바뀌었다"고 진단했다. 그는 "인민의 관점에서 볼 때 샤오캉小康(중산층) 사회 실현을 토대로 더 나은 삶에 대한 요구가 갈수록 커지는 것은 물질적 문화생활에 대한 더 높은 요구이자 민주·법치·공평·정의·안전·환경 등 분야에서도 점점 요구가 높아진다는 것을 의미한다"고 말했다.

그는 또 "국가발전 측면에서 불균형·불충분한 발전 문제가 여전히 존재할 때 인민들의 삶의 질에 대한 요구를 만족시키기는 어렵다"며 "이러한 인식을 통해 전면적이고 균형적인 발전에 더욱 힘써 인민들의 삶에 대한 요구를 한층 채워줄 수 있다"고 주장했다.

한편 중앙당교 '중국특색사회주의 이론체계연구센터' 한칭샹 비서장은 이와 관련해 "역사적 성과와 변혁이 중국 특색 사회주의 새 시대 진입의 실천 기반이자 실질적 근거"라고 말했다.

한 비서장은 또 "새로운 역사의 방향 그리고 위치에 서서 고민하고, 사회 주요 모순과 새로운 시대 과제를 해결하기 위해 노력해야 한다"며 "역사적 사명감을 갖고 개척정신을 발휘해 마르크스주의 중국화化의 새로운 도약을 이뤄내 중국 특색 사회주의의 생명력을 고양시켜야 한다"고 주장했다.

당의.태도가 분명해야 국민의 의식이 명확해진다

정령시政令時, 즉백성일則百姓一, 현량복賢良服

"정부의 명령이 알맞으면 국민이 한마음이 되고
  덕과 재능을 가진 인재가 진심으로 따른다."

-제18기 중앙위원회 제3차 전체회의 중에서

시진핑이 《순자荀子》에 나오는 이 말을 인용한 것은 중국 공산당이
독립적이고 자주적으로 나아갈 길을 선택하는 동시에, 국민이 중국 공
산당을 지지한다는 자신감을 가져야 함을 설명하기 위해서이다.

근본적인 문제에 대해서 당의 태도가 분명하면 국민의 의식이 명확
해져 잘못되거나 모순된 사상이 발 디딜 곳을 잃는다. 하지만 당의 태
도가 불분명하면 국민도 오합지졸이 되어 우왕좌왕하게 된다.

국가의 근본적인 제도이든 지방의 발전 계획이든 확실하게 알고, 분
명하게 알려야 좋은 기회를 만들 수 있다. 그러면 제도와 발전 계획 모
두 본래의 목적을 실현할 수 있다.

'시진핑 사상'이 담긴 중국 공산당 당장黨章(당헌)이 공포됐다. 인민일
보는 19차 당 대회를 통해 개정된 공산당 당장 전문을 게재했다. 개정
된 당장 총강에 "중국 공산당은 마르크스레닌주의, 마오쩌둥 사상, 덩
샤오핑 이론, '3개 대표' 중요 사상, 과학발전관, 시진핑 신시대 중국 특
색 사회주의 사상을 행동 지침으로 삼는다"고 명기됐다.

이어 "18대 이래 시진핑 동지를 주요 대표로 하는 중국 공산당은 이론과 실천을 결합해 신시대에 어떤 중국특색사회주의를 견지하고 발전해야 하는지 체계적으로 제시해 시진핑 신시대 중국 특색사회주의 사상을 만들었다"고 설명했다. 당장은 "시진핑 신시대 중국특색사회주의 사상은 마르크스 레닌주의, 마오쩌둥 사상, 덩샤오핑 이론, 3개 대표론, 과학발전관을 계승·발전시킨 마르크스주의의 중국 최신화 성과"라며 "당과 인민의 실천 경험과 보편적 지혜의 결정체이며 중화민족의 위대한 부흥을 실현하기 위한 지침이다"라고 언급했다.

왕치산王岐山에 이어 반부패 선봉장에 임명된 자오러지趙樂際 중앙기율검사위원회 서기는 첫 중앙기율검사위 회의를 주재하면서 "시진핑 신시대 중국 특색사회주의를 지침으로 삼아 전면 종엄치당從嚴治黨(엄격한 당 관리)에 나서야 한다"고 강조했다.

외교 담당 국무위원을 겸할 것으로 보이는 왕이王毅 중국 외교부 장관도 최근 외교부 당 위원회를 소집해 "시진핑 중국 특색사회주의 사상은 중화민족의 위대한 부흥의 중국몽을 실현하는 강력한 사상적 무기이자 행동 지침"이라고 극찬했다. 왕 부장은 "중국 특색 대국 외교는 신형 국제 관계 건설을 추진할 것"이라면서 시 주석이 19차 당 대회에서 제시한 인류 운명 공동체 건설과 발 맞춰, 세계 각국과 같은 방향을 가도록 노력하겠다는 내용을 재차 강조했다.

시 주석은 집권 1기에 왕치산王岐山 당기율위 서기를 동원, 반부패 캠페인을 벌임으로써 정적을 완전히 제거하고 1인 독재 체제를 열었다.

반부패 캠페인은 말 그대로 일석이조의 효과를 발휘했다. 자신의 정적을 제거하는 것은 물론 중국의 인민들에게도 큰 지지를 받았다. 중국 인민들은 공산당 고위 간부의 부패에 진저리를 치고 있다.

시 주석은 반부패 캠페인으로 자신의 권력을 확고히 한 뒤 공산당의 헌법인 당장에 '시진핑 사상' 또는 '시진핑 이론'을 삽입하는 방법으로 자신의 권위를 더욱 높이는 한편 장기 집권도 추구하고 있다. 이같은 그의 행보는 덩샤오핑 이후 유지됐던 중국 공산당의 전통인 집단지도체제를 변화시키는 것이다.

중국 공산당은 개혁개방을 통해 단기간에 조국을 세계 제2의 경제대국으로 부상시켰다. 그 원동력이 바로 공산당의 집단지도체제였다. 공산당이 독재를 하지만 공산당 내에서 어느 그룹도 독점적 지위를 누리지 못했다. 따라서 자연스럽게 '견제와 균형check & balance'의 원리가 작동했다. 견제와 균형의 원리가 작동했기 때문에 무리한 정책이 아니라 합리적인 정책이 실행됐다. 바로 이것이 중국 공산당의 힘이었다.

집단지도체제를 채택한 것은 개혁개방의 밑그림을 그렸던 덩샤오핑이었다. 그는 공산 중국의 아버지 마오쩌둥이 권력을 독점함으로써 야기된 폐해를 너무 잘 알고 있었다. 중국 공산당 창설자로 당내에 압도적인 권위를 행사했던 마오쩌둥은 말년에 문화혁명을 추진했다. 문화혁명은 대참사였다. 이는 당내에 마오쩌둥을 견제할 세력이 없었기 때문이었다. 그 결과, 중국은 10년 대동난의 시대를 보내야 했다. 덩샤오핑 자신도 하방을 당했다.

이에 따라 덩샤오핑은 집권 이후 집단지도체제를 선택했다. 그는 권력이 집중된 당주석제를 폐지하고 총서기제도를 도입했다. 당주석은 정치국 상임위에서 안건이 올라오면 비토할 권한이 있었다. 그러나 총서기는 비토권이 없다.

그는 또 죽기 전에 후진타오까지 후계구도를 확정해 놓았다. 시진핑현 주석은 덩샤오핑이 낙점하지 않은 최초의 후계자다. 그런 그가 덩샤오핑 이후 이어져온 공산당의 전통을 변화시키고 있는 것이다.

중국 공산당은 제19차 전국대표대회 폐막식에서 '시진핑 신시대 중국 특색의 사회주의 사상'을 당의 지도사상으로 편입하는 당장 개정안을 당대표 2,200여 명의 만장일치로 통과시켰다.

'시진핑 신시대 사상'은 마르크스 레닌주의, 마오쩌둥 사상, 덩샤오핑 이론, 3개 대표론, 과학발전관과 함께 중국 공산당과 중국 인민들의 '행동 지침'이 된다. 사실상 공산당과 시진핑을 동격으로 규정한 것이다. '시진핑 사상'과 이에 따른 정책에 의문을 제기하는 것은 당에 대한 배신, 반역으로 규정된다.

중국 공산당이 1921년 창당한 이래 모두 17차례의 당장 개정이 있었는데 현재의 당장은 덩샤오핑 시대인 1982년 12차 당대회에서 통과된 당장을 기초로 하고 있다. 집단지도체제 도입, 개인숭배 금지 등이 그때 이뤄졌다. 이번 당장 개정은 마오쩌둥이 중국을 떨쳐 일어나게 하고, 덩샤오핑이 부유하게 만들었던 것에 대비된 3단계 발전이론을 제시했다는 평가를 받는다.

시 주석은 자신이 집권한 2012년부터를 '신시대'로 규정하고 신중국 성립 100주년을 맞는 2049년까지 앞으로 30여 년을 '시진핑 사상'으로 이끌어가야 한다는 포부를 담았다.

시 주석이 마오쩌둥, 덩샤오핑급의 지도자 반열에 올랐다는 말도 나온다. 시진핑이 주창한 종엄치당從嚴治黨(엄격한 당 관리), 반부패 투쟁도 당장에 삽입됐고 특히 일대일로一帶一路(육상·해상 실크로드) 건설계획도 포함시켜 당정 전체가 지속적으로 강력 추진해야 할 과제로 삼았다.

아울러 당장에 삽입된 지도사상이 외교 영역에도 손을 댄 것은 '시진핑 사상'이 처음이다. 이것은 국내 모순과 해결에 치중했던 이전의 지도사상과는 다른 점이다.

시진핑,
중국의 외교에 대해
말하다

중국은 개발도상국이 영원히 믿을 수 있는
국가가 되어야 한다

계리당계천하리計利當計天下利

"책략을 짤 때는 세상 사람들의 이익을 위하는
 책략을 짜야 한다."

-'함께 손잡고 중국과 동맹국의 운명 공동체를 건설하자'라는 주제로 열린
인도네시아 국회 연설에서

시진핑은 중국이 진실하고, 실질적이고, 친근하고, 성실한 정책을
만듦으로써 개발도상국이 영원히 믿을 수 있는 국가가 되어야 한다고

말한다. 또한 중국과 라틴아메리카의 협력 관계를 더 높은 수준으로 발전시키고 동남아, 중동부 유럽, 중앙아시아 등 개발도상국이 밀집된 지역에서 협력의 이념을 변함없이 실천해야 한다고 강조한다. '계리당계천하리'라는 대련의 글을 인용하여 중국이 주장하고 실천하는 정의관과 이익관에는 중국식 전통문화와 사회주의의 본질적 속성이 반영되어 있다고 설명한다.

중국은 개발도상국에 대한 중국의 영향력을 강화하고 있다. 시진핑 국가주석은 개발도상국 지원을 위해 중국이 발벗고 나서겠다고 밝혔다.

중국 외교부는 시 주석이 미국 뉴욕 유엔본부에서 열린 유엔 개발 정상회의 연설에서 중국 주도의 '남남협력(개도국간 협력) 지원기금' 설립과 최빈국들에 대한 부채 탕감 등의 조치를 발표했다고 전했다.

시 주석은 "중국이 20억 달러를 들여 남남협력 지원기금을 설립할 것"이라고 말했다. 중국은 이 기금의 규모를 2030년까지 120억 달러로 늘리는 가운데 세계 최빈국, 내륙의 개도국, 도서국가 등에 빌려준 부채 가운데 올해 만기가 돌아오는 부분에 대해선 전액 탕감해 줄 방침이라고 밝혔다.

또 '일대일로'一帶一路와 아시아인프라투자은행AIIB를 통해 개도국의 경제발전과 민생개선을 위해 더욱 노력하겠다고 약속했다.

아울러 시 주석은 중국 역시 개도국이라며 개도국 전체의 권리 확대를 위해 노력하겠다는 입장을 피력하기도 했다. 그는 "글로벌 경제 거버넌스를 개선시켜 개도국의 대표권과 발언을 키워나가야 한다"고 말했다.

시 주석은 미국과 유럽 등 서구권을 견제하는 가운데 중국의 영향력을 키우기 위해 최근 개도국 내 발언을 확대하고 있다.

아시아·태평양 지역 해외순방에 나섰던 시진핑은 '중국은 개발도상국'임을 강조하며 일대일로(육·해상 실크로드) 협력을 강화하기도 했다. 이러한 행보는 주요 20개국G20 정상회의에서 도널드 트럼프 미국 대통령과의 무역전쟁 담판을 앞두고 최대한 우군을 확보하려는 노력으로 보인다.

시 주석은 중국과 수교한 8개 태평양 섬나라 지도자들과 면담하면서 "중국과 태평양 섬나라는 모두 아시아·태평양 지역에 있고 모두 개발도상국"이라며 "중국은 아무리 발전해도 영원히 개도국의 일원이며 영원히 개도국과 함께 할 것"이라고 친밀감을 과시했다.

이어 '중국·프랑스 환경의 해'를 맞아 에마뉘엘 마크롱 프랑스 대통령과도 축전을 교환하는 등 서방세계와의 접점도 확대하고 있다. 양국 정상은 베이징에서 개최된 '중국·프랑스 환경의 해' 행사를 기념해 서로 축전을 주고받았다. 시 주석은 축전에서 "중국은 프랑스와 공동 노력하고, 국제사회와 손을 잡고 앞으로 나아가 인류가 생존할 수 있는 지구촌을 보호하겠다"고 강조했다. 마크롱 대통령도 "기후변화와 환경, 생태 다양성 보호는 인류가 직면한 가장 중요한 문제 중 하나이자 프랑스와 중국의 전면적인 전략적 협력 동반자 관계의 핵심 내용"이라고 화답했다. 미국은 지난해 자국에 불이익을 가져다준다는 이유로 파리기후변화협약을 탈퇴했다.

시 주석은 브루나이의 수도 반다르스리브가완에서 열린 볼키아 국왕과의 정상회담에서 트럼프 대통령이 모욕적이라고 비판한 일대일로 사업 협력에 합의했다. 시 주석은 "남중국해의 평화와 안정은 중국과 브루나이의 이익과 관련될 뿐만 아니라 양 국민의 바람"이라고 밝혔다. 이에 볼키아 국왕은 "브루나이는 '하나의 중국' 원칙을 지지하며 중국과 무역, 투자, 농업, 관광, 교육 등 분야에서 협력할 것"이라고 답했다.

또한 시진핑은 베이징에서 열린 중국·아프리카연구원 설립식에 축전을 보내 연구원 설립을 축하했다.

시 주석은 이날 축전에서 "현재 세계는 지난 100년간 경험해 보지 못한 커다란 변화를 맞고 있다"고 지적하며 "중국은 최대 개발도상국이고 아프리카는 개발도상국이 가장 밀집한 대륙이다. 중국과 아프리카 인민 간 우의의 역사는 유구하다"고 말했다.

그는 이어 "새로운 정세 속에서 중·아 양측이 전통적인 우의와 교류, 협력을 강화하고 문명 간 상호 학습을 촉진한다면 양측 인민들에 이로울 뿐만 아니라, 세계 평화와 발전사업에 큰 기여를 하게 될 것"이라고 말했다.

이와 함께 시 주석은 "양측이 지난해 열린 중국·아프리카 협력포럼 FOCAC 베이징 정상회의에서 더욱 긴밀한 중·아 운명공동체를 구축하기로 합의하면서 중·아 협력 '8대 행동'을 실시하고 있다"고 밝히며 "중국·아프리카연구원 설립은 인문·교류적인 측면에서 중요한 조치"라고 강조했다.

시 주석은 "중국·아프리카연구원이 중·아 학술 전문자원을 한데 모아 양측 인민의 상호 이해와 우의를 증진하고, 중·아를 기반으로 다른 국가와의 협력을 통해 지혜를 모으고 방안을 마련하면서 중·아 관계 발전과 인류운명공동체 구축에 기여해주길 바란다"라고 덧붙였다.

한편 중국 주도의 새로운 국제금융기구인 아시아인프라투자은행 AIIB도 닻을 올렸다. 미국 일본 등이 주도하고 있는 국제통화기금IMF, 아시아개발은행ADB과 같은 기존 금융기구와 세계경제질서를 놓고 치열한 경합이 시작되었다. 아시아인프라투자은행은 아시아 개발도상국들에 대한 인프라시설 투자가 주목적이라는 점에서, 건설과 엔지니어링 업계에 강점을 가지고 있는 한국에게도 새로운 시장이 열리는 또 하나의 기회가 될 것이다.

AIIB는 중국 베이징 댜오위타이에서 창립총회 및 개소식을 열고, 출범을 대내외에 공식 선포했다. 지난 2013년 10월 시진핑 국가주석이 동남아 순방 중 공식 제안했다. 출범행사에는 시진핑 주석과 리커창 총리 등 중국 최고지도부와 한국 러시아 인도 독일 영국 등 57개 창립회원국 대표들이 참석했다. 회원국들은 일정 기간에 협정문의 세칙 및 행동강령을 승인하는 한편 총재와 이사를 선출하였다.

공식 출범과 동시에 세계의 이목은 중국으로 쏠리게 됐다. AIIB가 중국의 주도로 미국과 일본이 주도하고 있는 세계은행과 아시아개발은행 등 기존의 국제금융기구에 대항하는, 세계경제질서를 재편하려는 기구의 성격이 짙기 때문이다.

중국은 출자비율(지분율)에서 30~34퍼센트를 차지하고 있는 AIIB의 압도적인 1대 주주다. 중국은 특히 AIIB를 시진핑 정부가 적극 추진하고 있는 일대일로一帶一路 프로젝트와 관련, 인프라 건설 재원 마련을 위한 금융플랫폼으로 활용하려는 전략을 가지고 있다. 일대일로는 중국과 중앙아시아를 잇는 육상 실크로드 경제벨트(일대)와 중국 동남아 인도양 유럽을 해상 교역로로 연결하는 21세기 해상 실크로드(일로)를 동시에 구축하는 프로젝트. 기존의 국제금융기구가 아니라 중국이 주도하는 AIIB의 힘을 빌려, 프로젝트를 완성하는 동시에 아시아 등에서의 영향력을 키워가겠다는 게 중국의 야심찬 미래 전략이다.

당장은 아니지만 위안화의 위상 강화도 중국이 노리는 부분이다. 일단 AIIB의 자본금은 물론, AIIB 거래에서도 당분간은 달러가 사용되겠지만 중국은 앞으로 위안화가 쓰일 수 있도록 하겠다는 방침이다. 실제 진리췬 초대 총재는 "달러가 여전히 AIIB 운영의 우선적 통화가 되겠지만 위안화의 국제통화기금IMF 특별인출권SDR 편입에 따라 국제 지불수단으로서 위안화의 지위가 올라가게 될 것이고, 앞으로는 위안화 융자 수요를 고려할 수도 있을 것"이라고 말하기도 했다.

차이나 드림이 다른 나라에 기회이듯
다른 나라의 꿈은 중국의 기회이기도 하다

만물병육이불상해萬物並育而不相害

도병행이불상패道並行而不相悖

"만물은 경쟁하듯 자라나 서로 방해하지 않고, 해와 달은
교차하고 사계절은 바뀌나 서로 충돌하지 않는다."

-중국·프랑스수교 50주년 기념 대회 연설에서

세계는 매우 다양하고, 각각의 문화와 제도는 고유한 규율에 따라서 발전하고 변화한다. 고대 중국에서는 이 규율을 '도道'라고 불렀다.

시진핑은 앞의 말을 인용해 차이나 드림의 중국적인 특징과 다양성을 설명했다. 또 공자 탄생 2565주년 기념 국제 학술 연구 토론회에서는 각국이 서로의 문화를 교류하고 배울 기회를 확대하는 것이 전 세계가 더 아름다워지고 세계인의 생활이 더 활기차게 되는 길이라고 강조했다.

세계적인 시각에서 생각할 때 차이나 드림은 중국의 목표이고, 이 목표는 다른 국가들의 목표와도 궤를 같이한다. 시진핑은 중국에는 중국의 꿈이 있고 프랑스에는 프랑스의 꿈이 있다면서, 중국의 꿈은 프랑스에 기회이고 프랑스의 꿈은 중국에 기회라고 이야기했다. 프랑수아 올랑드 전 프랑스 대통령도 양국 국민은 각기 자국의 꿈을 실현하는 동시에 양국이 같이 꾸는 꿈도 열심히 실현해야 한다고 화답했다. 중국과 프랑스만이 아니라 그 외 모든 국가와 민족도 저마다의 꿈을 실현하기 위해 열심히 노력해야 한다. 개인이건 국가건 긍정적이고 적극적인 꿈이 있으면, 그 꿈을 이루는 길에서 서로 이해하고 도우며 함께 노력할 수 있다.

중국에도 이제 꿈이 생겼다. 미국에 "아메리칸 드림American Dream"이 있다면 중국에는 "차이나 드림China Dream"이 등장했다. 시진핑 주석은 집권하면서 국정의 철학으로 "중국의 꿈中国梦: China Dream"을 제시했다. 미래 10년 중국을 변화시킬 시진핑의 "중국의 꿈"은 도대체 무엇일까?

중국인의 꿈Chinese dream: 中国梦과 중국의 꿈China's dream; 中国梦 그리고

중화민족의 문명을 말하는 중화의 꿈^{Chunghwa dream: 中华梦}이 3위1체가 되는 것이라는 것이 그 해석이다.

시진핑의 중국의 꿈은 구체적으로는 도대체 무엇일까? 최고지도자의 선문답 같은 화두에 중국 내에서도 말이 많지만 현실적인 목표는 2020년까지 소득수준을 2배로 올리겠다는 "소득배증계획"이다. 중국식 표현으로는 절대빈곤에서 탈피해 부자로 가는 길의 중간단계인 소강^{小康}사회단계를 2020년까지 실현하겠다는 것이다.

2020년까지 중국의 GDP를 2010년의 두 배로 올려, 중국 국민들의 의식주 문제가 해결되는 단계인 온바오^{溫飽}단계에서 부유한 단계의 중간 단계의 소강^{小康}사회단계로 국가를 이끈다는 것이 시진핑 정부의 목표다. 소강사회는 79년 중국경제의 설계사로 불리는 덩샤오핑이 제시한 사회발전의 목표다.

덩샤오핑은 선부론을 도입해 중국 경제성장의 기초를 만든 지도자다. 사서삼경 중 하나인 예기^{禮記} 예운^{禮運}편에 나오는 이상사회인 대동^{大同}사회건설을 목표로 삼고 이를 위해 3단계 발전론, 즉 삼보론^{三步走論}을 제시했다. 제1보는 온바오^{溫飽}단계로 기본적인 의식주를 해결하는 수준이고 기간은 1979년부터 1999년까지로 개인소득 800~900달러, GDP 1조 달러를 돌파하는 것이다.

2보는 소강^{小康}단계로 생활수준을 중류 이상으로 끌어올리는 수준이며, 2000년부터 2020년까지 개인소득 4000달러, GDP 5조 달러를 달성하는 것이다. 3보는 대동^{大同}단계로 현대화를 실현해 모두 평등하게 잘사는 것이다. 개인소득 1만 달러 이상의 선진사회를 구현하는 것이고 당시로는 너무 먼 얘기라서 구체적인 일정은 제시하지 못했다.

지금 중국은 이미 덩샤오핑의 제2단계는 벌써 지났고 제3단계로 가고 있다. 그러나 중국은 빈부격차와 도농 간의 격차로 국민들의 행복감은 아직 온바오단계다. 그래서 시진핑은 2020년까지 국가의 GDP성장과 국민의 1인당 소득이 동반 성장하는 시대를 만들겠다는 비전을 제시한 것이다

10년에 두 배 성장의 목표는 연평균 7.2퍼센트의 성장이면 달성 가능하다. 1분기 중국 GDP가 8퍼센트에 못 미치는 7.7퍼센트로 발표되자 전 세계 주가가 속락하는 등 쇼크에 빠졌지만 정작 중국은 무덤덤했다. 중국은 시진핑 시대로 들어서면서 9~10퍼센트에 달했던 고성장의 꿈을 접고 7퍼센트보다는 높고 8퍼센트보다 낮은 수준이면 된다는 "7상8하"의 중속성장을 목표로 세웠기 때문이다.

시진핑의 "중국의 꿈"의 핵심은 바로 동반성장이다. 중국의 동반성장은 GDP의 성장과 국민 1인당 소득의 동반성장이다. 이는 경제성장의 과실을 공산당이 독점하던 시대를 끝낸다는 것이고 민간으로 분배를 대폭 늘리겠다는 말이다.

중국은 과거 30년간 연평균 10퍼센트대의 고성장을 했고 그 결과 미국에 이은 G2의 자리에 올랐지만 일반 국민들의 생활은 크게 나아진 것이 없다. 이는 국가자산의 70퍼센트를 국가가 소유하고 있어 10퍼센트 성장의 과실 중 7퍼센트는 국가가 가져갔고 14억 명의 민간은 3

퍼센트의 성장에 따른 혜택으로만 살았기 때문이다. 정부는 세계 최고의 부자지만 국민은 여전히 1인당 소득 100위권에 머무는 가난한 나라가 된 것이다. 시진핑 정부는 그간 국가의 부를 독점했던 정부가 "국부國富를 민부民富"로 전환을 통해 국가발전의 성과를 국민들에게 실질적으로 돌아가게 하겠다는 정책을 펴겠다는 것이다.

물론 공산당과 손잡은 일부 눈치 빠른 붉은 자본가들은 한국최고의 부자인 이건희 회장보다 더 돈이 많은 부자가 된 이도 있지만 대다수의 국민들은 가난하다. 지니 계수가 50에 달할 정도로 부의 불평등이 폭발직전수준이다. 경제가 고성장 할수록 이런 모순이 커지는 상황에서 새 지도자 시진핑의 선택은 성장의 속도를 줄이고 분배를 늘리는 것이다. 이를 "중국의 꿈"이라는 추상적인 단어로 표현한 것이다.

"중국의 꿈"의 구체적인 실천방안은 바로 소비, 도시, 환경의 "3C"이다. 중국의 경제를 두 배로 늘리고 국민에게 돌아가는 분배도 두 배로 늘리는 방법은 바로 투자주도에서 소비주도Consumption로 성장의 모형을 바꾸는 것이다. 소비주도 경제의 구체적인 방안은 바로 도시화City이다. 그런데 이 도시화는 과거 30년간의 시멘트와 콘크리트로 속성으로 건설한 에너지 과소비와 환경파괴를 통한 "땅의 도시화"가 아니라 친환경적인 아름다운 중국美丽中国 건설인 "녹색Clean 도시화"다.

이를 실현할 구체적인 방안은 바로 도시화이다. 농촌인구 4억 명을 도시로 이주시키고 호적제도, 임금제도, 토지제도의 개선과 정부의 재정지출확대를 통해 국민에게 배분되는 몫을 크게 늘리겠다는 것이다.

중국은 매년 도시화가 1.36퍼센트씩 진행되고 있는데 현재 2억 6,000만 명의 농민공과 신규로 도시로 진입할 1.4억명의 농촌인구를 합친 4억명의 농촌인구를 도시민을 만들고 여기에 1인당 10만 위안의 사회간접자본투자를 하여 총 40조 위안을 투자한다는 것이다. 이는 2012년 GDP의 77퍼센트에 달하는 금액이다. 지주의 땅을 빼앗아 농민들에게 나누어 주어 땅으로 일어선 사회주의 중국이 이젠 그 땅 위에 도시를 건설하면서 세계의 G1으로 올라서겠다는 것이다.

앞으로 10년 후면 중국의 도시인구는 8억 5,000만에 달할 전망이다. 이는 미국의 도시인구 2억 8,000만 명, 유럽의 5억 5,000만 명을 합한 것보다 더 크다. 인류 역사상 미국과 유럽을 합한 인구보다 많은 인구가 도시에 산 적이 없다. 이렇게 되면 중국 도시민의 소비가 전세계 모든 소비재기업을 변화시킬 수 밖에 없다. 생산공장 중국이 전세계 소비재시장의 최대의 소비자로 등장하게 되는 것이다.

그럼 당장 차이나드림의 수혜업종은 무엇일까? 정부의 조직개편에 그 답이 있다. 중국은 새 정부 들면서 대대적인 조직개편을 했다. 교통부를 확대 개편하고, 위생인구계획부와 식품안전국을 신설하고 에너지국과 미디어국을 개편하였다. 중국의 유통, 유아용품, 음식료, 컨텐츠, 신재생 에너지산업이 수혜업종이다.

중국의 도시화는 대도시를 더 크게 만드는 것이 아니라 2~3선도시에 위성도시를 만드는 것이고 이는 도로교통이 중요하다. 시속 360킬로로 달리는 고속철도가 전국을 연결하면 중국은 1일 생활권으로 들어

가고 이는 부동산과 유통업에 새로운 혁명을 가져올 수 있다. 운수교통 관련 SOC산업과 유통업이 대박산업이다.

중국은 1978년 이후 1자녀갖기운동으로 4억 명의 인구를 줄였지만 지금 심각한 고령화와 인구부양비율의 상승압력에 처해 있다. 그래서 1자녀 갖기 정책을 완화할 움직임이 있다. 만약 제한적으로라도 2자녀를 허용한다면 지금 연간 1,400만 쌍이 결혼하는 중국에서 유아용품 시장과 교육시장은 폭발한다.

중국의 먹거리 시장은 지금 혁명기다. 소득수준의 향상으로 먹거리의 소비수준이 급속히 높아졌지만 식품안전과 고급화에 있어서 음식료업계의 수준이 못 따라가고 있다. 안전하고 건강한 고급의 음식료품이 중국의 소득증가와 도시화와 맞물린 새로운 대박산업이다. 전세계 음식료업체가 모두 중국으로 몰려가는 것은 이유 있다.

11억 명의 모바일 가입자가 있는 중국은 폐쇄적인 중국정부에 최대 위협이기도 하지만 콘텐츠산업에 있어서는 세계최대의 잠재력이 있는 시장이다. 중국의 10대 온라인게임의 절반이 한국게임일 정도로 한국의 온라인 컨텐츠산업에게 중국은 이미 새로운 황금시장이다.

중국은 지금 세계최대의 태양광, 풍력발전의 생산국이자 투자국이다. 전세계 신재생 에너지산업이 공급과잉으로 몸살을 앓고 있기는 하지만 살아있는 "투자의 신"이라는 워런버핏이 중국의 풍력발전에 19억 달러를 투자할 정도로 중국의 신재생 에너지산업은 시장잠재력이 있다.

주변 국가와 운명 공동체로서
함께 발전하라

기이위인既以爲人, 기유유己愈有

기이여인既以與人, 기유다己愈多

"최선을 다해서 남을 도우면 외려 더 충실하고 부유해지고,
 남에게 많이 주면 자신이 얻는 것도 많아진다."

-태평양 국가 정상들과 가진 회담에서

삶의 지혜가 녹아 있는 노자의 이 말은 현대인에게 이익과 혜택을 서로 나누며 상생하고, 제로섬 사고에서 벗어나야 한다는 가르침을 준다.

시진핑은 다음의 4자를 언급하며 중국의 '운명 공동체'라는 외교 이념을 천명했다. 첫째, 친親이다. 이웃 국가와 화목하게 잘 지내고, 위험이 닥쳤을 때 서로 돕는다. 둘째, 성誠이다. 주변 국가를 진실하게 대해 더 많은 친구와 협력자를 사귄다. 셋째, 혜惠이다. 상생의 원칙에 따라서 주변 국가와 협력하고, 중국의 발전 성과가 주변 국가에 더 많은 혜택으로 돌아가게 함으로써 상호이익과 도움을 받는다. 넷째, 용容이다. 아시아, 태평양 지역 국가와 함께 더 개방적이고 적극적인 태도로 협력하며 다 함께 발전하고 번영한다는 포용의 사상이다.

중국이 추구하는 것은 공동 발전이다. 따라서 중국이 발전하려면 다른 국가도 발전해야 하고, 중국이 안전하려면 다른 국가도 안전해야

하며, 중국이 좋은 시대를 맞이하려면 다른 국가도 좋은 시대를 맞이해야 한다는 '운명 공동체' 이념을 강조한다. 이는 중국이 추구하는 이익관에 부합하는 동시에 상생을 보여준다.

이렇게 하기 위해 중국은 국가의 이익과 발전의 여지를 확보하는 동시에 각국과의 공동의 이익이 되는 사안을 열심히 찾고, 세계와 함께 발전할 수 있는 장기 계획을 세워야 한다. 그러할 때 공동의 이익도 더 커진다.

시진핑 국가주석은 아시아의 운명 공동체 구축을 위해 중국이 주도적인 역할을 할 것임을 천명했다. 시 주석은 '아시아판 다보스포럼'으로 불리는 보아오博鰲 포럼 2015년 연차총회 공식 개막식에서 기조연설을 통해 "아시아가 운명 공동체를 향해 나아감으로써 새로운 미래를 개척해 나가자"고 촉구했다.

시 주석은 아시아의 운명 공동체 추진을 위해 상호 존중과 평등, 협력 공영과 공동발전, 공동의 지속가능한 안보 실현 등이 필요하다고 강조했다. 그는 운명공동체 건설에 관한 중국이 생각하는 구체적인 계획을 제시하면서 주도권을 쥐고 추진해 나가겠다는 메시지도 전했다.

시 주석은 "우선 중국과 동남아국가연합(아세안)이 더욱 긴밀한 운명공동체를 건설하고 아세안과 한·중·일 3국이 2020년까지 동아시아 경제공동체 건설을 위해 노력해야 한다"면서 중국이 아시아의 자유무역 네트워크 건설에 적극적으로 나설 것이라고 말했다. 그는 신경제구상으로 추진중인 '일대일로'一帶一路(육상·해상 실크로드)와 아시아인프라투자은행AIIB을 아시아 협력의 중요한 수단으로 제시했다.

일대일로와 AIIB는 모두 시 주석이 정상회담과 대학강연 등을 통해 직접 처음 제안한 것이다. 시 주석은 "'일대일로'에 이미 60여 개 국가와 국제단체가 참가에 긍정적인 의사를 표명했다"며 앞으로의 미래가 매우 밝다는 점을 강조하면서 "일대일로는 독주곡이 아니라 합창곡"이라고 언급했다.

그는 실크로드 경제지대와 관련, "중국은 동아시아, 아시아의 상호 연결 소통에 관한 계획을 가속화해 기초시설 건설과 인적교류 등을 전면적으로 융합시켜 나갈 것"이라고 말했으며 21세기 해상 실크로드와 관련해서도 "아시아의 해양 협력 시스템과 해양경제 건설을 주도해 나갈 것"이라고 다짐했다.

그러면서 '뉴노멀New normal(신창타이新常態)' 시대에 들어선 중국 경제와 관련, "각국에 더 많은 시장과 성장, 투자, 협력 기회를 제공할 것"이라고 다짐하면서 구체적인 목표 달성 정도를 제시했다.

시 주석은 향후 5년간 중국이 상품 수입규모를 10조 달러 이상으로, 대외투자를 5,000억 달러 이상으로 각각 늘리고 외국관광을 떠나는 중국인도 연인원 5억 명을 넘게 할 것이라고 밝혔다. 그는 "뉴노멀에 들어선 중국경제는 성장률에만 집착하지 않을 것"이라면서 "경제의 구조조정을 중요한 위치에 놓고 개혁개방을 더욱 심화시킬 것"이라고 강조했다.

그는 "과거 두 자릿수 성장에는 못 미치지만 7퍼센트 성장은 경제의 총규모를 감안하면 대단한 것"이라면서 중국 경제는 내성이 있고 잠재력이 충분하고 운용할 수 있는 공간과 정책 수단이 많다고 강한 자신감을 보였다.

시 주석은 침략의 역사를 반성하지 않는 일본을 겨냥해 비판적인 메시지도 전했다. 그는 "역사를 되돌아보면 무력으로 자기의 발전 목표를 실현하려 했던 국가는 결국에는 모두 실패했다," "세계 반(反)파시즘의 분위기가 무르익는 시기에 역사에 대해 더 많은 생각을 하게 한다"는 등의 표현을 썼다.

시 주석은 "중국은 근대 이후 100여 년간 혼란과 전쟁의 포화에 시달렸지만, 그 비참한 경험을 다른 국가와 민족에게 결코 강요하지 않을 것"이라며 중국이 평화발전의 길을 걷겠다고 다짐했다.

시 주석은 "무력을 사용하거나 무력으로 위협하는 것에 반대한다," "냉전적 사유에서 탈피해야 한다," "대국은 지역과 세계 평화 발전에 더 큰 책임을 지는 것이지 지역과 국제사무를 농단하는 것이 아니다"라고 말해 초강대국인 미국을 겨냥한 것 아니냐는 관측도 낳았다.

그는 운명 공동체 구축과 세계와의 공동 발전을 위해 '제로섬' 게임에서 벗어나 함께 승리하고 상생할 수 있어야 한다는 점도 수차례 강조했다.

중국의 국제 교류 원칙은
군자 같은 친구가 되는 것이다

동심이공제同心而共濟, 종시여일終始如一

차군자지붕야此君子之朋也

"서로 한마음이 되어 노력하고, 시작과 끝이 같은 사람이

군자 같은 친구이다."

- '중국과 호주의 관계를 발전시키는 꿈을 이루기 위해서 서로 협력하고,
  지역의 번영과 안정을 이루자'라는 주제로 열린 호주 연방회의 연설에서

호주 연방회의 연설에서 시진핑은 송나라의 정치가이자 문인인 구양수歐陽修의《붕당론》에 나오는 이 말을 인용하여 국제 교류에 대한 중국의 원칙과 입장을 설명했다. 서로 '군자 같은 친구'가 되어 도덕적 의리를 지키고 한마음으로 협력하여 어려움을 헤쳐나갈 때, 여러 나라와 우정이 대대손손 오래도록 지속된다. 국가 간 교류도 그렇고 개인 간 교류도 마찬가지이다. 단순히 이익 때문에 손을 잡을 경우 이익이 커지면 다툼이 잦아지고, 이익이 없으면 관계가 끝난다. 부당한 이익을 얻고자 패거리를 만들고 결탁하면 겉으로는 서로 친하고 사이좋은 것처럼 보이지만, 각자 꿍꿍이가 있기에 서로 속고 속이는 암투가 벌어지기 마련이다. 이것은 선현들이 지적한 '소인배 같은 친구'이다.

군자들의 교제처럼 모두가 한마음 한 뜻이 되어 공동의 이상을 추구하고, 위대한 사업을 이루기 위해 다 함께 노력하며 어려움을 극복해

야 한다. 그래야 큰 힘이 발휘돼 견고하고 강인한 조직이 만들어진다.

시진핑 국가주석은 중국 최고 지도자로서는 처음으로 한국의 대학을 찾아 젊은이들을 상대로 특별강연을 했다. 서울대학교 글로벌공학교육센터 대강당에서 열린 이날 특별 강연에는 서울대 재학생과 교직원 등 500여 명이 참석했다.

시 주석은 젊은 청중을 향해 "청년은 중·한 양국의 미래이자 아시아의 미래"라며 "서로 배우고 창조하며 우정을 쌓아서 중·한中韓 친선의 충실한 계승자가 되길 기원한다"고 했다. 남북한 통일에 대해 시 주석은 "한반도의 양국 관계가 개선되길 희망하고 한반도의 자주적 평화통일이 최종적으로 실현되는 것을 지지한다"면서 "남북 양측이 힘을 합쳐 남북 관계 개선을 지속적으로 추진한다면 한반도의 자주적인 평화통일이 꼭 실현될 것"이라고 했다.

그는 "역사를 돌이켜 보면 미담美談은 얼마든지 있다"면서 중국에서 입적했던 신라 왕족 출신의 김교각, 당나라에서 벼슬을 했던 최치원, 중국에서 27년 동안 독립운동을 했던 김구, 중국 인민해방군가를 만든 정율성 등 역사 속 인물들을 거명했다. 그는 "양국은 수천 년을 걸쳐 누구보다 두터운 정을 쌓았다"고 했다.

시 주석은 "20세기 상반기에 야만적인 침략 전쟁이 벌어지고 대일對日 항쟁이 가장 치열했을 때 양국은 생사를 같이하고 서로 도왔다"고 했다. 일본 아베 정권의 우경화를 우회적으로 비판하면서 공동 대응의 필요성을 환기시킨 것이다.

시 주석은 중국이 추구하는 '미래'를 세 가지 차원으로 설명했다. 평화를 수호하는 국가이며 협력을 추진하는 국가, 겸허하게 배우는 국가가 되겠다는 것이었다. 시 주석은 "화和는 귀한 것이다. 천하태평, 천하대동은 중국에 대대로 전해져 내려왔다"면서 "일시적인 대책이나 외교적 용어가 아니라 미래에 입각해 객관적으로 내린 결론이고, 실천적 자신감과 행동의 유기적 통일"이라고 했다.

시 주석은 "중국은 우리를 위해 남을 해치는 일은 하지 않을 것"이라며 "중국은 개발도상국들이 대외정책의 토대로 삼고 개발도상국이 믿을 만한 진정한 친구이자 영원한 동반자가 되겠다"고 했다. 그러면서 시 주석은 "우리는 잘해왔지만 자만하지 않겠다"고 했다. 그는 "천하의 하천을 받아들이는 바다처럼 포용적인 자세로 세계의 모든 소리를 경청할 것"이라며 "화이부동和而不同과 다양성을 존중하겠다"고 했다.

이어 시 주석은 한·중 관계의 '미래'로 넘어갔다. 그는 우선 '의리義理'를 강조했다. 시 주석은 "중화 민족은 의리를 바탕으로 산다. 군자는 의義를 바탕으로 삼는다고 한다"고 했다. 시 주석은 "작년 방중訪中한 박 대통령이 비즈니스 포럼에서 한 중국어 연설에서 '먼저 친구가 되자, 그리고 장사를 하자'고 했는데 이는 선의후리先義後利의 사상을 나타낸 것"이라고 했다. 시 주석은 "중국은 예부터 태극권 문화이고 한국의 국기는 바로 태극기다. 우리는 음과 양이 상생하고 강함과 부드러움이 어우러지는 것처럼 잘 어울린다"고 했다.

강연 말미에 시 주석은 2008년 중국 쓰촨성 대지진 때 한국민이 중국에 성금을 전달한 사례, 중국인이 한국에 골수 기증을 한 사례도 거론했다. 시 주석이 "'별에서 온 그대'를 비롯한 한류 드라마가 중국에서도 큰 유행"이라고 하자 박수와 웃음이 터졌다.

시 주석은 "당나라 시선詩仙 이태백이 '거친 바람과 물결 헤칠 때가 오리니 돛을 달고 거센 바다를 건너리'라는 명구를 만들었다. 우리가 협력의 바람을 타고 파도를 가르며 지속적으로 나아갈 것을 확신한다"고 했다.

중국은 선진국의 제도와 발전 모델을
맹목적으로 따르지 않는다

귤생회남즉위귤橘生淮南則爲橘, 생어회북즉위지生於淮北則爲枳.

엽도상사葉徒相似, 기실미부동其實味不同.

소이연자하所以然者何? 수토이야水土異也.

"귤나무가 회하 이남 지역에서는 귤나무로 자라지만
회하 이북 지역에서는 탱자나무로 자란다.
귤나무와 탱자나무는 잎사귀는 비슷하나 열매의 맛은
서로 다르다. 왜 그럴까? 물과 흙이 다르기 때문이다."

-벨기에 브뤼헤에 있는 유럽대학 연설에서

시진핑은 중국이 다른 국가의 정치제도와 발전 모델을 그대로 따르지 않는 이유를 위의 말을 인용해 설명한다. 자국의 정치, 사회, 문화적

'토양상태'를 고려하지 않은 채 외국의 제도와 발전 제도를 맹목적으로 따르면, 지식을 수박 겉핥기식으로 배워 재난과 같은 결과를 얻게 되리라는 뜻이다. 최근 세계 상황을 보더라도 거울로 삼을 만한 교훈이 많다. 냉전이 끝난 뒤에 서양의 정치제도를 받아들인 많은 국가가 정치적으로 여전히 불안한 상태에 처해 있지 않은가.

시진핑은 리콴유 전 싱가포르 총리의 말을 인용한 적도 있다. 미국이 '싱가포르 독재론'을 제기했을 때 리콴유는 "우리는 싱가포르를 이렇게 또는 저렇게 다스려야 한다는 외부의 주장을 따르지 않는다. 우리는 다른 사람들이 우리의 삶을 가지고 실험하게 놔두지 않을 것이다" 라고 반격한 바 있다.

"신발은 생김새가 똑같을 필요는 없고, 발에 잘 맞으면 된다. 나라를 다스리는 방법도 똑같을 필요는 없고, 국민을 이롭게 하면 된다"라는 《묵고하黙觚下, 치편오治篇五》의 구절처럼 가장 좋은 제도는 자국의 상황에 적합한 제도이다.

시진핑 국가주석은 그동안 서구식 정치제도를 답습해 시도했던 여러 방안은 중국을 위기에서 구해내지 못했다며, 앞으로도 사회주의 체제를 고수하겠다는 뜻을 시사했다.

시 주석은 베이징에서 열린 전국인민대표회의 성립 60주년 대회에서 연설을 통해 "신해혁명 이후 중국은 입헌군주제와 의회제, 대통령제 등 각종 방식을 실험하고 많은 정치 세력과 대표적 인물들이 등장했지만 모두 정답을 찾지는 못했다"고 밝혔다.

시 주석은 또 "외국 정치문명의 유익한 성과를 참고해야겠지만 중국의 정치제도의 근본을 절대로 버려서는 안 된다"고 역설했다.

이와 관련해 정치제도 개선을 위한 전제조건으로 '공산당이 이끄는 다당 협력과 정치협상제도' '당쟁 방지' 등을 내세우며, 서구식 민주주의 도입에 부정적인 입장을 거듭 피력했다. 그러면서 "각국의 국정이 다르고 정치 제도는 독자적인 것으로서 각국의 인민이 결정하는 것"이라고 강조했다.

시 주석은 정치제도 개선을 위한 불가결한 전제조건으로 내세우며 서구식 민주주의의 도입에 부정적인 입장을 거듭 피력했다.

그는 '귤이 회남淮南에서 나면 귤이 되지만, 회북淮北에서 나면 탱자가 된다橘生淮南則爲橘 生于淮北爲枳'란 고사성어를 인용하며 "외국 정치문명의 유익한 성과를 참고해야겠지만 중국의 정치제도의 근본을 절대로 버려서는 안 된다"고 역설했다.

이어 "960제곱킬로미터의 국토와 56개 민족이 있는 중국이 누구의 방식을 따라야 하느냐, 누가 우리에게 무책임하게 이러쿵저러쿵 말할 수 있겠느냐? 남의 좋은 것이라고 해도 스스로 흡수해 소화시켜야지 통째로 삼키거나 맹목적으로 다른 사람을 모방하려다 본 모습을 잃어버려서는 결코 안 된다"고 말했다.

시 주석은 "각국의 국정이 다르고 정치 제도는 독자적인 것으로서 각국의 인민이 결정하는 것"이라고 못박았다.

그는 영도간부 직무의 종신제 폐지 및 임기제도의 보편적 시행, 국가기관 지도층의 질서있는 교체제도 실현, 인민의 정치참여 확대, 인민이 주인이 되는 제도 실현 등을 제시하며 중국식 제도가 충분히 민주적이고 효율적이란 점을 강조했다.

그는 도입 60주년을 맞은 인민대표대회 제도에 대해 "중국 특색사회주의제도의 중요한 구성부분이자 중국의 국가 정치체계와 통치능력을 지탱하는 근본적 정치제도"라면서 "인류의 정치제도 역사에서 중국인민이 만들어낸 위대한 창조물"이라고 의미를 부여했다.

이어 "인민대표대회제도를 지속적으로 개선해 국가와 민족의 미래운명을 인민들 손에 쥐어줘야 한다"고 강조하면서 '인민이 국가의 주인'當家作主이란 표현을 수차례 사용했다. 이는 시 주석이 국가통치과정에 전체 인민들의 의지가 더욱 직접적으로 반영될 수 있도록 관련 제도를 대폭 개선하겠다는 점을 시사한 것으로 풀이된다.

중국이 추구하는 발전 모델은 다양성이다

물지부제物之不齊, 물지정야物之情也

"세상 만물은 어느 것도 똑같지 않고,

모두 독특한 개성을 가진 객관적 존재이다."

-성부급 주요 관료 학습 관철 제18회 제3차 전체회의 연설에서

시진핑은 당내 인사들과 국외 인사들에게 메시지를 보낼 때 이 말

을 여러 차례 인용했다. 정치 제도에 대해서 말하건, 인류 문명에 대해서 말하건 또는 중국이 추구하는 발전 모델에 대해서 말하건, 유가사상에 대해서 말하건 간에 이 인용구를 통해 시진핑이 표현하고자 한 핵심은 '다양성'이었다.

정치 제도만 놓고 생각하더라도 각국은 천편일률적이지 않고 고유한 국민 정서와 제도, 역사를 가지고 있다. 시진핑은 "신발이 발에 맞는지는 직접 신어 봐야 안다"라고 말하며 모든 국가가 자국의 상황에 맞는 발전 모델을 선택해야 함을 다시 한 번 강조했다. 인류 문명의 측면에서 볼 때도 마찬가지다. 프랑스의 루브르 궁전과 중국의 자금성, 이집트의 피라미드와 중국의 대안탑 중에 어느 것이 더 훌륭하다고 말할 수 있을까? 시진핑은 "모든 국가와 민족은 저마다 오랜 역사를 자랑하는 사상과 문화를 가졌다. 겉으로 보이는 모습은 모두 다르지만 더 특별하거나 뒤떨어지는 사상과 문화는 없다"라고 말했다.

다양한 문화는 세상을 더 흥미롭게 하고, 각국의 독특한 제도는 사람들에게 선택의 폭을 넓혀 준다. 정치, 문화, 제도, 역사에 존재하는 서로의 차이를 이해하면 진실로 다른 사람을 존중하고 자신의 개성을 유지할 수 있다.

《시진핑 국정운영을 말하다習近平談治國理政》는 2014년 출간된 이후 최소 20개 국어로 출판되었으며, 다음만 해도 헝가리어판, 터키어판, 태국어판, 캄보디아어판, 우르두어판 등으로 출시되었다. 현재《시진핑 국정운영을 말하다》의 세계 출판량은 624만 부에 달해 그 인기가 수그러들지 않고 있다.

'일대일로一帶一路' 국제협력 정상포럼의 성공적인 폐막 후 해외 많은 인사들이 이 책에 대해 많은 관심을 표하면서 여러 번 읽기도 했다. 그들 중 혹자는 새로운 발전 시사점을 얻었고, 혹자는 중국꿈의 함의를 깨닫기도 했다.

장 피에르 라파랭Jean-Pierre Raffarin 전 프랑스 총리는 특별한 《시진핑 국정운영을 말하다》를 가지고 있다.

"중국에서 시진핑 주석을 만났을 때 이 책에 사인해 달라고 부탁했다."

라파랭은 현임 프랑스 상원 외사위원회 의장이다. 그는 중국 국민의 오랜 친구로 1976년에 프랑스 청년정치가 대표단의 일원으로 처음 중국을 방문한 후 줄곧 프랑스와 중국의 교류 제일선에서 활약했다.

"이 책을 정독하면서 필기를 했다. 또 의미있는 내용들을 간추려 SNS에서 올려 많은 사람들에게 이 책을 읽으라고 추천했다." 라파랭은 중국의 미래 발전에 대해 의문을 가진 사람들은 꼭 이 책을 읽어야 한다고 생각한다고 말했다.

개인 블로그 '라파랭의 노트북'에는 라파랭이 이 책에 대해 필기한 '학습 모범'이라 할 만한 장편의 필기가 있다.

"시진핑 주석은 위대한 정치가이자 지도자일 뿐 아니라 유학과 중국 철학사상에 정통한 박학다식한 학자이다."

《시진핑 국정운영을 말하다》를 정독한 미국 뉴스위크 '주관책략평론主管观策略评论' 워싱턴지국 윌리엄 존스 편집장은 시진핑 주석의 개인적인 매력에 감탄을 금치 못했다.

《시진핑 국정운영을 말하다》는 총 18개의 주제로 구성되어 있다. 존스는 '평화 발전의 길'이란 주제에 깊은 인상을 받았다면서 중국과 왕래를 했던 많은 이들은 미국 군정계 고위층의 중국 발전 방향에 대한 인식과 실제 상황에 편차가 있고, 심지어 일부 소위 중국 문제 전문가들의 중국에 대한 인식도 여전히 과거의 경험 위에서 수립된다고 말했다.

"미국 관리는 모두 《시진핑 국정운영을 말하다》를 읽어야 한다"고 그는 강력 추천했다.

남아프리카공화국 위트워터스런드 대학 국제관계학과 부교수이자 유명한 중국 문제 전문가인 가쓰 쉘튼Garth Shelton은 남아프리카공화국에서 가장 먼저 《시진핑 국정운영을 말하다》 영문판을 읽은 사람 중 하나다.

그는 동료와 학생들에게 적극적으로 이 책을 소개하고 학생들에게 서방 매체들이 묘사하는 것은 많은 경우 진실한 중국이 아니므로 중국을 진정으로 이해하려면 《시진핑 국정운영을 말하다》를 읽는 것이 좋다고 권유했다.

쉘튼 교수는 중국이 큰 성과를 거둔 원인에 대해 늘 생각했었는데 《시진핑 국정운영을 말하다》를 읽고 나서 답을 찾았다고 말했다. 시진핑 주석은 중국 선현의 말을 인용해 "큰 나라를 다스리는 것은 작은 생선을 조리하는 것과 같다"고 말했다. 이는 다소 빗대어진 표현이긴 하지만 이 경지에 이르려면 뛰어난 국정운영의 노하우가 있어야 하고 중국의 실제에서 출발해야 한다고 말했다.

브라질 경제학자 로니 린스는 2년여 간《시진핑 국정운영을 말하다》번역본을 읽으면서 많은 단락에 중요 표시를 했다.

"이 책은 중국을 이해하고, 시진핑 주석이 중국을 어떻게 이끌어 갈 지를 알고 싶어하는 학자들에게 기본 학습서이다." 세계 베스트셀러인《시진핑 국정운영을 말하다》를 언급하면서 그는 신이 나서 말했다.

그는 시진핑 주석이 제기한 중국꿈에 특히 공감했다면서 인류는 꿈이 필요하고 중국꿈은 다른 국가, 다른 민족이 발전과 번영을 갈망하는 꿈과 서로 통하며, 브라질도 브라질의 꿈이 필요하다고 말했다.

"시진핑 주석은 발전에 관한 논술을 중국에 적용했을 뿐만 아니라 짐바브웨를 포함한 많은 아프리카 국가에 시사점을 주었다." 유명한 중국계 아프리카인 교육자이며 전 짐바브웨 교육장관은 이와 같이 말했다.

"시진핑 주석은 세계 어느 곳에서나 다 적용되는 발전 모델은 없으므로 모든 국가들은 세계 문명의 다양성과 발전 모델의 다양화를 존중해야 한다고 말했다. 중국은 아프리카 국가가 본국의 국정에 적합한 발전의 길을 모색하는 것을 지속적으로 지지할 것이다. 이는 나에게 깊은 인상을 주었다."

그녀는 아프리카 국가들은 중국의 분투 정신을 배워 자신들만의 특색이 있는 발전의 길을 걸어야 한다면서 "저는 아프리카꿈의 실현도 머지 않았다고 믿습니다"라고 말했다.

현명한 사람은 시대의 변화에 따라 책략을 바꾼다

명자인시이변明者因時而變, 지자수사이제知者隨事而製
"현명한 사람은 시대의 변화에 따라서 책략을 바꾸고,
 지혜로운 사람은 세상의 일이 변화하는 상황에 따라서
 법칙을 제정한다."

-보아오 아시아 포럼 2013년 연회 때
'아시아와 세계의 아름다운 미래를 공동 창조하자'라는 주제의 기조 연설에서

세상 만물은 쉬지 않고 변하고, 역사의 강은 밤낮을 쉬지 않고 흐르며, 세상의 형세 역시 계속해서 변하면서 시대가 발전한다. 시대의 발전에 걸음을 맞추려면 몸만 21세기에 살고 두뇌는 과거에 머물러 있어서는 안 된다. 정치 이념을 놓고 대립하던 냉전시대, 경쟁 집단에서 하나만 살아남는 식의 제로섬 시대는 이미 지나갔다. 발전이 다양한 양상으로 활기차게 일어나려면 시대에 맞지 않는 관념과 발전을 가로막는 낡은 습관을 버려야 한다.

시진핑은 이번 연설에서 변화와 혁신의 활력을 가진 아시아가 새 시대의 탐험가가 되어 아시아의 변혁과 세계의 발전을 이끌어야 한다고 요구했다. 이를 기반으로 전 세계가 함께 발전하며 서로 이익을 얻을 수 있도록 끊임없이 원동력을 제공해야 한다고 강조했다.

시진핑 국가주석은 파푸아뉴기니 수도 포트모르즈비에서 열린 제

26차 아시아태평양경제협력체APEC 정상회의에서 '시대적 기회 파악, 아시아태평양 번영 공동모색'을 주제로 연설하며, 경제글로벌화 발전흐름에 순응하고, 지역경제 단일화 추진 취지를 토대로 개방형 세계경제 구축 방향성을 파악해 아시아태평양 협력추세를 힘써 이어가며, 더 높은 수준으로 단계적 도약을 꾀해야 한다고 강조했다.

이번 APEC 정상회의의 주제는 '포용적 기회 활용, 디지털 미래 대비'로 각 경제체 정상들이 '디지털 미래 연계, 포용적 성장 실현' 등 주요 의제를 놓고 의견을 나누며, 협력 과정을 회고한 동시에 아시아태평양지역의 비전을 공동 논의했다.

시진핑 주석은 연설에서, 바야흐로 지금의 전 세계는 급변하는 발전과 변화를 겪고 있다며, 역사의 교차로에 선 우리는 세계적 추세를 파악하고, 경제의 맥을 잘 짚어 미래 방향을 정하여 시대적 사명에 해답을 제시해야 한다고 밝혔다. 따라서 이와 관련해 4가지를 제안했다. 첫째, 지역경제 단일화를 추진해 개방형 아시아태평양 경제를 구축한다. 둘째, 혁신 구동력으로 성장의 새로운 동력을 생성한다. 셋째, 상호연계 네트워크를 개선해 포용적 연계 발전을 촉진한다. 넷째, 파트너 관계를 확대해 공동 도전과제에 함께 대응한다.

시진핑 주석은 중국은 시종일관 개혁을 확대하고 대외개방의 기존 국책을 견지할 것이며, 인민 중심적 발전 사상으로 혁신, 협조, 녹색, 개방, 공유의 신발전 이념을 실천해야 한다고 지적했다. 또한 중국 경제의 장기적 안정 추세는 지속적으로 이어질 것이며, 중국은 각국과 디지털 경제 협력을 확대해 다양한 이익 교차점과 경제 성장점을 모색해 아시아태평양 경제에 강력하고 새로운 동력을 불어넣고자 한다며, 중국은 각국과 공동논의, 공동건설, 공동향휴로 고퀄리티, 고스탠다드, 고수준의 '일대일로' 건설을 추진해 아시아태평양 나아가 세계 각 국민들에게 더 큰 발전기회를 제공할 것이라고 밝혔다.

시진핑 주석은 또 아시아태평양지역 정상은 APEC 2020년 이후 협력 청사진을 잘 마련해야 할 책임이 있다며, 중국은 아시아태평양 협력의 적극적인 선도자이자 굳건한 실천자로, 중국의 발전은 아시아태평양 각국과의 긴밀한 협력과 불가분의 관계에 있고, 아시아태평양의 발전에도 드넓은 공간을 개척했다고 언급했다.

각국 정상들은 아시아태평양 경제 발전 전망을 낙관하면서도 무역장벽과 보호주의란 도전과제에 직면해 있다며, 현 상황에서 각국은 다자주의와 다자 무역시스템을 수호해 보호주의에 반대하고, APEC이 무역과 투자 자유화 및 편리화를 촉진하는 동시에 균형, 혁신, 지속가능, 포용적 성장을 위해 지속적으로 중요한 역할을 발휘하길 지지한다고 밝혔다.

아울러 아시아태평양 자유무역지대 건설을 비롯해 활력과 개방적인 아시아태평양 건설에 함께 나서야 하며, APEC 2020년 후 협력 비전 마련에도 박차를 가해 각국별로 디지털 및 혁신 성과도 거두어 나가야 한다고 덧붙였다.

부패와의 전쟁을 선포하다

사소한 부패도 놓치지 말고
철저히 책임을 물으라

화환상적어홀미禍患常績於忽微, 이지용다곤어소닉而智勇多困於所溺

"화는 사소한 실수가 쌓여서 생기고, 사람의 지혜와 용기는
그가 정신이 팔린 일 때문에 발휘되지 않는다."

-당의 군중노선 교육 실천활동 작업회의 연설에서

일하는 태도에 관해서 문제의 크고 작음이라는 것은 따로 없다. 작은 문제를 방치하면 곧 큰 문제로 자라기 때문이다. 시진핑은 일하는

태도에 대해 분명한 생각을 가지고 있다. 그는 "작은 구멍을 메우지 않으면 큰 구멍을 메우느라 고생한다" "새의 깃털도 쌓이면 배를 가라앉히고, 가벼운 물건이라도 너무 많으면 수레의 축을 부러뜨린다"라고 수차례 강조했다.

관료의 태도를 바꾸는 것이든 부패를 척결하는 것이든, 큰 문제와 작은 문제를 모두 잡으려면 일관된 관리 기준이 필요하다. 공금을 사적으로 사용하는 풍조, 이를테면 공금으로 선물을 하거나 술을 먹거나 식사하는 풍조를 시진핑은 강력히 반대했고 이를 없애는 데 철저했다. 이처럼 시진핑이 취하고 있는 강력한 행동은 작은 부패도 용납하지 않는다는 의지를 보여준다.

지난 시간 동안 관료의 태도를 바꾸는 문제는 단계적으로 커다란 효과를 거뒀다. 어떻게 해서 이처럼 사회적 반향을 불러일으킬 정도로 부정부패 문제가 단기간에 개선되었을까? 사소한 일도 놓치지 않고 철저히 책임을 묻고, 단속을 강화하고, 엄격하게 규율을 집행함으로써 관료들에게 제도를 '전류가 흐르는 고압선'으로 인식시켰기 때문이다. 이와 더불어 규율을 어기면 안 되는 '바른 사상'으로 무장시켰기 때문이다.

관료는 혼자 있을 때도 마땅히 규율을 지키고 사소한 일도 신중하게 해야 한다. 뒤에서 얻어먹고 선물을 받는 것을 대수롭지 않게 여겨선 안 된다. 큰돈만 아니라면 소액쯤은 얼마든지 받아도 된다는 생각을 버려야 한다. 부정부패로 통하는 길은 사소한 행동의 시작에서 비롯된다. 그러니 어떻게 사소한 부정과 소액의 검은돈을 대수롭지 않게 여길 수 있겠는가.

시진핑 국가주석은 부패척결이 심각하고 어려운 투쟁이라며 '극약 처방'을 써서 서둘러 해결할 필요가 있다고 천명했다. 시 주석은 당 중앙 기율검사위 전체회의에 참석, 연설을 통해 이같이 밝혔다.

시 주석은 비리 소탕에서 진전을 보았다고 평가하는 한편 부패 온상이 여전히 존재한다는 걸 직시해야 한다고 강조했다. 그는 부패척결을 둘러싼 상황이 힘들고 복잡하지만 비리 문제가 가져오는 불건전한 영향이 큰 해를 끼치고 있어 시급히 대응해야 한다고 역설했다.

또 시 주석은 지위의 높고 낮음에 관계없이 비리를 적발할 방침을 분명히 하면서 "병을 고치기 위해 극약을 쓰고 엄중한 법률로서 혼란을 수습한다는 결의와 뼈를 깎아 독을 제거하고 자신의 팔을 자르는 용기로 반부패를 단호히 최후까지 수행하자"고 촉구했다. 아울러 시 주석은 부패척결 노력을 "종이호랑이나 허수아비처럼 해서는 안 된다"며 당 기율도 "고압선 전기가 돼야 한다"고 말해 실효성 있는 단속을 추진할 방침을 언명했다.

시 주석은 비리 신고 경로를 확대하고 감독을 강화하며 투명성을 향상하라고 당부했다. 시 주석의 발언은 향후 부패 연루 간부에 대한 처벌을 한층 강도 높게 진행할 방침을 예고했다는 분석이다.

시 주석은 2012년 11월 당 총서기에 오른 후 "호랑이든 파리든 일망타진하겠다"고 부패를 척결하겠다는 결기를 계속 나타냈다. 2013년 한 해 동안 기율위반으로 처벌을 받은 간부는 18만 명을 넘었다.

고위 관료가 부정부패 척결에
모범을 보여라

선금자善禁者, 선금기신이후인先禁其身而後人

"금지령으로 사회를 잘 다스리는 사람은 먼저
본인이 금지령대로 행동한 뒤에 남에게 금지령을
따르라고 요구한다."

-18회 중국 공산당 중앙규율검사위원회 제2차 전체회의 연설에서

시진핑은 모든 고위 관료에게 규정을 철저하게 지키는 데 모범을 보이라고 강조했다. "쇠를 두드리려면 자신이 단단해야 한다" "다른 사람을 바르게 하려면 먼저 자신을 바르게 해야 한다" "남에게 하라고 하는 일은 본인이 먼저 해야 하고, 남에게 하지 말라고 하는 일은 본인도 하지 않아야 한다"라고 반복해서 말했다.

해결하기 어려운 문제가 발생하더라도 능력 있는 사람이 나서면 어렵지 않게 문제를 해결할 수 있다. 그런데 고위 관료가 입으로만 말하고 실제로 모범은 보이지 않으며, 다른 사람의 흠만 잡고 자신의 흠을 반성하지 않으면 말단 관료들이 어떻게 태도를 바꾸겠는가. 옛말에 "잘 끌고 가지 않으면 물소가 우물에 빠진다"고 했다. 고위 관료가 정부의 금지령을 말이나 문서나 표어에만 존재하는 것으로 치부한 채 여전히 공금으로 먹고 마시고 관용차를 자가용처럼 쓴다면, 공무를 처리할 때 규

정을 어기기 일쑤여서 각종 제도를 유명무실한 '허수아비'로 만들어 버린다면, 어떻게 관료사회의 분위기를 바꿔 국민에게 신뢰를 얻겠는가.

고위 관료일수록 엄격한 자기 관리로 본보기 역할을 충실히 해서 부하 관료들에게 긍정의 에너지를 전파해야 한다.

중국의 새 출발을 알렸던 시진핑 국가주석은 취임 초기부터 몇 가지 주목할 만한 행보를 보였다. 그는 먼저 총서기 취임식 연설에서 "당 간부들의 부패와 독직, 군중과의 괴리, 형식주의, 관료주의 등의 문제가 있다"며 공직사회에 대한 고강도 부정부패 척결을 예고했다.

취임 20여 일 뒤 열린 당정치국 회의에서도 지도자가 참석하는 행사가 열릴 때 관례로 해온 교통관제나 행사장에 레드카펫을 까는 등의 행위를 하지 못하도록 하는 이른바 '8항 규정'을 내놨다.

공직사회에 대한 부정부패 척결과 관료사회에 대한 호화사치 풍조 근절이 취임 초기 국정운영의 핵심 키워드가 될 것임을 분명하게 밝힌 셈이었다.

실제로 시진핑 체제가 출범한 이후 중국의 관영매체에서는 고위급 간부들이 "심각한 당기율 위반 혐의"로 낙마하거나 쇠고랑을 차고 감옥에 갔다는 소식이 끊이지 않았다. 시진핑 체제의 출범과 거의 동시에 나온 리춘청 전 쓰촨성 부서기의 낙마 소식을 시작으로 류톄난 전 국가발전개혁위 부주임, 니파커 안후이성 전 부성장, 중국 국유자산감독관리위원회(국자위)의 장제민 주임 등 중앙과 지방의 실력자들이 줄줄이 몰락했다.

중국의 일부 전문가는 시진핑 체제의 반부패 역량은 '사상 최강'이라고 평가하기도 했다. 뇌물수수, 직권남용 혐의로 기소된 보시라이 전 충칭시 당서기가 최종심에서 무기징역을 선고받은 사건은 정치·사회적 충격파가 상당했다. 또 부정부패 척결 대상에는 최고위직도 포함돼 있다는 점을 여실히 보여줬다.

새 지도부의 이런 유례없는 부정부패 척결 작업이 국정운영을 관통하는 핵심 키워드 일 수밖에 없는 것은 이를 토대로 굵직굵직한 정치, 사회, 군부 등에 대한 개선조치도 이뤄졌기 때문이다.

'부패와 혈세 낭비의 상징'이라는 비난을 받아온 정부청사 신축사업을 5년간 금지하도록 한 것이나, 군부대에 대해 사단급 이하 부대의 토목·건설 사업권 박탈, 금주령 및 호화공연 금지령 등의 지시 등은 모두 '8항 규정' 혹은 관료주의·향락주의 등을 없애야 한다는 이른바 '사풍四風 척결'의 일환으로 이뤄졌다.

특히 시진핑 체제가 의도했든 의도하지 않았든 공직사회에 대한 이같은 고강도 부정부패 척결작업이 정치·경제적 기득권층을 정조준하는 결과로 이어졌고 이는 다시 새 지도부의 권력을 한층 굳혀주는 결과를 낳았다는 점도 주목할 만하다.

시진핑 체제에서 수사망에 걸려들어 낙마한 고위관료 중 상당수는 강력한 정치경제적 배경을 갖고서 서로 끈끈한 유대를 형성한 '석유방'石油幇(석유기업 고위간부 출신의 정치세력) 인사들이다. 처절하게 몰락한 보시라이는 시진핑의 정치적 라이벌이자 '좌파' 정치세력의 아이콘으로 불렸던 인물이다.

물론 일각에서는 '석유방'과 보시라이의 몰락은 시진핑 지도부가 철저히 기획한 일종의 '정치적 탄압'이라는 분석이 있지만, 다른 한편으로는 새 지도부가 개혁에 저항할 가능성이 있는 정치·경제적 기득권 세력에 던진 강력한 경고였다는 관측도 나온다. 중국 관영매체들은 보시라이를 비롯해 이른바 '호랑이'로 통칭되는 고위직 관료들을 줄줄이 엄벌해 법치질서를 강화하고, 사법적 공평함과 정의로움을 드높여 결국 '중국식 민주주의'를 진전시켰다고 호평한다.

시진핑 국가주석은 중국 공산당 제18기 중앙기율검사위원회 제3차 전체회의에서 중요담화를 발표했다. 그는 반부패에 대한 강도를 강화해 부패 척결에 나서 국민들이 만족할 만한 성과를 얻을 수 있도록 노력해야 한다고 강조했다.

시진핑 주석은 당 중앙이 부패사건 조사에 나서 '호랑이'와 '파리'를 함께 잡아 부패 척결에 앞장서고 권력의 규범적 운영으로 감독을 강화하고 감찰업무를 보완해 국민들의 신고와 감독의 유기적인 관계망이 원활함으로써 대다수 국민들의 긍정적 평가를 얻었다고 지적했다.

시진핑 주석은 또한, 성과를 거두긴 했지만 여전히 부패가 만연할 수 있는 토지가 존재하고 반부패 풍토가 자리잡기 힘든 상황으로 일부 불건전한 풍토와 부패 문제가 시급하게 해결되어야 한다고 강조했다. 그리고 당 전체가 부패척결에 대한 굳은 각오로 또 단호한 용기를 가지고 청렴한 당 건설과 반부패 투쟁을 끝까지 실시해야 한다고 덧붙였다.

아울러, 반부패를 견지해 당의 장기 집권 속에서의 부패변질을 방지하는 것은 우리가 반드시 해결해야 할 중대한 임무로 부패 척결을 지속적으로 유지해 조금의 틈도 허용하지 않으며 끝까지 부패 관련 사건을 조사해야 한다고 지적했다. 그리고 조기에 대처할수록 일이 커지지 않고 또 병이 발견되었을 때 바로 치료를 해야 하는 것처럼 문제가 발견되는 즉시 처리해 병을 키우는 꼴이 되지 않도록 하며, 지도간부들은 마음 속에 모두 경계심을 가져야 할 것이라고 설명했다.

시 주석은 당의 기율 준수는 무조건적이며, 언행일치는 물론 기율이 있으면 반드시 준수해야 하고 위반했을 경우엔 처벌 받는 것이 마땅하며 기율을 구속력도 없는 백지 문건으로 만들어서는 안 된다고 지적했다.

사치와 부패는 나라가
망해간다는 징조이다

사미지시奢靡之始, 위망지점危亡之漸
"사치와 부패의 시작은 나라가 망해간다는 징조이다."
-당의 군중노선 교육 실천활동 작업회의 연설에서

시진핑은 중국 사회에 있어서의 사치풍조를 막아야 한다는 주장을 철저하게 고수한다. 사치풍조의 성행은 관료의 정신을 갉아먹을뿐더러 관료의 이미지를 훼손하고, 공신력을 떨어트리고, 관료사회의 분위기를 더럽힌다. 온종일 사교 모임 다니느라 바쁘고, 향락에 빠져 있고, 호화 장소만 들락거리고, 늘 부어라 마셔라 하며 흥청거린다면 언제 말단 조직의 상황을 파악하고 어떻게 서민들의 삶을 들여다볼 수 있겠는가? 그리고 현안에 대해서 생각하고 연구할 시간이나 있겠는가?

사치풍조의 위해는 단순히 이것으로 그치지 않는다. 늘 부패와 단짝을 이루고 붙어 다니기에 더 큰 문제를 일으킨다. 사치풍조는 권력으로 사적인 이익을 얻고, 중간에서 사리사욕을 채우고, 공금을 제 돈인 양 가족과 함께 펑펑 쓰고 다니는 것에서 시작된다. 한정된 사회 자원을 먹고 마시는 데 쓰고, 사치풍조가 만연하는 것을 그대로 방치하면 중국 공산당은 국민의 정서에서 멀어져 지지를 잃고, 전통을 잃고, 힘을 잃게 된다.

그래서 시진핑은 "당원과 관료가 '절약은 영광이요, 낭비는 수치이다'라는 관념을 갖고 소박하게 생활하고, 인력이나 물자를 낭비하는 일이 없도록 꼼꼼하게 계산하고, 모든 일을 부지런히 처리하게 지도해야 한다"라고 반복해서 강조한다.

당 군중노선 교육 실천활동 업무회의가 베이징에서 열렸다. 시진핑 중공중앙 총서기, 국가주석, 중앙군사위 주석이 참석해 중요 담화를 발표했다. 시진핑 주석은 당의 군중노선 교육 실천활동은 18차 당대회에서 확정한 목표 달성을 위한 필수적인 부분으로, 당의 선진성, 순결성을 유지하고 당의 집권기반을 탄탄하게 확보하기 위해 반드시 필요한 것이자 군중들의 민감한 문제를 이해하기 위해 반드시 필요한 것이라고 지적했다.

시진핑 주석은 민심의 흐름은 당의 생존과 연관된 것으로 당이 민심과 늘 이어져 함께 숨쉬는 공동 운명체이어야 인민들을 통해 미래를 향해 나아갈 수 있고 더불어 굳건한 반석으로 작용할 수 있다고 지적했다.

시진핑 주석은 전체적으로 볼 때, 현재 각급의 당 조직 및 당원 그리고 간부들은 당의 군중노선을 성실히 이행하고 있으며, 당과 민중, 간부와 민중 간 관계도 양호하다고 언급했다. 아울러 세계와 국내는 물론 당의 변화 가운데 게으른 정신, 미흡한 능력, 군중 이탈 그리고 부패에 대한 위험성이 모든 당 내부로 침투해 당 내 이탈 현상은 물론이고 형식주의, 관료주의, 향락주의 그리고 사치 행태 이 4가지로 표출되고 있다고 강조했다. 그리고 이어서 이 같은 병폐를 대대적으로 개선 및 근절해 나가야 한다고 지적했다.

시 주석은 "정신 나태, 능력 부족, 군중으로부터의 이탈, 부패라는 위험이 더욱 첨예하게 당 앞에 놓여 있음을 우리는 직시해야 한다"며 "우리는 잘못된 기풍을 대청소해야 한다"고 강조했다.

시진핑 주석은 교육 실천활동의 주요임무는 업무 태도 수립에 역점을 두고 형식주의, 관료주의, 향락주의 및 사치 행태 문제를 해결하는 데 집중해야 한다고 강조했다. 그리고 이 4가지 요소는 당의 본질과 취지에 어긋나는 것으로 현재 민중들의 아픔과 민감한 문제를 비롯해 당과 민중, 간부와 민중 간 관계를 해치는 근본요소라며, 이 4가지 문제를 해결해야 당 내 다른 문제 해결에도 이롭게 작용한다고 피력했다.

사치 풍조보다 당과 국민 사이를
멀어지게 하는 것은 없다

역람전현국여가歷覽前賢國與家 성유근검파유사成由勤儉破由奢
"역사를 돌아보면 현명한 국가는 근검절약으로
성공했다가 사치로 망했다."

-18회 중국 공산당 중앙규율검사위원회 제2차 전체회의 연설에서

이제 중국은 개인의 재산을 털어서 국가의 위기를 모면해야 하는 고난의 나날을 보낼 필요가 없고, 앵미 밥에 호박탕을 끓여 먹어야 하는 가난한 나날을 보낼 필요가 없는 세계 제2의 경제대국으로 성장했다. 하지만 경제발전을 이루었다고 해서 마구 소비하며 돈을 물 쓰듯 써도 되는 것은 아니다.

시진핑이 즐겨 인용하는 이 말은 검소하면 성공하고 사치하면 실패한다는 역사적 교훈을 전하며 중국인에게 깊이 생각할 거리를 준다.

역사적으로 "6국을 멸망시키고 천하를 통일했네. 쓰촨의 산림에 있는 나무를 모조리 베고 아방궁을 지었네"(《아방궁부阿房宮賦》)에서 "변경을 지키는 병졸들이 외치자 한구관이 공략되었네. 초나라 사람들이 지른 불에 가여운 아방궁은 초토화가 되었네"(《아방궁부阿房宮賦》)에 이르기까지 진나라는 20년의 역사도 채우지 못하고 멸망하며 큰 교훈을 남겼다. 당나라 역시 "화청궁은 높이 솟아 구름 속에 들어 있고, 신선의 풍악은

바람 타고 곳곳에서 들려오네"(《장한가長恨歌》)에서 "어양에 북소리가 들려 땅이 울렸으니, 예상우의곡이라서 깜짝 놀랐네."(《장한가長恨歌》)로, 번성했다가 쇠락하여 안타까움을 남겼다.

겉치레에 치중해 돈을 무절제하게 쓰고, 대규모 토목 사업을 벌이고, 축제를 남발하고, 사치스럽게 생활하고, 교만하고, 방탕하고……. 사치풍조보다 더 당과 국민의 사이를 멀어지게 하는 것은 없다. 오직 청렴함만이 탐욕의 범람을 막을 수 있고, 외부의 유혹에 넘어가지 않게 단련해 주며, 단정한 이미지를 형성해 국민의 마음을 얻게 해준다.

시진핑은 시대의 분위기가 어떻게 변하든 관료는 근검절약하는 습관과 고생과 노력이라는 소중한 정신적 유산을 잃어버리면 안 된다고 말하며 그래야 공산당원의 정치적 근본을 유지할 수 있고, 당의 생기와 활력을 영원히 간직할 수 있다고 강조한다.

나아가 시진핑 국가주석은 부패척결 작업은 멈추는 일이 없이 장기적으로 지속적으로 추진돼야 한다고 강조했다. 시 주석은 중앙기율검사위원회 전체회의에 참석, 기조 강연을 통해 부패척결은 한시도 소홀히 할 수 없는 상시적인 업무라며 이같이 강조했다.

시진핑은 부패를 결코 허용하지 않겠다는 결심아래 부패 문제에 적극 대처하고 부패가 생겨날 수 있는 토양을 제거해야 백성들이 체감할 수 있는 실질적인 효과를 거둘 수 있을 것이라고 말했다.

시진핑은 부패를 저지른 공무원은 엄정하게 처벌해야 하며 부패 관련자들은 "호랑이에서 파리에 이르기까지 지위고하를 막론하고 한꺼번에 척결해야 한다"고 역설했다. 그는 "상부에 정책이 있으면 하부에 대책이 있다는 말처럼 부처와 지방 이기주의 및 보호주의로 중앙의 명령이 제대로 이행되지 않는 현상도 해소해야 한다"며 지방이나 하부 부서가 중앙의 정책과 명령을 왜곡하거나 선택적으로 받아들이는 일이 없도록 해야 한다고 밝혔다.

그는 향락주의와 사치풍조가 부패의 원인이 될 수 있는 만큼 근검절약 운동을 지속적으로 강화해 "중화민족의 우수한 근검절약 전통을 적극 진흥해야 한다"고 덧붙였다.

시진핑 체제가 출범한 후 중국은 부패척결과 근검풍조 확산을 기치로 내걸고 적극적인 정품 운동을 벌이고 있다. 이에 따라 상당수 공무원이 부패혐의 뿐 아니라 과다한 재산축적 등으로 낙마했다.

관료는 혼자 있을 때나 사소한 문제를 다룰 때 더더욱 신중하고 조심해야 한다

금미즉역禁微則易, 구말자난救末者難
"나쁜 일은 시작단계에선 제어하기가 쉽지만
크게 확대되면 구제하기가 어렵다."
-당의 군중노선 교육 실천활동 작업회의 연설에서

병은 그것이 큰 병이 아닐 때 재빨리 치료해야 하고, 건강할 때 아프지 않게 주의해야 한다. 시진핑이 이 말을 인용한 것은 근본적인 치료가 얼마나 중요한지 강조하기 위해서이다. 이것이 이른바 "성인은 병이 난 뒤에 치료하는 게 아니라 병이 나기 전에 예방하고, 난이 일어난 뒤에 평정하는 것이 아니라 난이 일어나지 않게 미리 조치한다"이다.

물론 일이 일어난 뒤에 조치하는 것도 중요하다. 특히 고질병과 중병은 치료의 강도를 더 높여야 한다. 하지만 사전 예방에 힘쓰지 않으면 나쁜 습관이 나쁜 태도로 변하고, 나쁜 태도가 이내 부정부패로 이어져 더 큰 '치료' 비용이 든다. 그뿐 아니라 부패가 만연하는 토양을 다시 깨끗하게 하는 것도 쉬운 일이 아니다. 부정부패 문제가 터진 뒤에 단속하면 겉으로 보이는 부분만 개선되고 근본적인 문제는 척결되지 않아 단속할수록 더 부패해지는 악순환에 빠진다.

따라서 관료들의 근무 태도를 바꾸는 것이든 반부패 운동을 벌이는 것이든 시진핑은 '근본적인 치료'를 강조했다. 비가 오기 전에 미리 창문을 수리하고 나쁜 싹이 채 자라기 전에 잘라내는 것처럼, 문제가 발생하거나 발생했더라도 더 커지기 전 시작 단계에서 해결하기 위해 노력하라고 강조했다.

관료는 입당을 선택하거나 공직을 맡을 때 포부와 강한 열정을 가져야 한다. 부패를 저지를 기회가 갑자기 찾아왔을 때는 대부분 옳고 그름을 구분하여 유혹에 빠지지 않는다. 하지만 일상생활에서 겪는 사소한 문제는 이상과 신념의 예리함을 무디게 한다. 그러면 마치 미지근한 물에서 서서히 삶아지는 개구리처럼, 옳고 그름의 분별력을 잃게 된다. 따라서 관료는 혼자 있을 때나 사소한 문제를 다룰 때에도 더더욱 신중하고 조심해야 한다.

"물부충생"物腐蟲生(병은 반드시 몸 내부의 원인 때문에 생긴다)

시진핑 국가주석은 연일 부정부패 척결 의지를 천명하고 있다. '부패척결'을 다짐한 시 주석은 지도부 교체 후 처음으로 열린 제1차 정치국 집단학습에서도 반부패 의지를 강조했다.

시 주석은 연설을 통해 "부패 문제가 심화되면 당은 물론 국가도 반드시 멸망한다."면서 "부패를 척결하고 깨끗한 정치를 실현해야 한다."고 강조했다. 그는 특히 "최근 들어 몇몇 국가들에서 인민들의 원성이 하늘을 찌르고, 사회가 혼란스러우며, 정권이 무너지는 일이 일어나는 것은 모두 (집권층의) 부패 때문"이라고 지적했다.

그러면서 '생물이 썩은 뒤에야 벌레가 생긴다'物必先腐 而後蟲生는 송나라 시인 소동파의 말을 인용하면서 "부패하지 않도록 철저히 예방하고, 부패가 드러나면 결코 용납하지 않을 것"이라고 목소리를 높였다.

시 주석은 최고지도자 자격으로 행한 첫 연설에서 "당 간부들의 부패와 독직, 형식주의, 관료주의 등의 문제가 있으며 모든 당원이 경각심을 갖고 모든 힘을 기울여 이를 해결해야 한다."고 밝힌 바 있다. 그의 이런 언급은 보시라이薄熙來 전 충칭重慶시 당서기 비리 사건 등 고위층의 부패가 빈발함에 따라 고조되는 불만 여론을 누그러뜨려 지지기반을 강화하기 위한 것으로 풀이된다.

공산당이 주요 지도자에 대한 감독 강화 문구를 당의 헌법 격인 당장黨章에 포함시킨 것도 같은 맥락이다. 18차 전국대표대회(전대)에서 통과된 수정 당헌에는 "당 영도기관과 당원 영도간부, 특별히 주요 영도

간부에 대한 감독을 강화한다."고 명시돼 있다.

　시 주석이 부정부패 척결 의지를 거듭 밝히고 있는 데다 당헌에 '주
요 영도간부'에 대한 감독 강화가 명시됨에 따라 당·정·군 고위 간부들
에 대한 대대적인 사정 작업이 시작되었다.

시진핑의 인재 등용법

고위 관료는 반드시 지방의 말단 관료
출신을 뽑으라

재상필기어주부宰相必起於州部, 맹장필발어졸오猛將必發於卒伍

"재상은 반드시 지방의 말단 관료 출신을 뽑아야 하고,
용맹한 장군은 반드시 병졸의 대열에서 뽑아야 한다."

–란카오 현 상무위원회의 민주 생활회 연설에서

시진핑은 지방의 말단 조직에서부터 관료를 양성하고 선발하는 것을 매우 중시한다. 시진핑 자신이 직접 증명한 것처럼 말단 조직에서 일

을 시작하면 서민의 삶을 가까이에서 이해할 수 있고, 국민의 목소리를 생생하게 들을 수 있다. 그럼으로써 국가의 상황을 잘 이해하게 된다. 지금 일곱 명의 중앙정치국 상무위원들도 모두 말단 조직에서부터 경험을 쌓았다. 유구한 역사와 복잡한 시스템을 가진 국가를 잘 다스리려면, 반드시 말단 조직에서 인재를 양성하고 이들을 고위 관료로 선발하는 완벽한 제도를 만들어야 한다.

좋은 관료는 저절로 탄생하지 않는다. 훌륭한 관료들은 피비린내 나는 혁명 전투의 시대와 고생스러운 창업 건설의 시대를 거치는 동안 온갖 상황에서 큰 시련을 겪으며 조금씩 성장하고 성숙해졌다. 지금은 평화의 시대이지만 관료들은 자신의 능력을 갈고닦고, 민심을 이해하고, 국민에게 가까이 다가가는 일을 변함없이 중시해야 한다. 개혁 발전이 이루어지는 주요 전장인 말단 조직, 안정을 도모하는 제일선, 국민에게 봉사하는 최전선에서 실제로 발로 뛰고 고생하며 성실하게 일하면 능력을 알차게 키우고 진실한 경험을 쌓을 수 있다. 그래야만 중요한 순간에 능력을 발휘하고 위급한 순간에 거침없이 활약할 수 있다.

중국의 영토는 남한 면적의 약 100배에 가깝다. 그 땅에 14억 인구가 지지고 볶고 아옹다옹 살고 있다. 지방색이 뚜렷한 31개 성省으로 나뉘어져 있고, 또 55개 소수민족이 최대 민족인 한족漢族과 어울려 산다. 이 엄청난 규모의 나라에 갈등과 대립, 모순이 없을 수 없다.

그런 중국이 지금 일사불란하게 움직이고 있다. 중국은 그 어느 때보다 안정적이고 조용하다. 지난 세월 동안의 개혁개방을 통해 경제 강국으로 성장하고 있다. 그 힘은 어디서 나왔을까.

그 답은 바로 '공산당'에 있다. 중국 발전의 최대 원동력은 바로 공산당이라는 얘기다. '공산당이 없으면 신중국은 없다沒有共産黨, 沒有新中國'는 중국인들의 말은 공산혁명시기뿐만 아니라 지금도 그대로 적용되고 있다. 그러기에 공산당은 중국을 읽는 핵심 키워드다.

중국공산당 당원은 약 9,000만 명에 달한다. 거의 한반도 인구에 해당하는 수준이다. 그렇다고 누구나 다 공산당원이 되는 것은 아니다. 엄격한 심사를 거쳐 선발된 각 분야 엘리트만이 당원 자격을 얻을 수 있다. 대학생의 경우 입당하기 위해서는 각종 평가를 통해 의식의 순결성, 인민을 위한 봉사심, 지적 능력 등을 검증받는다. 또 각종 사회활동에 참여하고 당 조직에 주기적으로 '사상보고'를 해야 한다. 상하이 화동사범대학 경제학과의 경우 한 해 입당지원자 20여 명 중 4명만이 입당에 성공했다.

공산당의 힘은 거미줄처럼 뻗어 있는 탄탄한 조직에서 나온다. 당조직은 국가 말단 행정기관, 기업에 이르기까지 세포처럼 뻗쳐 있다. 모든 정부기관에는 공산당 조직이 위에서 아래로 함께 흘러가고 있다. 시골 촌村정부에도 촌 공산당위원회가 있다. 성장省長보다 성 당서기가, 시장市長보다 시 당서기가 서열이 높다. 각 단위에서 당(당서기)은 정책의 방향을 제시해 주고, 정부(성장)는 그 방향에 따라 구체적인 행정업무를 수행하게 된다. 당이 국가를 주도한다는 것을 단적으로 보여준다.

양쯔강 중간에 건설된 산샤三峽댐의 물막이 공사가 완공된 2003년 6월이다. 그 공사의 규모도 규모이거니와 수몰지구의 주민들을 어떻게 이주시킬지가 관심이었다. 산샤댐으로 인한 이주민은 약 120만 명. 대

규모 인구이동이었다. 서방국가라면 이민 보상을 두고 당연히 잡음이 많이 나왔을 것이다.

그러나 중국은 이민 작업을 매끄럽게 처리했다. 2000년 들어 본격 시작된 공산당의 '이민공정'은 아무런 잡음 없이 추진됐다. TV에 나온 해당 이민들은 정든 고향을 떠나면서 '당과 국가의 헌신적인 노력에 감사한다'고 말할 정도였다.

이것은 공산당이 있었기에 가능했다. 공산당 차원에서 내린 결정은 결정은 곧 국가 결정이고 누구도 이에 대들지 못한다. 정부는 당의 큰 정책을 수행하는 손발이고, 전인대(의회)는 공산당 정책을 추인해주는 고무도장 역할을 해주고 있다. 여기에 기층 당 조직을 통한 끊임없는 선전과 교육 등이 이민공정을 완벽하게 수행한 요인이었다.

절대 권력은 절대 부패한다는 것은 진리에 가까운 말이다. 서방국가라면 선거를 통해 정치세력을 바꿀 수 있다. 그러나 중국은 다르다. 공산당 이외의 정치적 대안이 없는 중국으로서는 공산당에 미래를 맡기는 수밖에 없다. 이를 잘 알고 있는 공산당은 자기정화로 문제를 해결한다.

공산당 자기정화의 대표적인 표현은 연경화年輕化다. 학력이 높은 젊은 기술관리들이 당정 수뇌부에 진입하고 있다. 이들은 모두 박사학위를 가진 고급 지식인이기도 하다.

중국 중소도시를 방문해 보면 40대 초반의 시장 또는 시市당서기를 쉽게 본다. 우시無錫의 양웨이저楊衛澤 시당서기는 43세의 나이로 젊은 무석을 이끌었다. 2005년 시장에 오른 엔리閻立 쑤저우蘇州 시장은 45세, 왕엔원王燕文 양저우揚州 시장은 46세였다.

공무원들의 학력도 높아지고 있다. 전체 공무원 중 대졸출신이 차지하는 비중은 지난 1993년 32퍼센트에 그쳤으나 지금은 70퍼센트가 넘는다. 1995년 이후 매년 5,000명 이상의 대학졸업생을 공직분야에서 받아들였다.

공산당 경쟁력의 또 다른 핵심 축은 교육이다. 각급 해정기관에 포진한 당교黨校를 통해 끊임없이 교육을 실시한다. 그래서 중국에서 당원은 엘리트로 통한다. 이 엘리트 조직이 거함 중국을 이끌고 있는 것이다. 관계는 물론이고 학계, 업계에서도 공산당원은 환영을 받는다. 심지어 외국기업도 공산당원 채용을 선호한다.

해외연수에도 적극적이다. 매년 수백명의 공산당 관리들이 해외연수 또는 유학을 떠난다. 싱가포르의 남양南洋이공대학에는 '중국시장반'中國市長班이라는 별명을 가진 공공정책 석사과정이 있다. 이곳에서 공부하고 있는 학생들은 모두 대륙에서 당 또는 정부가 파견한 시장급 이상의 관리들이다. 남양이공대학은 중국공산당의 교육열기를 단적으로 보여주고 있는 것이다.

젊은 공산당은 국가 비전을 창출한다. 그들은 끊임없이 개혁의 요소를 찾아 바꾸고 이를 통해 성장동력을 이끌어낸다. 그런가 하면 향후 발전에 대한 비전을 제시하고, 그 비전에 따라 국가역량을 결집하고 있다.

창의적인 청년 인재를 육성하기 위해
정부 차원에서 힘을 쏟아야 한다

개유비상지공蓋有非常之功, 필대비상지인必待非常之人

"비범한 공을 세우려면 반드시 비범한 인재가 있어야 한다."

-중국 과학원 제17차 원사 대회, 중국 공정원 제12차 원사 대회 연설에서

사람은 생산력을 제공하는 가장 활발한 요소요, 과학 기술의 발전에 가장 중요한 요소이다. 시진핑은《시경詩經, 대아大雅, 문왕文王》에 나오는 "무수한 선비 덕에 문왕은 편안했다"라는 말을 인용해 과학 기술 분야의 인재를 아끼는 마음을 표현했다.

지금 중국은 큰 규모의 과학 인재 군단을 가졌다. 우주정거장 '톈궁 1호'와 무인 우주선 '선저우 8호'가 도킹에 성공한 것에서 달 탐사 로봇인 '위투'가 달 표면을 걷기까지 과학 기술 인재들이 창조의 활력을 아낌없이 내뿜었다.

하지만 세계적인 과학 기술 인재, 통솔력이 뛰어난 인재, 특정 부문에서 성과를 낸 인재는 여전히 부족하다. 이러한 문제는 과학 기술의 발전을 제약하고, 중국이 인재 자원의 강국으로 발돋움하는 데 장애물이 되고 있다.

그래서 시진핑은 인재 자원의 개발을 과학 기술 혁신의 최우선 과제로 삼아야 한다고 반복해서 강조했다. 인재 자원이 풍부해지려면 먼

저 인재 육성 제도를 개선하고, 단기 성과를 내는 데 급급해하는 조급함을 버리고, 깊이 있는 연구를 방해하는 요소들을 제거해야 한다.

다음으로 누구나 용기를 내어 창의적인 일을 할 수 있게 창조를 격려하고, 혁신을 포용하는 사회적 분위기를 조성하며, 성공을 중시하는 만큼 실패에도 관대해야 한다. 마지막으로 창의적인 청년 인재를 대거 육성하고 제 분야에서 역량을 뽐낼 수 있게 정부가 다리를 놓아 줘야 한다. 지식은 힘이고, 인재는 미래이기 때문이다.

시진핑习近平은 2013년 3월 14일, 임기 10년의 중화인민공화국의 주석에 선출되었다. 그 후 2017년 10월에 개최된 중국 공산당 제19기 전국대표회의에서 '시진핑 신시대 중국특색 사회주의사상'이 반영된 당장(당헌) 수정안이 만장일치로 통과되면서, 그는 덩샤오핑에 이어 자신의 지도 이념을 당의 지도 이념에 반영한 최고 지도자가 되었다. 생전에 자신의 이름을 딴 지도사상을 당장에 넣은 인물로는 마오쩌둥에 이어 시진핑이 두 번째이다.

교육에 관한 한 시진핑 총서기는 줄곧 남다른 애착을 보여왔다. 지난 스승의 날 그는 말하길 "나무를 기르는 데는 십년이 걸리고, 인재 양성은 백년의 세월이 필요하다. 교사는 인류 역사상 가장 오래된 거룩하고 신성한 직업 중 하나다"라고 찬양하였다. 자신의 지도 이념인 '시진핑신시대중국특색사회주의사상习近平新时代中国特色社会主义思想'이 바로 이 '시진핑사상'인데 교육에 관련하여 그가 강조한 내용이 무엇인지 간략하게 정리하면 다음과 같다.

(1) 교육이 강하면 나라가 강하다

고등교육의 발전수준은 한 나라의 발전수준과 발전 잠재력의 중요 지표이다. 중화민족의 위대한 부흥을 실현하기 위해서는 교육의 지위와 역할을 소홀히 할 수 없다. 우리는 고등교육의 필요에 대해 이전 어느 때보다도 더 절박하고, 과학지식과 탁월한 인재에 대한 갈망에 대해서는 어느 때보다도 더 강렬하다. 당 중앙은 세계 일류대학과 일류학과의 전략적 정책을 가속화하기 위해서 고등교육의 발전수준을 높이고 국가 핵심 경쟁력을 강화해야 한다.

(2) 고등교육자립의 기본은 덕을 세우고 인재를 양성立德樹人하는데 있다

일류인재를 양성하는 대학만이 세계 일류대학이 될 수 있다. 중국의 대학이 세계 일류대학이 되기 위해 인재양성 능력을 전면적으로 향상시켜야 한다는 점을 확실하게 파악해야 하며 이로써 대학교육의 다른 분야도 함께 선도할 수 있다.

(3) 중국 특색의 사회주의 고등교육 기관을 알차게 경영한다

중국은 독특한 역사, 독특한 문화, 독특한 정세가 있으므로 반드시 자신만의 고등교육발전의 길을 걸어야 하며 중국 특색의 사회주의 고등교육 기관을 견실하게 운영해야 한다. 중국은 스스로 견고히 하고 대외협력을 강화하여 자신만의 길을 가야한다. 중국대륙에 고등교육을 뿌리내리고 세계 일류 대학을 건설하는 것이 통일하는 것이다. 중국에 뿌리를 내려야만 세계로 나아갈 수 있다.

(4) 이 시대 대학생들에게 두터운 신임과 기대를 갖고 있다

매 시대 청년들은 자신들의 기회가 있다. 현재 대학생 대부분은 95년생 이후로 생기발랄하고, 배우기를 좋아하고, 시야가 넓으며, 개방적이고 자신감이 넘쳐 사랑스럽고 믿음직한 젊은 세대이다. 이 시대 대학생들에게 당과 인민은 충분한 신임과 기대를 갖고 있다.

(5) 마르크스주의는 고등교육의 선명한 바탕색이다

역사와 인민의 선택 가운데서 마르크스주의는 당의 건국지도사상이 되었으며 교육의 선명한 바탕색이 되었다. 공산주의 입장이 확고하고 기초가 튼튼하며 경험이 풍부한 마르크스주의자를 대거 양산하고자 한다. 특히 청년 마르크스주의자들을 배양하여 마르크스주의 지도 아래 각종 학술사상과 학술교류를 장려하고 각종 사상문화를 다양하게 연구하여 백화제방百花齐放, 백가쟁명百家争鸣을 형성하고 창의적인 발전을 이루어 나가는 생동적인 국면을 조성하여야 한다.

(6) 사회주의의 핵심 가치관을 학교 경영과 교육과정에 관철시킨다

학교교육, 인재양성을 강조하고 품성·지식·체질·심미德智体美, 정치사상과 도덕적 소양 방면의 교육을 우선으로 한다. 사회주의의 핵심 가치관을 학교 경영과 교육과정에 관철시키기 위해서 사회주의 핵심가치관으로 지식교육과 사덕师德 건설을 선도한다. 중화 우수 전통문화와 혁명문화, 사회주의 선진 문화교육을 강화하고 당의 역사, 국사, 개혁개방 역사와 사회주의 발전사 교육을 강화함으로 교사와 학생들로 하여금 사회주의 핵심 가치관이 견고한 신앙자, 적극적인 전도자, 모범적인 실천자로 만들어야 한다.

(7) 교풍과 학풍은 대학경영과 교육수준을 결정한다

햇빛과 물이 만물생장에 영향을 미치듯이 한 대학의 교풍과 학풍은 학생의 학습에 직접적인 영향을 미친다. 좋은 교풍과 학풍은 학생의 학업 발달에 좋은 기후를 만들어 주어 좋은 학업분위기를 조성하고 사상정치 교육이 학생의 인생을 계도하여 지혜와 정신에 힘이 된다. 교사는 성심껏 교육에 임하고 학생은 학습에 정진하고 학문의 경지를 높여야 한다. 좋은 교풍과 학풍은 교사와 학생이 함께 노력함으로 학교경영과 교육의 수준을 향상시키게 되는 것이다.

(8) 중국의 꿈으로 청년의 꿈을 이룬다

청년이 꿈과 포부가 있을 때 국가는 미래가 있고 민족은 희망이 있다. 시대적 책임과 역사적 사명을 정확하게 인식하여 중국의 꿈으로써 청년의 꿈을 격양시키고 청년들에게 이상적인 등불로 앞길을 비추어 시대에 용감하게 전진하는 개척자로 내딛게 한다.

(9) 대학교 사상정치공작은 의혹을 해석해야 한다

거시적으로는 누구를 위해 인재를 배양하는가, 어떠한 사람을 육성하는가, 어떻게 인재를 키우는가의 문제이다. 미시적으로는 어디에서 힘을 쓰고 누구에게 정을 쏟고 어떻게 마음을 다하고 어떠한 사람이 되는가의 과정이다. 학생들에게 학교생활에서 만나는 모든 문제에 즉각적으로 응답해 주어야 한다. 사상정치 교육의 친화력과 적합성을 향상시키고 학생 성장발전을 위한 필요를 만족시켜야 한다. 이것이 대학교 사상정치공작 과정의 실효성을 높이는 관건이다

⑽ 인재양성을 실천한다

문화적 침략, 전염, 영향력을 주의하고 명시적 교육에 중점을 두어야 한다. 또한 부지불식 중 감화되는 음성적 교육에 주의하여 사회주의가 서서히 몸에 배게 하는 효과를 만들어야 한다. 청년은 국가의 기둥으로 성장해야 한다. 그러기 위해 책을 많이 읽고 대학생은 자원봉사를 통해 농촌에 가서 교육을 지원하고 사회를 위해 봉사하며 국가에 애국하여야 한다. 지금의 수많은 대학생들이 이를 통해 인민에 대한 정감, 사회에 대한 책임, 국가에 대한 충성을 이루어 왔다.

중국 공산당 기관지 인민일보는 최근 시 주석을 영수領袖로 호칭하며 충성을 다짐하는 평론을 게재했다고 관영 글로벌타임스가 17일 전했다. 인민일보가 시진핑 주석을 영수로 지칭한 것은 이번이 처음이다. 마오쩌둥毛澤東에게 붙었던 영수 칭호를 중국 최고 권위의 매체가 공식화했다는 건 시 주석의 1인 지배체제가 그만큼 공고해졌음을 의미한다. 이것은 공산주의에서 주로 사용하는 우상화 작업이다. 전 중국인들이 어릴 때부터 의무적으로 시진핑의 사상을 교육 받음으로써 시진핑의 권력은 더욱더 강화될 것이기 때문이다. '시진핑사상'은 결국 마르크스주의를 교육 전면에 깊이 녹아들게 함으로 사회주의 정치체제의 안정을,

1인 지배체제의 정당성을 부여하는 사상교육인 것이다. 오늘날 중국이 사회주의체제와 시장경제체제를 양립할 수 있었던 절대적 요인이 바로 이 사상교육에서 출발했다. 시진핑이 교육에 남다른 애착을 갖는 중요한 이유가 아닐 수 없다.

정치에서 사람을 잘 쓰는 것보다 더 중요한 것은 없다

위정지요爲政之要, 막선어용인幕先於用人
"나라를 다스릴 때 사람을 잘 쓰는 것보다 더 중요한 것은 없다."
-전국 조직 작업회의 연설에서

시진핑은 두 개의 명언을 이용해 정치에서 적재적소에 귀하게 사람을 잘 쓰는 것이 얼마나 중요한지를 역설했다. "현명한 사람을 높이 평가하는 것은 정치의 근본이다."《묵자墨子, 상현상尙賢上》와 "정치에서 사람을 잘 쓰는 것보다 더 좋은 요령은 없다."《자치통감資治通鑑, 위기오魏紀五》가 그것이다. 중국이 각종 목표를 이루고 임무를 완수하는 것은 당과 인물에 달렸다. 당이 기여하려면 강력한 리더십의 중심이 돼야 하고, 인물이 기여하게 하려면 대규모의 교양 있는 관료 그룹을 양성해야 한다.

시진핑은 당에 임용되는 사람은 풍향계와 같다고 수차례 이야기했다. 그가 어떤 스타일로 일하느냐에 따라서 당의 분위기가 달라진다는 의미에서이다. 다시 말해서 재능과 덕을 겸비한 사람을 한 명 임용하면 그와 비슷한 사람이 많아지고, 재능과 덕을 겸비한 사람이 있으면 사람들이 그를 닮고 싶어 해 사회에 점차 좋은 분위기가 형성된다.

생각해보라. 든든한 '백'이 있고 아부를 잘하는 관료가 이미지 사업, 정치적 업적을 쌓기 위한 사업, 날조된 사업으로 명성을 쌓고 뇌물을 써서 승진한다면 이를 바라보는 성실한 관료의 심정은 어떻겠는가? 실력 있고 성실히 일하는 사람을 높은 자리에 앉히고 공담을 일삼는 사람을 변방으로 내쫓을 때, 좋은 관료들이 자신의 재능을 전부 드러낼 것이다.

관료는 '무엇이 좋은 관료인가?' '어떻게 하면 좋은 관료로 성장할까?'에 대해서 진지하게 생각해야 한다. 그리고 관료를 선발하는 조직에 있는 사람은 '어떻게 하면 좋은 관료를 뽑아서 제대로 쓸까?'를 생각해야 한다.

다음은 인재 등용에 관해 시진핑이 언급한 부분이다.

"높은 자질의 전문적인 간부 대오를 건설해야 합니다. 당의 간부는 당과 국가 사업의 중견 역량입니다. 당이 간부를 관리한다는 원칙을 견지하여, 덕과 재능을 겸비하되 덕을 우선시하고, 방방곡곡에서 재능 있는 사람만 선발하고, 업무에서 공정하고 규범에 맞는 것을 중시함으로써, 좋은 간부의 기준을 실현해야 합니다. 정확한 선발과 임용 방향을 견지하여, 선발과 임용 풍조를 바로잡아야 합니다. 정치적 기준을 부각시켜, '네 가지 의식四个意识'과 '네 가지 자신감四个自信'을 확고히 수립하고, 당 중앙의 권위를 확고히 수호하며, 당의 이론과 노선에 관한 정책을 전면적으로 집행하고, 충성스럽고 깨끗하게 업무를 책임지는 그런 간부를 발탁하여 중용함으로써, 각급 지도부를 우수한 인물로 구성해야 합니다. 전문적인 능력과 전문적인 정신의 배양을 중시하고, 새로운 시대 중국적 특색의 사회주의 발전의 요구에 부합하는 간부 대오의 능력을 강화해야 합니다. 젊은 간부의 발굴과 육성에 주력하여, 기층과 어려운 지방에서 배양되고 단련된 젊은 간부를 중시하고, 실천을 통해 검증된 우수한 젊은 간부를 끊임없이 선발하고 등용해야 합니다. 여성 간부와 소수민족 간부, 비당원 간부를 배양하고 선발하는 사업을 통합적으로 잘 추진해야 합니다. 이직하거나 퇴직하는 간부에 대한 사업을 세심하게 잘 수행해야 합니다. 엄격한 관리와 두터운 배려를 결합하고, 격려와 단속을 함께 중시하며, 간부에 대한 심사 평가 방식을 정비하고, 포상 메커니즘과 과오 시정 메커니즘을 만들어야 합니다. 책임감 있고 착실하게 업무를 처리하고 사욕을 추구하지 않는 간부를 지지하고 격려하는 선명한 기치를 내걸어야 합니다. 각급 당 조직은 기층 간부를 관심을 가지고 소중히 여겨야 하며, 그들의 어려움을 적극적으로 해결해주어야 합니다.

인재는 민족 진흥을 실현하고 국제경제에서 승리하기 위한 능동적인 전략 자원입니다. 당의 인재 관리 원칙을 견지하여, 천하 영재를 모아 등용함으로써, 인재 강국을 건설해야 합니다. 더욱 적극적이고 개방적이며 효과적인 인재 정책을 실행하여, 인재를 알아보는 혜안과, 인재를 아끼는 성의와, 인재를 과감히 등용하는 배짱과, 인재를 너그럽게 품는 아량과, 인재를 끌어 모으는 좋은 방도로써, 당 안팎과 국내외 각 분야의 우수한 인재를 당과 인민의 위대한 분투의 길로 결집시켜야 합니다. 그리하여 인재를 외진 빈곤지구와 변경의 소수민족지구와 옛 혁명지구와 기층으로 유입시켜, 모두가 인재가 되기를 갈망하고, 인재가 되기 위해 노력하며, 모두가 인재가 될 수 있고, 모두가 자기 재능을 다 펼치는 바람직한 국면이 형성되도록 노력하여, 각 인재의 창조적 활력이 경쟁적으로 발휘되고, 총명함과 재주가 충분히 드러나게 해야 합니다."(제19차 당대회에서)

관료의 능력은 공정한 감사기관을 통해 제대로 평가해야 한다

부지인지단不知人之短, 부지인지장不知人之長,
부지인장중지단不知人長中之短. 부지인단중지장不知人短中之長,
즉불가이용인則不可以用人, 불가이교인不可以用人.
"그 사람의 단점을 모르면 장점을 알 수 없고,
 장점 속의 단점도 발견할 수 없으며, 단점 속의 장점도
 발견할 수 없어 합리적으로 쓰고 교육할 수 없다."
-전국 조직 작업회의 연설에서

시진핑은 청나라 후기의 사상가인 위원謂源의 말을 인용해 사람의 능력을 식별하는 것의 어려움을 설명했다. 개인의 능력을 파악할 수 있는 네 가지 측면으로 장점, 단점, 장점 중의 단점, 단점 중의 장점이 있는데 이를 파악하기가 쉽지 않다는 것이다.

옛말에 "옥이 진짜인지 알아보려면 사흘 밤낮을 불에 태우고, 목재가 좋은 것인지 알아보려면 7년을 기다려야 한다."(《백씨장경집白氏長慶集》)라는 것이 있다. 간단하게 '좋다 또는 나쁘다' '상 또는 하' 같은 모호한 평가로 관료를 결정하는 것은 무책임한 일이다. 관료의 능력은 느낌과 인상으로만 판단해선 안 되고, 반드시 건전한 검사기관과 다채널, 다측면, 다층적인 방법을 통해서 파악해야 한다.

시진핑은 관료를 가까이에서 지켜보며 그가 중대한 문제에 대해서 어떤 생각과 견해를 가졌는지 관찰해야 한다고 말했다. 이를 위해선 어떤 국민관, 인격, 명리관, 정신 수준을 가졌는지 파악해야 하고, 복잡한 문제를 처리하는 과정과 결과물을 지켜보고 어떤 능력을 갖췄는지 판단해야 한다. 또한 그가 말단 관료들 사이와 고향에서 어떤 평가를 받는지 잘 살펴야 하고, 작은 일과 큰일 모두 도덕적으로 잘 처리하는지도 봐야 한다. 그런 과정을 거쳐야만 그의 능력을 잘 파악해 적재적소에 쓸 수 있다.

미래를 준비하기 위해서 그 어느 때보다 인재의 중요성이 강조 되고 있다. 미래 생존이 불확실한 서든 데스Sudden Death 시대 상황에서 지속 성장을 위해서는 딥 체인지Deep Change가 반드시 필요한데, '딥 체인지'의 핵심은 '비즈니스 모델'의 혁신이며, 그 중심에는 핵심 인재가 있다.

춘추시대 제나라의 명재상은 관중은 자신의 경륜을 종합 정리한 〈관자〉 '권수權修' 편에서 '일수백획一樹百獲, 일수백확一樹百穫'이라 하였다. "1년 계획으로는 곡식을 심는 것이 좋고, 10년 계획으로는 나무를 심는 것이 좋고, 평생 계획으로는 사람을 심는 것이 가장 좋다. 한 번 심어 한 번 수확하는 것은 곡식이고, 한 번 심어 열 번 거두는 것은 나무이고, 한 번 심어 백 번 거둘 수 있는 것은 사람(인재)이다"라고 했다.

관중은 무슨 일이든 계획과 그에 따른 수확의 관계를 생각해서 경제적인 측면에서 투자 대비 효용을 강조하였다. 특히 평생을 계획할 때는 한 번 심어 백 번 거둘 수 있는 계획을 마련해야 하는데 인재에 대한 투자를 따를 계획은 어느 것도 없다고 본 것이다. 인재 배양의 장기성과 국가와 사회에 핵심 인재가 미치는 거대한 작용을 충분히 긍정한 사상이 아닐 수 없다.

시진핑 중국 국가주석은 "천하의 인재를 뽑아 내 사람으로 쓰겠다"라고 할 정도로 인재 확보와 활용에 대한 중요성을 강조 하면서 인재 확보를 위한 환경 개선을 강조하였다.

중국은 현재 '차이나 벤처 굴기'로 4차산업 혁명의 주도를 강력하게 시도 중이다. 이와 관련 첨단 과학을 경제의 신 성장 동력으로 삼아 미래형 인재 유치를 위해서 '정책적인 지원', '차이나머니', '거대 시장'이라는 3대 요소를 무기로 그야말로 '인재 블랙홀' 전략을 강력하게 펼치고 있다. 서방국가와의 치열한 국가 경쟁에서 뒤쳐지지 않으려고 해외 유학생 본국 귀환 유도 및 외국인 전문가 인재 풀을 넓히려는 의도다.

중국 정부는 외국의 우수인재를 유입하기 위하여 민관이 합심하여 파격적인 총력전을 펼치고 있다. 중국은 2008년부터 '천인千人계획'을 수립하였으며, 2012년에는 '천인계획'을 '만인계획'으로 확대하여 향후 10년 동안 자연과학과 사회과학분야 등 우수인재 1만명을 배양하는 야심찬 계획과 함께 노벨상 수상 가능성이 있는 세계적인 과학자 100명을 배출한다는 프로젝트를 국가차원에서 진행하고 있다. 100만 위안이 넘는 정부 보조금과 영주권, 각종 세금공제 혜택과 자녀 취학 지원을 통하여 세계일류 대학 교수와 다국적 기업의 기술전문가 등 최 우수인재 1000명을 유치하였다.

그러나 링크드인LinkedIn이 발표한 '세계 AI분야 인재 보고서'에 따르면, 세계 AI 분야의 기술 인재는 190만 명 이상으로 이중 미국인은 85만 명 이상으로 절반 가량을 차지했으나 중국인은 아직 고작 5만 명에 불과한 것으로 나타났다.

이와 관련, 4차 산업혁명이 가속화 되고 있는 가운데 특히 중국 인공지능AI 분야 인재 유치전을 위해 지갑을 열고 있는 추세다. 제일재경일보第一財经日报에 따르면, 현재 인공지능 관련 박사 학위 졸업생들의 초봉은 연 80만 위안(1억 3,000만원)으로, 무려 30만 위안(4,900만원)이나 상승하여 거의 선진국 수준에 도달한 셈이다.

인공지능AI, 자율주행, 드론 등 미래 첨단 산업분야에서 중국 기업이 발빠른 성장을 하는 데 있어서 보이지 않는 뒷면에는 중국 정부 지원하에 인재 스카우트 활동과 보이지 않는 인재 배양에 대한 과감한 투자가 점차 효과를 발휘하고 있다고 볼 수 있다. 인재 유치에 대한 국제경영개발원IMD의 2018년도 연례 평가 결과가 단적으로 반증하고 있다.

스위스, 덴마크, 노르웨이 등 유럽 국가들이 상위권을 차지했으며 미국은 12위에 그쳤다. 아시아에서는 싱가포르가 가장 높은 순위 13위에 랭크 되었고 홍콩(18위), 중국(39위)이 아주 급상승하는 추세에 반해 인도네시아(45위), 인도(53위) 등도 아시아 국가 중 순위권에 이름을 올렸지만 한국은 전체 63개국 내에 포함되지 못했다.

이러한 연장선상에서 세계적인 컨설팅업체 맥킨지앤컴퍼니를 9년간 이끌었던 도미닉 바튼 전 회장도 최근 한국을 방문 하여 '인재로 승리하라- 최고경영자CEO를 위한 인재중심경영'이라는 주제 강연에서 "인재없인 승리 없다. 2퍼센트 핵심 직원을 찾아라"라고 강조한 바 있다. 바튼 전 회장은 "글로벌 성장동력의 변화, 가속화하는 산업 와해, 고령화 등 글로벌 지형이 바뀌고 있어, 향후 10년 내 현재의 스탠더드앤 드푸어스S&P 500대 기업 중 절반이 교체될 것"이라고 전망하면서 '인재전략'의 중요성을 강조했다. 최고경영자·최고재무책임자·최고인사책임자가 함께하는 'G3'를 만들어 핵심 2퍼센트 직원을 찾아서 기업의 핵심전략 결정에 인적자본과 금융자본을 함께 고려할 것을 제안했다.

결국 "인재중심 전략" 차원에서 '인사人事가 만사萬事'라는 말처럼 시대를 막론하고 기업에서 인재를 뽑아 적재적소에 배치하는 것보다 더 중요한 일은 없다. 한 나라가 일어서기 위해서는 탁월한 책사의 도움이 없으면 불가능하다는 것을 과거 역사를 통해서 알 수 있다. 진시황제의 이사, 전한 유방의 소하와 장량, 후한 광무제 유수의 등우가 그렇다. 조조에게는 사마의가 있었고 유비에게는 제갈량이 있었으며 손권에게는 육손이 있었다.

이러한 관점에서 유능한 인재를 모시기 위하여는 공을 쌓아야 한다는 삼고초려三顧草廬란 고사성어가 오늘날에도 우리에게 시사하는 바가 크다. 삼국시절三國時節의 유현덕이 와룡강에 숨어 사는 제갈공명諸葛亮을 불러내기 위해 세 번이나 그를 찾아가 있는 정성을 다해 보임으로써 마침내 공명의 마음을 감동시켜 그를 세상 밖으로 끌어낼 수 있었던 이야기에서 유래된 말이다. 국가 지도자나 대기업의 CEO는 인재를 발탁하여 자기 사람으로 만들려고 하는 겸손한 태도와 간곡한 성의 있는 노력이 아주 중요하다는 것이다.

　　'세상에 백락이 있기에世有伯樂 천리마가 있을 수 있다然後有千里馬'라는 말이 있다. 말 감정 전문가인 백락伯樂만이 천리마駿馬를 알아볼 수 있다는 뜻이다. 결국 인재 발탁과 배양이 경쟁력의 원천이기에, 국가 지도자나 기업 오너는 조직의 명운을 책임지고 나갈 2퍼센트 핵심 인재를 찾아 적극 나서야 한다.

관료는 특기와 장점에 맞게
적재적소에 배치되어야 한다

준마능력험駿馬能歷險, 역전불여유力田不如牛.
견차능재중堅車能載重, 도하불여주渡河不如舟.
"준마는 위험한 곳에서는 잘 달리지만 밭을 가는 것은
　소보다 못하다. 튼튼한 수레는 무거운 짐을

시진핑은 관료가 과학적이고 합리적으로 일하려면 실질적으로 일할 수 있고, 장점을 살릴 수 있는 일을 해야 한다고 줄곧 강조했다. 사람은 저마다 특징과 특색이 있으며 다른 특기를 가지고 있다. 따라서 어떤 사람을 그의 장점을 보고 임용했으면 특기를 잘 살릴 수 있는 일을 맡겨야 한다. 설령 부족한 점이 있어도 문제 삼지 말아야 하고, 비전문 분야에서까지 완벽하길 요구해선 안 된다.

제갈량은 장수 마속馬謖을 잘못 기용해 가정을 잃었고, 조나라는 명장의 아들인 조괄趙括을 잘못 써서 장평대전에서 대패했다. 두 경우 모두 사람을 잘못 발탁하고 잘못 써서 생긴 일이다.

마오쩌둥은 관료에게 가장 중요한 두 가지 일은 첫 번째는 정책을 결정하는 것이고, 두 번째는 관료에게 일을 시키는 것이라고 했다. 관료에게 일을 시킬 때는 경력과 관계없는 일을 시키면 안 되고, 개인의 좋고 싫은 감정에 얽매여 일을 시켜서도 안 되며, 특기와 장점에 맞게 적재적소에 배치해야 한다. 사람을 쓰건 부서에 일을 맡기건 반드시 업무가 중심이 되어야 하고, 업무에 맞는 사람을 써야 하며, 단순히 승진으로 동기를 부여해선 안 된다.

하지만 현실에서 일부 지역은 관료를 쓰거나 구체적인 인물과 접촉할 때 누가 더 뛰어나고 누가 더 그 자리에 적합한 인물인지 따지지 않고 자격이나 경력, 승진 차례, 서열, 조직의 균형만을 따진다. 그래서 당사자가 자신의 전문 분야에서 능력을 발휘하는 것이 아니라 엉뚱한 분야에서 서툴게 일하게 되어, 문젯거리가 해소되지 않고 업무의 진도도 좀처럼 나가지 못하는 상황이 허다하다.

오늘날의 중국은 현재 9,000만 명에 달하는 공산당원이 철저하게 리드하는 사회라고 분석한다. 과거 황제의 권한과 과거제도 등을 통해 선발되던 관료는 이제 공산당이라는 조직과 그 시스템에 의해 선발되는 상황이 된 것이다. 그러나 노동자·농민을 근간으로 하는 공산당이 고도화되는 사회에 맞추는 관료 시스템으로 나가지 못하면 그 당도 미래를 담보하기 힘들다. 그런데 중국 공산당은 리더 그룹을 엘리트로 바꾸는 데 성공했다. 향과급(과장급) 부직에서 국가급 정직에 이르는 10개 직책의 정치 엘리트 그룹은 위임제·선임제·고시임용제·초빙임용제 등 다양한 방식으로 선발된다. 9급부터 5급까지 한 번의 시험에 의해 선발되는 한국과 달리 중국 공산당은 위·아래의 평가 등을 통해 인재를 찾아낸다.

이런 방식을 통해 선발된 현처급(중앙기관 처장급) 이상, 45세 이하의 간부는 대략 5년을 주기로 연수를 받는데, 기간은 최소 3개월 이상이다. 이뿐만 아니라 해외연수 등을 통해 인재로 길러지고, 이들 가운데 성부급(장관급) 예비간부가 배출된다. 이들 역시 도시나 대형 국유 기업·대학·연구소 등으로 들어가 다시 지도자 수업을 쌓게 한다. 이런 절차를 거쳐서 선발된 엘리트들은 최고 학습기관인 중앙당학교 등에서 코스를 통해 더 큰 지도자로서의 가능성을 타진한다.

선발도 중요하지만 새 엘리트를 효과적으로 관리하는 것도 최고의 숙제였다. 특히 시진핑은 "각급 영도간부들이 통일적으로 계획하고 종합적으로 고려하는 능력, 혁신 개척 능력, 인재를 적재적소에 배치하는 능력, 리스크 대응 능력, 안정 수호 능력, 언론과 교류하는 능력 등 여섯 가지 능력을 제고하기 위해 노력" 했다고 봤다.

세대교체를 주창한 덩샤오핑 이래 이런 수업 과정을 거친 중국 최고 엘리트들은 일정한 방식을 통해 리더가 된다. 중국 최고 리더그룹에 들어가는 첫 단계는 임기 5년의 중앙위원회에 들어가는 것이다. 중앙위원의 정식 인원은 205명이며, 171명의 후보위원이 있다. 이 리더그룹은 이후 25명의 정치국 위원, 7명의 상무위원 순으로 권력을 행사한다. 중앙위원은 당정기관의 간부, 과학연구기관의 리더, 대학 출신의 간부, 국유기업 출신, 군대, 언론 등에서 다양하게 배출된다.

상무위원은 정치국 위원에서, 정치국 위원은 중앙위원에서 뽑는 게 원칙이고, 대부분이 부합해 왔다. 또 정성부급(직할시서기 이상) 간부를 5년 정도는 맡는 게 일반적이다. 또 지방 훈련 경험도 필수적 요소인데, 최소한 두 개 이상 지방의 경험을 가지는 것을 중시한다.

이런 절차로 선발한 엘리트들은 다양한 역학 관계에 따라 리더가 된다. 문제는 한 개인이 권력을 장악하거나 영구집권을 막는 것도 중국 공산당이 당면한 가장 크고 시급한 과제라고 할 수 있다. 그래서 덩샤오핑은 당 주석제를 없애고, 국가주석이 공산당 그룹을 리드하게 만드는 시스템을 만들었고, 이 체제는 지금까지 비교적 잘 유지된다. 특히 1982년 개정 헌법에 국가 최고 직책의 임기는 5년, 연임을 해도 2회 이상은 초과할 수 없다고 명시하고 있다.

이런 측면에서 보면 10월 25일 마친 새로운 중국 공산당 정치국 구성도 체계적으로 이해할 수 있다. 시진핑 총서기, 리커창 총리, 리잔수 전인대 상무위원장, 왕양 정협 주석, 왕후닝 중앙서기처 서기, 자오러지 기율위 서기, 한정 부총리 등으로 새롭게 짜인 이 진용은 시진핑의 권력 강화와 앞서 설명한 엘리트 성장과 대부분 부합한다. 이들 가운데 기존 절차와 약간 차이가 있는 인물이 왕후닝 정도다. 하지만 왕후닝은 1995년부터 중국 정책 연구를 책임진 만큼 부족함이 없는 인물이다.

중국의 엘리트 선발 과정은 한국에도 시사하는 바가 있다. 한국은 그동안 일본제국주의시대부터 시행되어 온 고시제도를 근간으로 엘리트를 선발해 왔다. 이렇게 선발된 엘리트들은 위·아래의 평가나 훈련보다는 다양한 인맥이나 코드에 따라 움직이는 것이 일반적인 상황이었다. 아직도 우리 사회는 중국 공산당 시스템에 대한 맹목적인 비난 일색이다. 비난에 앞서서 그들에 대한 지식을 쌓고, 대처하는 게 최선이다. 최소한 상대를 틀리게 보는 게 아니라 다르게 보는 객관적인 관점은 필요할 것으로 본다.

시진핑이 개혁하고
창조하는 새로운 중국

차이나 드림을 실천하려면
온 국민이 힘을 모아야 한다

위비미감망우국位卑未敢忘優國

"지위가 비천해도 나라 걱정하는 마음을 잊지 못한다."

-중국 공산당 중앙당교 개교 80주년 경축대회 및 2013년 봄 학기 개학식 연설에서

　중국에서 말하는 '차이나 드림'은 모든 중국인의 꿈이다. 순조롭게
학업을 마치고, 직장에 들어가고, 가정을 꾸리고, 차를 사고 집을 사

고……. 이와 같은 라이프 사이클에서 인간의 존엄성을 보장받는 것은 누구나 간직한 소망이다. 나아가 사업을 성공시키고, 인생의 가치를 실현하는 것은 모두가 꿈꾸는 이상이요, 한 국가의 힘을 가장 오랫동안 하나로 모으는 힘이다.

시진핑은 그 꿈을 이루기 위해서는 중국 국민 모두가 한마음 한뜻이 되어야 한다고 말한다. "지위가 비천해도 나라 걱정하는 마음을 잊지 못한다."라는 말을 인용하며 모든 국민에게 나라를 부강하게 하여 민족을 부흥시키기 위해서 조금의 힘이라도 보태라고 요구한다.

마오쩌둥도 "세계는 우리의 것이다. 나라가 하는 일에 모두 동참하자."라고 말했다. 18대 이후 당도 "단결이 대세이고 곧 힘이다."라고 강조해 왔다. 이익 관계가 부딪히며 모순이 불거지고, 사상의 다양화가 이루어지는 현재 상황에선 특히 국민의 공통적인 이상과 하나로 모인 힘이 필요하다.

시진핑은 역대 중국지도부와 마찬가지로 중국의 최고지도자로서 맞는 첫 번째 양회에서 "중국의 꿈"을 주제로 연설하였다. 중국은 일반적으로 지앙저민의 "3개 대표론", 후진타오의 "과학적인 발전관" 등과 마찬가지로 새로운 지도부가 들어서면서 자신들의 지도이념을 제시하고, 여기에서 제시된 지도이념이 향후 10년 동안 중국의 통치이념이 되었다는 점에서 이번에 시진핑이 제시한 "중국의 꿈" 또한 향후 시리 지도부의 지도이념으로 자리 잡을 가능성이 높다. 따라서 시진핑이 "중국의 꿈"을 주제로 한 연설은 현재 중국이 직면하고 있는 상황에 기초해 향후 발전 방향을 담고 있다는 점에서 중요한 의의를 가진다.

시진핑이 제기한 "중국의 꿈"은 중국민족의 우수성에 기초하여 중화민족의 위대한 부흥을 이루자고 역설한다. "중화민족의 위대한 부흥"은 "성장"이라는 측면에서 바라보았을 때 과거의 지도자와 크게 다르지 않다. 다만, 과거의 지도자들은 선진적인 기술 및 경험을 도입하여 조속한 "성장" 혹은 지속가능한 "성장"기반 구축을 강조한 반면, 시진핑은 중국민족의 우수성 및 역량에 기초한 자주적인 성장, 질적인 성장을 강조하고 있다는 점에서 과거와는 다소 다른 형태의 입장을 나타내고 있다.

　　시진핑은 중국의 꿈 실현을 위한 방안으로 "중국의 길", "중국의 정신", "중국의 역량"을 제기하였다. 시진핑은 중국의 꿈은 반드시 중국의 길을 통해 실현해야 한다고 강조한다. 중국은 개혁개방 30년, 중화인민공화국 성립 60주년, 중국 근대화 170년, 5000년의 유구한 역사를 가지고 있는데, 중국특색의 사회주의는 바로 이러한 비범한 창조력을 가지고 위대한 문명을 창조한 중국의 유구한 역사적 토대 위에 형성되었다.

　　따라서 중국은 중국 특색의 사회주의에 대한 이론적인 자신감, 발전 방향에 대한 자신감, 제도에 대한 자신감을 가지고 중국 국가 상황에 부합하는 중국의 길을 향해 용기 있게 진전하자고 시진핑은 역설하였다.

　　시진핑은 중국의 정신을 발휘하여 중국의 꿈을 실현하자고 역설하였다. 중국의 정신은 애국주의를 핵심으로 한 민족정신과 개혁과 혁신을 핵심으로 한 시대적인 정신이며, 국가를 부강하게 하는 혼으로 표현하였다.

중국은 투자와 수출에 의존한 성장방식을 통해 기대 이상의 성과를 나타냈지만, 최근 서방세계의 금융 및 재정 위기와 함께 수출 증가율 및 GDP성장률이 7퍼센트대로 하락하는 문제점이 대두되고 있다. 따라서 중국은 최근 성장방식의 전환을 위한 구조적인 개혁의 문제를 심도 있게 검토하고 있다. 투자와 수출에 의존한 방식에서 내수가 중요한 역할을 하고, 첨단산업이 제조업 발전을 선도하는 형태로의 전환을 촉진하고 있다.

중국의 이러한 성장방식의 전환은 과거의 외세에 의한 발전에서 자주적인 혁신역량에 의한 발전으로의 전환을 의미한다. 다만, 성장방식의 전환 즉 구조전환기의 과정을 어떻게 안정적으로 극복하여 선순환의 경제구조를 정착할 수 있을지에 대한 의문이 제기되고 있다.

일부에서는 중국의 선순환 경제구조 정착이 지연되고, 구조전환기에 어떤 예기치 못한 문제가 발생할 경우 급작스런 성장률 하락이 발생할 가능성이 있다는 우려의 목소리를 높이고 있다.

시진핑은 중국의 역량을 결집하여 중국의 꿈을 실현하자고 역설하였다. 중국의 역량은 각 민족의 단결된 역량이며, 중국의 꿈은 민족의 꿈이며, 중국인의 꿈이라고 강조한다. 꿈이 있고, 기회가 있고, 노력이 있으면, 모든 아름다운 것들을 충분히 창조할 수 있다고 역설한다.

이는 14억 인구의 대동단결을 통해 중국인의 꿈을 실현하자는 의미로 해석된다. 2000년대를 전후하여 중국은 성장방식을 양적인 성장에서 질적인 성장으로 전환함과 동시에 기회균등, 소득분배 균등, 복지확충 등이 서서히 국가의 중요한 이슈로 대두되고 있다. 2008년부터는 의료, 양로 등 5대 보험을 엄격하게 시행하기 시작하였으며, 노동자의 임금을 대폭적으로 상승시키고 있다.

최근 제기되고 있는 신형도시화는 도시 내부의 도시호구 소지자와 미소지자인 농민공의 이원적인 구조를 점진적으로 완화하고, 도시민의 실질적인 삶의 질을 향상시키는 것으로 목적으로 하고 있다.

시진핑이 "중국의 꿈"을 통해 이야기하고자 한 것은 과거의 "외세에 의한 양적인 발전"에서 "중국인에 의한 자주적인 발전"으로 전환하고, "성장" 일변도의 정책에서 "사람이 중심이 되는 안정" 위주의 정책이 강화될 것으로 보인다. 중국의 이러한 정책 전환은 혁신형 첨단산업발전 가속화, 사회복지정책 강화에 따른 의료·건강 등의 헬스케어산업 발전, 환경 및 서비스산업 확대 등이 전망된다.

중국이 가는 길에 자신감을 가져라

물유감고物有甘苦, 상지자식嘗之者識,

도유이험道有夷險, 이지자지履之者知

"모든 사물은 달콤한 것과 쓸쓸한 것으로 나뉘는데

　오직 시도해야 어떤 맛인지 알 수 있고,

　세상의 길은 평평한 길과 울퉁불퉁한 길로 나뉘는데

　직접 걸어야 어떠한 길인지 이해할 수 있다."

-성부급 주요 관료 학습 관철 18회 3중 전회 연설에서

시진핑 중국 국가주석이 개혁개방 40주년을 맞아 '신新개혁개방' 시대를 선언했다. 40년 전 덩샤오핑이 개혁개방을 선언하고 세계 2위 경제대국으로 자리매김한 중국은 이제 양적 성장을 뛰어넘는 질적 성장을 통한 선진 국가로의 도약을 꿈꾸고 있다.

하지만 '중화민족의 위대한 부흥'이라는 중국의 꿈中國夢 여정은 지난 개혁개방 40년 세월과 비교해 보다 다양한 도전을 예고하고 있다. 환경오염, 빈부 격차, 부채 위기 등 고속 성장에 따른 대내 부작용을 극복해야 하고, 미·중 무역전쟁으로 발현된 패권 경쟁에서도 미국의 견제에 맞서야 하는 과제를 안고 있기 때문이다.

시진핑 주석은 베이징에서 개막한 '제3회 중국 이해하기' 국제회의에 보낸 축전에서 "현재 세계는 유례없는 변화의 소용돌이에 놓여 있고, 인류는 공동의 도전에 직면하고 있다"고 언급했다. 그는 이어 "중국은 세계 각국과 상호 존중, 공평 정의, 협력 공영의 신형 국제관계 건설을 적극적으로 추진하고 인류 운명 공동체를 구축해 세계 평화를 위해 더 크게 공헌하고자 한다"며 "중국은 전면적으로 개혁을 심화하고 중국의 문을 세계를 향해 더욱 개방할 것"이라고 강조했다.

시진핑 주석이 개혁개방 40주년 행사에서 '신개혁개방'을 재천명하기에 앞서 최근 개방 의지를 계속 드러내고 있는 것은 중국이 지난 40년간 이뤘던 성과를 부각하는 동시에 현재 중국이 직면한 도전 과제에 대한 해법이 '개혁개방'이라는 점을 강조하기 위한 것이다. 개혁개방 40주년을 맞아 중국 내부적으로는 결속을 다지고 대외적으로는 개방을 주창함으로써 미국과의 무역전쟁에 원활하게 대처하기 위한 포석이다.

실제 중국은 지난 40년간 괄목할 만한 성과를 이루었다. 1978년 12월 18일 개막한 중국 공산당 11기 중앙위원회 3차 전체회의(11기 3중전회)에서 덩샤오핑은 '사실에 입각해 진리를 탐구한다'는 실사구시實事求是를 강조하며 개혁개방 포문을 열었다. 당시 3,645억 위안에 불과했던 중국 국내 총생산GDP은 2017년 82조 7,122억 위안으로 40년 만에 227배 급증했다. 같은 기간 전 세계 GDP에서 중국이 차지하는 비중도 1.8퍼센트에서 15.2퍼센트로 수직상승하며 명실상부 주요 2개국G2 반열에 이름을 올렸다.

매년 10퍼센트 이상 고공 성장을 기록하던 중국이지만 개혁개방 '불혹'을 맞아 다양한 어려움도 겪고 있다. 웨이제 칭화대학 경제관리학원 교수는 "지난 40년 동안 중국의 발전 전략은 저렴한 노동력과 거대한 시장을 기반으로 개방을 통해 외자를 흡수해 양적 성장을 이룩했다"며 "하지만 그 과정에서 빈부 격차와 환경오염, 생산 요소 낭비 등 문제가 불거져 역설적으로 경제성장의 발목을 잡고 있는 형국"이라고 설명했다.

시진핑 주석이 '신개혁개방' 시대를 열고자 하는 이유도 양적 성장에 대한 어려움을 극복하고 대외 경제 상황에서 비롯되는 불확실성을 제어하면서 경제의 질적 발전 단계로 진입하기 위해서다. 시진핑 주석은 "새로운 개혁개방이념을 관철하고 공급 측면 구조 개혁을 깊이 있게 추진할 것"이라며 "안정적 성장, 개혁 촉진, 구조 개혁, 민생 안정을 통해 중국의 고품질 발전을 추진해 전 세계에 더 많은 협력 기회를 제공하겠다"고 밝혔다.

중국 공산당 싱크탱크인 중국 사회과학원도 최근 개혁개방 40주년에 맞춰 발간한 '발전과 개혁 청서(백서)'에서 질적 발전론을 강조했다. 사회과학원은 "이미 신창타이新常態·New Normal 시대에 진입한 중국은 과거처럼 맹목적으로 GDP를 좇을 것이 아니라 민생에 중심을 둬야 한다"며 "국민 생활의 질을 높이고, 미래의 중국을 전 세계 개방형 경제 강국이자 포용력 있는 대국으로 만드는 데 집중해야 한다"고 역설했다. 또 개혁개방이 지난 40년간 현대 조세제도 정립과 자본시장 정비로 중국 경제사회 발전에 공헌했다는 점을 거론하면서 문화 체계 개혁, 일대일로(육·해상 실크로드)와 역내 경제 발전을 연계하는 방안 등을 제시했다.

중국이 걷는 길과 제도에 대해서 시진핑은 자신감을 가지라고 끊임없이 강조한다. 중국은 이미 세계에서 두 번째로 큰 경제 대국이 되었고 14억 인구의 사회 보장망을 짜기 시작했다. 또한 사회 경제 분야에서 이룬 발전은 국제 사회에서 좋은 반향을 불러일으키고 있다.

시진핑은 모스크바 국제 관계 학원을 방문했을 때 "발에 신발이 잘 맞는지는 직접 신어보면 알 수 있다."라고 말했다. 중국의 국가 통치 시스템과 통치 능력은 수많은 시행착오를 겪으며 직접 탐색한 것이다. 따라서 무엇이 중국 실정에 잘 맞는지는 중국 스스로 잘 안다. 중국은 지난 30여 년 동안 사회와 경제를 발전시키는 과정에서 돌발적인 자연재해, 세계 경제 위기, 정치 파동 등의 여러 고비를 만났다. 하지만 매번 잘 견뎌냈고, 한 차례 폭풍우가 지나간 후에는 더 크게 발전했다. 앞으로의 중국의 미래 역시 그럴 것이다.

2017년 세계경제포럼WEF(다보스포럼)의 스포트라이트는 단연 중국에 쏟아졌다. 3,000여 명에 달하는 세계적인 기업인·정치인은 기조연설자로 나선 시진핑 중국 국가주석에 일제히 주목했다. 다보스포럼은 그동안 자유무역·민주주의를 주창하는 세계화의 첨병 역할을 했다. 때문에 사회주의형 시장경제를 표방하는 중국 국가 주석은 지난해까지 단한 번도 다보스포럼을 방문한 적이 없다. 때문에 포럼의 취지와 방향성을 공개하는 기조연설자로 시진핑 주석이 콩그레스홀 연단에 오른 것은 그 자체만으로 파격이었다.

시진핑 주석이 던진 메시지는 더욱 놀라웠다. "글로벌 리더들은 개방과 협력을 밀어붙여야만 한다"며 자유무역을 강조한 데 이어 "중국 시장은 언제나 열려 있다"는 말까지 했다. 자유무역에 중국이 앞장서서 세계화의 첨병이 되겠다고 선언한 셈이다. 그는 세계화의 목적이 글로벌 경제 회복이라는 사실도 명확히 했다. 4차 산업혁명이나 기후변화 등으로 흔들리는 글로벌 경제를 '세계화'라는 카드로 소생시키겠다는 뜻이다. 클라우드 슈밥 세계경제포럼 회장은 이를 두고 "다보스에 내린 햇빛"이라고 찬사했다.

시진핑 주석은 수입박람회 기조연설을 통해도 수입 잠재력 유발, 지속적인 시장 접근 완화, 세계일류 경영 환경 조성, 대외개방의 새 환경 조성, 심도 있는 다자 및 양자 협력 등 5개 분야에서 대외개방을 한층 강화하겠다고 선언했다. 이는 개도국인 경제대국 중국이 자유무역을 제창할 뿐 아니라 더 큰 힘과 더 높은 수준으로 대외개방을 추진해 전 세계 공동 발전을 촉진하여 세계 각국이 '중국 보너스'를 공유하는

데 더 많은 기회를 창출하고 있다는 것을 보여준다.

개혁개방 40년을 통해 중국은 소중한 경험을 얻었다. 미래를 향한 중국의 '개방의 문'은 닫히지 않을 것이며 점점 더 확대될 것이다. 국제 정세가 어떻게 변하든 전 세계 자유무역에 대한 중국의 신념은 변함없고, 중국이 시행하는 대외개방도 변치 않을 것이다. 중국은 높은 수준의 대외개방을 지속할 것이고 개방으로 인한 각종 도전에 대응할 능력도 지니고 있다. 시진핑 주석의 말처럼 중국 경제는 작은 연못이 아니라 '큰 바다'다. 수없이 많은 비바람을 겪어도 큰 바다는 여전히 그 자리에 있듯, 미래를 향한 중국도 영원히 거기에 있을 것이다.

돌처럼 단단한 이상과 신념은
공산당원의 근본적인 성질이다

석가파야石可破也, 이불가탈견而不可奪堅 :

단가마야丹可磨也, 이불가탈적而不可奪赤

"돌은 부서져도 단단한 성질이 변하지 않고,

주사는 갈아져도 붉은색이 변하지 않는다."

-당의 군중노선 교육 실천활동 1차 총화 및 2차 부서회의 연설에서

어떤 일이 코앞에 닥쳤을 때 무엇을 선택하고 어떻게 행동하느냐

는, 그 일에 대해 어떤 인식을 가졌느냐에 따라서 달라진다. 이상과 신념은 더 높은 위치에서 더 넓은 시각으로 인생을 대하고 세상을 바라보게 해준다. 이런 의미에서 이상과 신념은 사람의 행동 방식을 결정한다고 할 수 있다.

관료에게 이상과 신념이 없으면 '나는 누구인가' '누구를 위해서 일하는가' '누구를 믿을 것인가'라는 물음에 대한 자기만의 답을 찾지 못한다. 그래서 정치 신념이 쉽게 변하고, 정신이 탐욕에 물들고, 도덕성이 타락하고, 사생활이 부패해진다.

시진핑이 인용한 이 말과 같이, 돌처럼 단단하고 주사(수은으로 이루어진 황화 광물)처럼 붉은 이상과 신념은 공산당원의 근본적인 성질이다. 란카오 현의 모래를 다스린 쟈오위루와 황량한 산에 녹음을 입힌 양산저우를 대표적인 예로 들 수 있다. 이들은 몸이 아파도 굴하지 않았고, 조건이 열악해도 상관하지 않았다. 자신을 지탱해 주는 이상과 신념이 있었기 때문이다.

중국 대륙 전역의 중국공산당 조직에서는 요즘 시진핑의 '1·5강화－五講話'를 학습하느라 열을 올리고 있다. 시진핑의 1·5강화란 중국공산당 당원 재교육 기관인 중앙당교에서 시진핑 당 총서기가 한 연설을 가리킨다. 이 자리에서 시진핑은 지난해 10월 제19차 당 대회에서 새로 중앙위원과 후보위원에 당선된 376명과 각 성과 행정기관의 지도간부들을 모아놓고 '신시대 중국 특색의 사회주의 사상이란 무엇인가, 19차 당대회 정신이란 무엇인가'라는 제목의 연설을 했다. 이 자리에는 리커창李克强 총리를 비롯 리잔수栗戰書, 왕양汪洋, 왕후닝王滬寧, 자오러지趙樂際,

한정韓正 등 정치국 상무위원들이 모두 나왔다.

"우리가 중국공산당인中國共産黨人임을 잊지 말라. 우리는 혁명가들이므로 혁명정신을 잊어서는 안 된다. 어제의 성공이 앞으로의 영원한 성공을 대표하지 않는다. 과거의 휘황한 성공이 미래의 휘황한 성공을 의미하지 않는다. 시대는 문제의 출제자이고, 우리는 답안을 써야 하는 사람들이며, 인민들은 우리가 쓴 답을 검열하는 사람들이다."

시진핑은 '우리가 중국공산당인임을 잊지 말라'는 말이 무슨 말인지를 다음과 같이 설명했다. "우리는 공산당인들이므로 공산주의의 이상과 신념을 확고하게 수립해야 한다. 사회주의는 필연적으로 자본주의를 대체할 것이며, 공산주의를 실현하는 것이 인류사회 발전의 객관적 규율이라는 것이 마르크스주의 학설의 기본 결론이다. 공산당원들은 자신들의 이상과 신념을 확고하게 하고, 공산주의 사업의 정확성과 필연성에 대한 확신을 가져야 한다. 공산주의 이상을 확고하게 지속적으로 추구하면서 공산주의 사업을 위해 평생을 바쳐 분투해야 한다."

1978년 12월 중국공산당 제11기 중앙위원회 3차 전체회의(11기 3중전회)에서 덩샤오핑이 '사상해방과 실사구시'를 강조하는 연설로 개혁개방 시대에 접어든 이래 39년 만에 당 총서기가 "우리가 공산당인임을 잊어서는 안 되며, 사회주의가 필연적으로 자본주의를 대체할 것이며, 공산주의 실현이 인류사회 발전의 객관적 규율"이라고 강조하고 나서자 9000만 중국공산당원과 인민들은 놀라지 않을 수 없었다. 39년간 '자본주의보다 더 자본주의적인 체제'에 젖어 있던 중국공산당원들은 그 다음날인 1월 6일 중국공산당 기관지 인민일보에 실린 "중국 특색의 사회주의를 일이관지一以貫之 견지하고 발전시켜 나가자"는 논평을 읽어 보아야 했다. 인민일보 논평은 "3개의 일이관지를 견지해야 한다. 첫째는 중국 특색의 사회주의를 일이관지하고, 둘째는 당 건설의 새롭고 위대한 공정을 일이관지해야 하며, 위험과 도전에 잘 대비하는 일에 일이관지해야 한다"고 제시했다.

인민일보의 논평은 이어 "시진핑 총서기는 그동안 여러 차례 개혁개방의 역사와 중화인민공화국의 역사, 중국공산당의 역사, 중화민족의 근대사, 중화문명 5000년사史를 배경으로 해서 중국 특색의 사회주의가 무엇인지를 심각하게 파악해야 한다고 강조해왔다"고 했다. 인민일보 논평은 또 "사회주의 500년사를 되돌아보면 전 세계의 사회주의는 그동안 많은 곡절을 거쳐 중국 특색의 사회주의가 성공을 거두었음을 전 세계에 선포했다"며 "사회주의는 멸망하지 않았고, 멸망할 수도 없으며, 생기와 활력을 뿜어내고 있는 중국 특색의 사회주의는 21세기 과학사회주의의 기치를 들고, 전 세계 사회주의 진흥의 흐름을 형성하고 있다"고 주장했다.

중국공산당은 1921년 창당한 이래 제1세대 지도자인 마오쩌둥이 1976년 사망할 때까지 순수한 사회주의 제국을 건설하기 위해 노력했으나 경제의 붕괴로 중국을 전 세계 최빈국의 위치로 전락시키는 결과를 가져왔다. 1978년 11기 3중전회에서 그런 마오쩌둥의 오류를 바로잡기 위해 '마오쩌둥 사상으로부터의 해방'을 뜻하는 '사상해방'과 마오쩌둥의 영향으로부터 벗어나기 위한 '실사구시實事求是'라는 구호를 통해 "현실을 바탕으로 정책을 수립한다"는 새로운 당의 방향을 설정했다. 이 사상해방과 실사구시를 바탕으로 중국공산당은 덩샤오핑의 지도에 따라 개혁개방의 시대를 열었으며, "가난이 사회주의는 아니며, 시장경제는 자본주의 전유물이 아니라 사회주의도 시장경제를 채택할 수 있다"는 방향 설정에 따라 빠른 경제성장을 동반한 개혁개방의 시대 39년을 보내왔다.

이런 개혁개방사를 가진 중국에 대해 지난해 10월 연임한 시진핑이 새해 들어 갑자기 "우리가 중국공산당원임을 잊지 말라, 사회주의가 자본주의를 대체한다는 것이 마르크스주의의 과학적 결론"이라고 강조하고 나선 이유는 무엇일까.

시진핑은 중국에서 자연계 대학을 대표하는 칭화대학 출신이기는 하지만 그의 전공은 '마르크스주의 이론과 사상 정치 교육학'이다. 그런 전공의 연장선상에서 법학박사 학위를 취득했다. 30년 넘게 중국공산당 당료로 성장해온 시진핑은 지난 2012년 첫 번째 중국공산당 총서기로 선출된 데 이어, 지난해 10월 제19차 당 대회에서 두 번째 당 총서기로 선출됐다. 지금까지 개혁개방시대를 이끈 덩샤오핑의 국가발전 전략은 시장경제 시스템 도입을 통해 중국을 중산층이 충분히 갖추어진 중진국 수준을 뜻하는 샤오캉(小康)사회로 끌어올리자는 것이었다. 샤오캉사회 건설을 최고의 목표로 삼았다. 물론 샤오캉사회의 건설 다음에는 사회주의를 강화한다는 부분이 붙어 있기는 했으나 형식 논리에 지나지 않았다.

시진핑은 그 형식 논리에 지나지 않던 사회주의 강화에 다음과 같은 구체적인 시간표를 당 대회 업무보고를 통해 제시했다. "2020년까지 전면적인 샤오캉사회를 건설한 다음 15년 후인 2035년까지 우리의 사회주의를 현대화하고, 다시 15년을 더 열심히 노력해서 2050년까지 현대화된 사회주의 강국을 건설한다." 그런 배경에서 사회주의 건설에서 한 걸음 더 나가 "우리가 공산당원임을 잊어서는 안 되며, 혁명가임을 잊어서도 안 된다"고 강조하는 1·5연설이 이루어진 것이다. 시진핑이 1·5연설을 하는 중국공산당 당교에는 리커창 이하 6명의 정치국 상무위원과 중국공산당의 핵심인 376명의 중앙위원과 후보위원, 각 성과 행정부처의 최고 간부들이 모두 참석했다. 이미 G2의 위치를 차지한 데 이어 인류 운명공동체 건설의 주역이 되겠다는 중국의 이념 변화는 앞으로 세계사의 흐름을 바꿔놓을지도 모른다는 시그널을 전 세계에 던지고 있다.

애국주의는 나라를 흥하고 강하게 한다

구리국가생사이究利國家生死以 , 기인화복피추지豈因禍福避趨之

"나라와 민족에 이로우면 기꺼이 이 한 목숨 바칠 것인바,

어찌 화를 당할까 두려워 숨겠는가?"

-중국 공산당 중앙당교 개교 80주년 경축 대회 및 2013년 봄 학기 개학식 연설에서

임칙서林則徐가 지은 이 대련의 구절을 시진핑은 나라에 충성을 다

하는 마음으로 받아들였다. 선현들의 글에서도 이러한 자취는 쉽게 찾아볼 수 있다. "지위는 비천하나 나라 걱정을 잊지 않으니, 사람의 공과는 관 뚜껑이 덮인 뒤에 가려지겠지."《병기서회病起書懷》나 "인생은 예로부터 죽지 않은 사람이 없었으니, 나라 향한 붉은 마음을 남겨 역사에 비추리."《과령정양過零丁洋》는 모두 나라 사랑을 노래한 것이다.

지난 100여 년 동안 애국주의 정신은 개인의 운명과 민족의 운명을 단단히 연결했다. 국권을 지키기 위해서 외세와 싸우고 매국노를 처벌했으며, 항전 시기에는 "1촌의 강산이 곧 1촌의 피이고, 십만 청년이 곧 십만 군사이다."라는 구호 속에 떨쳐 일어났다. 또 쑨원이 중국의 생활 수준을 향상시키자고 외쳤을 때 온 국민이 호응했고, 쓰촨 대지진 때에는 전 중국인이 한마음이 되어 재해민을 도왔다. 이러한 정신은 중국인이 세대를 이어 차이나 드림을 향해 전진하게 했고, 민족 부흥으로 향하는 길에 에너지를 제공했다.

애국주의는 민족을 똘똘 뭉치게 하는 정신적인 힘이요, 모두의 마음과 뜻을 하나로 모아 나라를 흥하고 강하게 하는 영혼이다.

시진핑은 '중국의 꿈'은 '중화민족의 위대한 부흥'이라고 말했다. 관영 신화통신에 따르면, 시진핑 등 7명의 최고 지도부는 베이징 국가박물관에서 '부흥의 길'이라는 전시회를 관람했다. 7명의 신임 상무위원이 단체로 모습을 드러낸 것은 상무위원 선출 직후 가진 기자회견 이후 처음이다.

'부흥의 길' 전시회는 "중국 인민이 민족부흥 실현을 위해 걸어온 근대 역사 과정"을 담았으며 "중화민족의 위대한 부흥이라는 목표를 실현하기 위해 계속 분발하자"는 의미로 개최됐다.

이 자리에서 시진핑은 "근대에 이르러 중화민족은 파란만장한 길을 걸어오면서 세계적으로 보기 드문 희생을 치러야 했다. 하지만 중국 인민은 굴하지 않고 맞서 싸워 마침내 자신의 운명을 좌우지할 수 있게 됐으며, 국가 건설이라는 위대한 노정에 오르게 됐다. 이는 애국주의를 핵심으로 하는 위대한 민족정신"이라고 역설했다.

시진핑은 "전체 당원 동지들은 '낙후하면 얻어맞고 발전해야만 강해질 수 있다'는 과거의 교훈을 반드시 기억해야 한다"며 "우리는 반드시 흔들림 없이 지금의 길을 걸어가야 한다"고도 말했다.

그러면서 시진핑은 "지금 국민들은 '중국의 꿈'에 대해 이야기하고 있다. 내 생각에 '중화민족의 위대한 부흥'을 실현하는 것이 근대 중화민족의 가장 위대한 꿈이다. 이 꿈은 몇 세대에 거친 중국인들의 숙원으로 매한 중화의 아들딸이 고대하는 것이다."라고 말했다.

시진핑은 마지막으로 덩샤오핑의 말을 인용해 "빈말은 나라를 망하게 하고, 실천은 나라를 흥하게 할 것"이라고 강조하면서 "공산당 창당 100주년(2021년) 때 전면적인 샤오캉小康(중산)사회를 실현하고 중국 건국 100주년(2049년) 때 중화민족의 위대한 부흥의 꿈은 반드시 실현될 것이라고 믿는다" 고 말했다.

시진핑은 공산당 총서기로 선출된 후 첫 기자회견 연설에서도 "중화민족은 위대한 민족"이라며 "중화민족의 위대한 부흥을 위해 계속 노력하겠다"고 강조했다.

중국은 신중국 건립 이후 홍紅(이념이나 사상)과 전專(전문성)의 투쟁을 거쳐 왔다. 시대에 따라 '홍'이 강조되기도 하고 '전'이 강조되기도 하였다. 그런데 시진핑 시기 중국은 '홍'을 과거보다 더 중시하겠다는 입장을 내비치고 있다. 교육의 방향 역시 사회주의 이념이나 철학을 학교 교육 속에서 내재되도록 하는 쪽으로 나가고 있다. 애국주의 교육을 강조함으로써 중국인으로서 단합하고 단결할 것을 주문하고 있는 것이다.

중국은 끊임없이 새로워져야 한다

구일신苟日新, 일일신日日新, 우일신又日新
"진실로 날마다 옛것을 버리고 새로운 것을 추구하면
　나날이 새롭고 또 새로워진다."
－중국 과학원 제17차 원사 대회 및 중국 공정원 제12차 원사 대회 연설에서

이 말은 창조에 대해서 말할 때 가장 많이 인용된다. 시진핑은 청년 대표와 가진 좌담회, 전국 정협 신년 다과회, 유럽대학에서의 연설, 원사 대회 등 여러 장소에서 이 말을 인용했다. 간단명료하면서도 심오한 이 말에는 꾸준히 배워서 자신을 늘 새롭게 하고, 시대에 능동적으로 적응하고, 사회 발전을 적극적으로 이끌라는 사상이 반영되어 있다.

능동적인 입장에서 끊임없는 창조를 강조하는 이 말은 사람들의 마음에 깊이 스며들어 창의적인 의식을 만들고 사회를 발전시키는 강력

한 힘이 되었다.

'인류사회는 어디로 갈 것인가?' '아시아의 앞길은 어디에 있는가?' 시진핑 주석은 보아오 아시아포럼 2018년 연차총회 개막식에서 대세를 파악하고 구름을 헤치고 해를 보는 듯한 연설을 발표해 인류 운명공동체의 구축 및 평화롭고 안정적이고 번영하고 개방적이고 아름다운 아시아와 글로벌을 함께 창조 등과 관련된 5가지 구상을 제기함으로써 신시대에 들어선 중국이 인류의 진보 사업을 위해 분투하려는 신념과 책임감을 구현함과 동시에 각국이 손잡고 아름다운 미래를 개척해 나가는 데 지혜와 역량을 불어넣었다.

2013년에 아시아 국가들이 운명공동체 의식을 가져야 한다고 호소한 그때부터 2015년 운명공동체 구축의 '4가지 견지' 실천 루트에 대한 해석, 나아가서는 아시아와 글로벌의 아름다운 미래를 함께 구축하는 5가지 구상의 제기에 이르기까지, 시진핑 주석은 5년 동안에 보아오를 3번 방문했고 인류 복지의 증진과 아름다운 미래의 공동 창조를 위해 중국 방안을 제기하고 중국의 지혜를 기여했으며 대국 정상의 넓은 흉금과 깊고 장기적인 기획으로 신시대 중국 특색 대국 외교의 큰 기백과 큰 역할을 과시했다.

함께 아름다운 미래를 만들어 가려면 상생과 상호존중의 원칙과 공동상의·공동건설의 규칙을 굳게 지켜야 한다. 대립이 아닌 대화, 동맹이 아니라 파트너 관계인 국가 간 교류의 새로운 길로 나아가야 모순과 갈등을 적절히 통제할 수 있고 평화의 빛이 인간사회의 모든 구석을 비출 수 있다. 대화 협상을 견지하고, 책임을 함께 지고, 공동·종합·협력·지속가능의 안전 이념을 실천하고, 양국 및 다자 간 협력을 심화시켜야만 보편적인 안전과 공동 안전이 근본적으로 보장될 수 있다.

함께 아름다운 미래를 만들어 가려면 협력상생의 넓은 흉금과 착실한 행동이 뒷받침 되어야 한다. 태평양은 충분히 크고 태평양 연안 각국을 얼마든지 수용할 수 있다. 각 나라의 공동발전과 공동번영을 실현하려면 경제무역 협력과 같은 '견고한 지탱'이 있어야 할 뿐만 아니라 민심이 서로 통하는 '소프트한 조력'도 있어야 한다.

함께 아름다운 미래를 만들어 가려면 친환경, 저탄소, 지속가능한 발전 이념을 수립해야 하고 그래야 하나의 깨끗하고 아름다운 세상이 만들어질 수 있다.

중국과 각 나라 간 협력의 끊임없는 심화 및 '일대일로一帶一路(실크로드 경제벨트 및 21세기 해상 실크로드)' 건설의 지속적인 추진과 함께 인류 운명공동체 구축의 이념과 실천은 글로벌 각국 인민에게 행복을 주었고 글로벌에 새로운 기회와 새로운 희망을 가져다 주었다.

보아오 아시아포럼 2018년 연차총회가 이미 막을 내렸지만 "중국인민은 계속해서 글로벌 각 동업자와 함께 앞으로 나아가면서 인류를 위해 더욱 큰 기여를 할 것이다"라는 시진핑 주석의 단호하고 힘있는 선언은 아직도 생생하다. 역사는 이번 대회를 각인할 것이고 인류 운명공동체 구축의 위대한 사업은 각 국이 손잡고 분투하는 과정에서 반드시 새로운 경지를 끊임없이 개척할 수 있을 것이다.

고정관념을 깨고 생각을 새롭게 하라

작일시이금비의作日是而今非矣,

금일비이후일우시의今日非而後日又是矣

"어제 옳았던 것이 오늘 그를 수도 있고, 오늘 그른 것이

내일 옳을 수도 있다."

-성부급 주요 관료 학습 관철 18회 3중 전회 연설에서

창조를 왜 해야 할까? 또 어떻게 창조해야 할까? 이에 대해서 시진 핑은 위의 말을 인용해 두 가지 방면에서 설명했다.

첫 번째, 세월 따라 세상이 많이 바뀌었다. 형세의 변화는 새로운 상황을 만들고 새로운 문제를 낳았다. 과거에 합리적이던 것이 더는 합리적이지 않고, 과거에 효과적이던 것이 이제는 효과가 없다. 따라서 창의성과 민감함을 가져야 시대의 흐름을 따라잡을 수 있다.

두 번째, 세상이 달라지면서 일하는 것도 달라지고, 일하는 것이 달라지면서 준비해야 하는 것도 달라졌다. 따라서 끊임없이 고정관념을 깨고 생각을 새롭게 바꿔야 한다. 또한 어제까지는 옳았지만 지금은 옳지 않은 점을 찾아 고치고, 지금은 옳지 않지만 옳을 수 있는 점을 찾아 바르게 인도해야 한다.

공자는 "시간은 흐르는 물처럼 사라지고, 낮에도 밤에도 멈추지 않는다."라고 말했다. 관료는 나태한 정치적 사고를 극복하고 형세의 변화

에 적응해야 하며, 창조의 법칙을 파악해 시대를 선도해야 한다.

2018년 9월 17일, 인공지능대회가 상하이에서 개최되었다. 이 자리에서 시진핑 주석은 "중국은 강성해야 하고 부흥해야 한다. 이를 위해 과학기술을 대대적으로 발전시키고, 세계의 주된 과학센터와 창조기지가 되어야한다"고 강조하였다. 인공지능대회의 주제는 두뇌와 기계의 융합, 단체지능, 지능 칩, 지능 운전 등이었다.

또한 시진핑주석은 "현 세계의 과학기술혁명과 산업변혁은 바야흐로 신속하게 발전하고 있다. 우리는 사명감을 증강시키고 창조를 최대의 정책으로 삼으며, 기운차게 일어나서 이를 따라잡아야 한다"고 강조하였다. 또한 "인공지능의 발전과 응용은 경제사회발전의 스마트화 수준을 높이고 공공서비스와 도시 관리 능력을 유효적절하게 증강시킬 수 있다."고 강조하였다.

2018년 4월 22일에서 24일까지, 제1회 중국 디지털중국건설 회담이 복건성 복주시에서 개최되었는데, 그 주제는 "정보화로 현대화를 촉진하고 디지털 중국건설을 가속화하자"였다. 이에 시진핑 주석은 "디지털 중국건설을 가속화하는 것은 중국발전의 새로운 역사적 방향에 적응하는 것이고 새로운 발전이념을 관철시키는 것이며, 정보화로 새로운 운동에너지를 배양하는 것이고, 새로운 운동에너지는 새로운 발전을 촉진시키며, 새로운 발전은 새로운 찬란함을 창조하는 것이다"라고 강조하였다.

2018년 5월 26일에서 29일까지 2018 중국 국제 빅 데이터 산업 박람회가 귀양贵阳에서 개최되었는데, 이 자리에서 시진핑 주석은 "우리는 창조, 협조, 녹색, 개방, 공동향유의 발전이념을 가지고 인터넷 강국, 디지털중국, 스마트사회를 건설하고자 국가 빅데이터 전략을 전격적으로 실시하여 중국경제의 고속성장이 고퀄리티의 발전으로 전환하는 데 도움을 주자"고 강조하였다.

2018년 8월 23일에서 25일까지, 제1기 중국국제 스마트산업박람회가 중경에서 개최되었는데, 이 자리에서 시진핑 주석은 디지지털 경제의 건강한발전과 국제협력 및 디지털산업화, 산업디지털화를 강조하였다.

"과학기술이 오늘처럼 국가의 앞날과 운명에 영향을 주는 적은 없었고, 오늘처럼 이렇게 국민의 생활과 복지에 엄청난 영향을 준적은 없었다."

시진핑은 정보화, 현대화가 가속화된 창조형 국가건설을 서둘러야 한다고 강조했다. 시진핑은 "창조가 발전을 유도하는 첫 번째 동력이자 현대화 경제체제 건설의 전략적 버팀목"이라며 "세계 첨단 과학기술을 겨냥해 기초연구를 강화하고 전향적인 기초연구의 실현과 선구적인 창조성과를 이뤄야 한다"고 강조했다.

시진핑은 또 과학기술강국·품질강국·우주강국·인터넷강국·교통강국·디지털중국·지혜로운 사회건설등을 위해 강력한 지지가 있어야 하며, 국가의 창조체제 건설을 강화하고 과학기술 역량을 강화해야 한다고 언급했다.

또한 창조문화의 선도와 지적 재산권의 창조·보호·운용의 강화는 물론이고, 국제수준의 전략적 과학기술 인재, 과학기술 리더, 청년 과학

기술 인재, 최고 수준의 창조그룹 육성 등을 강조했다.

궁하면 변하고, 변하면 통하고, 통하면 오래간다

궁즉변窮則變, 변즉통變則通, 통즉구通則久

"궁하면 변하고, 변하면 통하고, 통하면 오래간다."

-중국 인민 항일 전쟁 및 세계 반파시즘 전쟁 승리 69주년 기념 좌담회 연설에서

시진핑은 변화를 추구하고, 발전을 추구하고, 진보를 추구하는 것
은 번영과 부강의 길을 탐색하는 중국이 근본적으로 지향하는 점이
라고 말하며 그 근거로《시경》에서 "주나라는 비록 오래된 나라이지만
그 명은 새롭다." 라고 한 것과《한비자》에서 "세상이 변하면 일이 변하
고, 일이 변하면 일을 준비하는 방법도 변해야 한다."라고 한 점을 내
세웠다.

독일의 철학자 프리드리히 엥겔스Friedrich Engels는 "사회주의는 늘 사
회를 변화시키고 개혁한다."라고 말했다. 엥겔스의 관점에 따르면 개혁
개방은 끝이 없고 언제나 진행 중이어야 한다. 세상이 하루가 다르게
변하고, 세상이 변하는 만큼 국민의 기대도 높아지기 때문이다. 국민의
기대가 높아지면 개혁에 따른 제약이나 도전거리도 늘어나므로 개혁 역
시 어려워진다. 하지만 그렇다고 개혁을 늦추거나 그만둬선 안 된다. 개

혁은 국민의 간절한 기대에 부응하는 동시에, 과도기의 리스크와 문제를 해결하기까지 오랜 시간 달려야 하는 마라톤과도 같다.

'개혁 염려증'을 방지하고, '개혁 피로 증후군'을 극복하며, 어렵고 힘든 임무가 기다리는 험난한 '여울'을 건너고, 관념의 장애물을 돌파해야 한다. 그렇게 하면 개혁과 발전의 주도권을 쥐게 되어 국민에게 더 많은 개혁 성과를 나눠줄 수 있고 나라를 더 빨리 발전시킬 수 있다.

시진핑 개혁의 핵심은 타성에 젖은 개혁을 혁파하기 위해 '개혁을 개혁하는' 방향이다. 또한 '파리든 호랑이든 때려잡는다'는 결기를 보이고 있으며, 이를 위해 솔선수범以身作則을 강조하고 있다. 실제로 마오타이 값이 하락하고 호텔에서의 연회가 줄어드는 등 중국정치의 기풍이 바뀌고 있다.

시진핑은 국가 지도자로서는 처음으로 국가 거버넌스 시스템과 거버넌스 능력의 현대화를 제기한 바, 이는 향후 중국 국정운영의 핵심으로 등장할 전망이다. 그리고 그 방법으로 '인심을 모으면 태산도 옮길 수 있다'는 말을 언급하면서 국민과 함께 하는 소통과 공감의 정치를 제시하고 있다.

그리고 부상한 국력에 근거한 체제자신감을 바탕으로 중심은 잡은 채 유연성을 발휘해야 한다고 역설하고 있다. 나아가 문화체제 개혁과 소프트파워 제고에 나서야 한다고 말하는 등 '중국특색'을 강조하고 있으며, 해양대국화의 길도 밝히고 있다.

시진핑 중국 국가주석은 2019년 신년 메시지에서 개혁을 중단하지 않고 문호도 더욱 활짝 열겠다고 밝혔다. 시진핑 주석은 "세계는 중국이 개혁과 개방을 가속하는 모습을 지켜보고 중국이 개혁과 개방을 실현하겠다는 결의를 확인하고 있다"면서 "우리의 개혁 속도가 주춤하지 않고 개방의 문호도 한층 넓어질 것"이라고 언명했다.

시 주석은 개혁개방 40주년을 맞은 2018년 중국이 100건 넘는 중요한 개혁 조치를 추진했다며 개혁에 대한 지지를 거듭 다짐했다. 아울러 시 주석은 미중 무역전쟁에는 언급하지 않은 채 2019년에는 중국이 기회와 시련에 직면하게 될 것이라고 지적하기도 했다.

또한 시 주석은 구체적으로는 설명하지 않으면서 "세계로 눈을 돌리면 중국이 큰 변화, 100년내 볼 수 없었던 변화에 마주하고 있다"고 강조했다.

시 주석은 "국제 정세가 어떻게 변해도 중국의 주권과 안전보장을 지킨다는 확신과 결의는 흔들림이 없다. 세계 평화를 유지하고 공동의 발전을 촉진하기 위한 중국의 성의와 선의를 변하지 않는다"고 역설했다.

2018년을 되돌아보면서 시 주석은 중국 경제가 계속 "적절한 범위 안에 있었고 리스크와 각종 과제에 직면하면서도 새로운 성장 동력이 기존의 성장 동력을 대체하는 움직임이 가속했다"고 평가했다. 중국 국가통계국이 발표한 2018년 12월 제조업 구매관리자 지수PMI는 49.4로 경기 확대와 축소를 가름하는 50을 2년6개월 만에 밑돌았다. 2018년 성장률에 관해서 중국은 6.9퍼센트에서 6.5퍼센트 안팎으로 낮춘 목표를 달성하는 방향으로 나가고 있다고 주장해왔다. 세계은행은 중국의 2019년 경제 성장률을 6.2퍼센트로 전망, 올해 예상치 6.5퍼센트보다 둔화할 것으로 예상하고 있다.

개혁에는 구성원 모두의 협력이 필요하다

견기일모見驥一毛, 부지기상不知其狀 :

견화일색見畵一色 , 부지기미不知其美

"천리마의 털 한 오라기만 봐선 자태를 알 수 없고,

그림의 부분적인 색깔만 봐선 전체의 아름다움을

감상할 수 없다."

-《가난에서 벗어나자》(시진핑 저) 중에서

전면적인 개혁을 하기 위해 먼저 한 영역을 개척하려면 다른 영역의 협조가 반드시 필요하다. 그래야 전면적인 개혁을 할 수 있다. 시진핑은 위의 명언을 인용해 개혁과 발전은 찔끔찔끔 진행되거나 단 한 사람의 용맹함으로 이루어져선 안 된다고 강조했다. 그렇지 않으면 문제가 생길 때마다 해결해야 하므로 하나를 돌보다가 다른 것을 놓치게 된다. 결과적으로 내실이 부족해지고 누락된 것이 많아진다.

개혁을 강화할수록 당연히 이익관계가 복잡해지고 모순도 증가한다. 따라서 개혁의 결합성, 협동성, 전체성을 강화할 필요가 있다. 축구 애호가인 시진핑은 축구 평론가가 아르헨티나 국가 대표팀을 평론한 말을 인용하기도 했다.

"마라도나 선수는 모두가 아는 스타이기는 하지만 그는 이번 경기에서 팀 플레이가 아니라 개인 플레이에 집중했다. 아르헨티나 국가 대표팀은 스타 군단이지만 모든 선수가 개인 플레이에 집중한 결과 월드 컵에서 우승을 놓쳤다."

시진핑은 축구만 해도 구성원 간에 협력이 필수적이니, 개혁은 더 말해 무엇하겠는가라고 말한다. 각 영역은 상대적인 독립성을 갖지만 전체의 일부분이기 때문에 개혁할 때 전체와 단절된 채 개인 플레이를 해선 안 된다고 설명한다. 또한 개혁에는 각 영역마다 조화를 이루고 각 방면의 기술이 서로를 도와주는 자세가 꼭 필요하다며 여기에 단계별로 개혁 조치를 설계하고 통일된 계획을 세우면 '1 더하기 1'은 2가 아니라 그 이상이 될 수 있다고 강조한다.

시진핑 국가 주석은 개혁은 단번에 성공하기 어렵다며 전면적인 개혁 심화를 위해 끊임없이 노력해야 한다고 역설했다. 시진핑 주석은 제18기 중앙위원회 제3차 전체회의(3중전회) 개막 두달여 전에 중난하이中南海에서 민주당파, 전국공상연합 수뇌부, 무당파 인사들과 가진 좌담회에서 "문제를 해결하고 나면 새로운 문제가 생겨나 제도를 끊임없이 개선해야 하는 것처럼 개혁 역시 단번에 이룰 수 없고, 한번 노력한 것으로 영일을 즐길 수 없다"고 말했다. 시 주석은 "개혁은 문제의 압박으로부터 생겨나는 것이며 문제를 해결하는 과정에서 심화한다"면서 "국가 발전 과정에서 당면하게 된 모순과 과제를 해결하고 경제사회의 발전을 실현하는 한편 인민생활을 개선하려면 전면적인 개혁 심화가 필요하다"고 강조했다.

시 주석은 또 "개혁·개방은 중국 당대의 가장 뚜렷한 특징이자 당의 가장 선명한 기치"라며 "우리는 개혁에 대한 믿음을 굳게 가져야 하며 더욱 큰 정치적 용기와 지혜를 통해 개혁을 추진해야 한다"고 말했다.

리커창 총리도 3중전회 다음날에 국무원 상무회의를 열어 "개혁 약속을 반드시 이행해야 한다"며 각 부서는 3중전회의 정신을 철저히 관철해 올해 개혁임무를 확실히 이행토록 해야 한다며 개혁 추진을 강조했다.

리 총리는 또 금리시장화 추진, 천연가스 가격 시장화 등 관련 정책이 나온 방안을 실행에 옮기고 인허가 규제 추가 완화, 민간자본의 민영은행 설립 촉진 등의 개혁조치들을 더욱 적극적으로 추진해야 한다고 말했다.

시진핑 국가 주석은 광둥廣東을 시찰하며, 18차 당대회에서 언급된 모든 당과 전국을 향한 개혁개방의 새로운 선언서, 새로운 동원령을 전달하고, 개혁개방을 통한 강국의 길을 변함없이 걸어가기 위해 개혁의 시스템, 전체성, 협동성에 더욱 역점을 두며, 멈추지 않는 개혁, 물러서지 않는 개방을 추진해 샤오캉小康(중산층)사회 건설과 사회주의 현대화를 위해 단결 및 노력해야 한다고 강조하였다.

시진핑 주석이 광둥 지역에 대한 시찰을 진행한 이유는 중국의 개혁개방을 가장 먼저 실시한 곳으로 현장에서 중국의 개혁개방 역사를 돌아보고 앞으로 한층 더 개혁개방을 추진해 나가기 위해서라고 밝혔다.

시 주석은 "개혁개방은 중국공산당 역사에 있어 하나의 위대한 각성으로 이를 통해 새로운 시대 속에서 이론에서 실천으로 옮긴 위대한 업적을 탄생시켰다. 개혁개방은 당대 중국발전의 활력소이었고, 당과 인민들이 시대에 발 맞추어 나아갈 수 있게 한 발판으로 중국식 사회주의 발전을 위한 필수선택의 길이다"라고 역설했다.

시 주석은 또한 "현재 중국의 개혁은 탄탄한 기반을 통한 심층적 단계에 돌입했으며, 더욱 큰 정치적 용기와 지혜로 중요한 분야의 개혁을 시의적절하게 단행해야 한다. 자신감, 공감대, 계획방안 및 협력을 통해 추진하고 실천적 발전, 사상해방, 개혁개방을 끊임없이 견지해 멈추거나 물러서지 않아야 한다. 중국은 정확한 개혁개방의 방향을 향해 어려움을 두려워하지 않고 이를 물리치며 용감하게 맞서 나가야 한다. 또한 국민들의 창조정신을 존중하고 개혁을 위한 고위층 방안과 전체적인 계획을 제시하며 실천과 혁신을 바탕으로 과감하게 개척하여 각 분야의 협동력을 한 곳으로 모아야 한다"라고 지적했다.

부분적인 이익보다
전체적인 이익을 중시하라

불모전국자不謀全局者, 부족모일역不足謀一域

"전체적인 이익을 지키는 관점에서
문제를 고려하지 않으면 부분적인 일을 처리할 방법을
찾기 어렵다."

-'전면적인 개혁 강화에 관한 중국 공산당 중앙위원회의 중대 문제 결정'에 관한 설명에서

시진핑은 중국의 국내외 정세와 개혁 발전의 청사진을 논의할 때 전

략적인 사고방식과 큰 포부를 갖고, 대세를 파악하고, 크게 생각하라고 반복해서 강조했다. 그러기 위해선 "태산에 오르니 천하가 작게 보이는구나."《맹자孟子, 진심상盡心上》와 같은 기개와 "사업의 성공은 나 혼자만의 노력으로는 이루어지지 않는다."《독립평론獨立評論》와 같은 통찰력이 필요하다. 다시 말해서 대세를 한눈에 읽고, 사물의 깊고 오묘한 곳까지 정확히 알며, 지치지 않는 추진력을 갖춰야 한다. 그러면 사물의 발전 추세에 따라 계획하고 행동하여 성과를 얻을 수 있다.

지금과 같은 복잡한 개혁 환경에서 관료에게 필요한 것은 높은 안목과 웅대한 기개와 수준 높은 정신세계이다. 그래야만 문제가 나타날 때마다 주먹구구식으로 해결하는 것이 아니라 구체적인 문제와 단계적인 문제를 결합해 종합적으로 해결할 수 있다. 나무를 보느라 숲을 보지 못하는 실수를 저질러선 안 되며, 부분적인 이익보다 전체적인 이익을 중시해야 한다.

또한 단기간의 성공이나 눈앞의 이익에 급급해하지 말아야 하고, 기회를 틈타 사리사욕을 취하는 일도 없어야 하며, 당장 필요한 것과 장기적인 계획을 하나로 일치시켜야 한다. 눈과 귀를 막은 채 현상에 안주해선 안 된다. 눈과 귀를 열고 국내 형세와 국제 환경을 연결해 생각하면, 사소한 조짐을 보고도 전체적인 추세를 꿰뚫어 미리 대비할 수 있다.

국제관계와 글로벌 거버넌스 분야에서 하나의 주목되는 현상이 나타났다. 바로 시진핑 중국 국가주석이 제기한 일련의 의미가 깊은 구상과 이념이 국제사회에서 광범한 주목을 받았고 수많은 도전에 시달리고 있는 세계에 새로운 계발, 새로운 활력과 새로운 희망을 가져다 주었다는 점이다.

'천인합일天人合一' 이론에서 '만물일체萬物一體'설에 이르기까지, 전체 관념은 중국 전통 문화의 독특한 유전자다. 중국인들은 사물을 관찰하고 문제를 해결할 때 총체적인 판국을 고려하기 때문에 사물의 본질을 똑똑히 볼 수 있고 문제 해결의 '처방'을 정확히 내릴 수 있다.

총체 관념은 새로운 시기 중국 외교의 일련의 이념과 실천에서도 반영되었다. '중국의 발전은 세계를 떠날 수 없고 세계의 번영에는 중국이 필요하다'란 이념 하에 중국과 세계의 연계는 유례없이 밀접해 졌다. '남남협력을 개척'함과 동시에 '남북협력을 추진하자'는 주장은 개발도상국들이 뭉쳐서 협력해야 할 뿐만 아니라 선진국과 개발도상국도 마찬가지로 서로 의지하며 전반적으로 같이 발전해야 한다는 점을 인식시켰다.

시진핑 주석이 제기한 '일대일로一帶一路(실크로드 경제벨트 및 21세기 해상 실크로드)' 구상은 광활한 유라시아대륙에서 시작해서 전반적으로 가속도가 붙는 추세를 보이고 있다. '5통五通'의 동시 추진은 '일대일로'가 하드웨어와 소프트웨어, 물질과 민심의 전면적인 소통을 중요시한다는 것을 보여줬고, 정부 주도·기업 참여·민간 촉진의 입체적인 구도는 '일대일로'의 안정적이고 유력한 추진을 보장했으며, 아시아에서 유럽, 아프리카, 아메리카 나아가 전 세계에 이르기까지 보여준 참여의 열정은 '일대일로' 건설의 추진이 예상을 초과하게 했다.

"총체 관념, 글로벌적인 사고와 인류의 진심으로 이 세계를 바라보는 시각이 바로 중국의 대국 외교가 제공한 새로운 '세계관'이다"고 '평화학의 대부' 존 가르텡은 평가했다.

시간은 가장 좋은 시금석이다. 역사를 거울 삼아 오늘을 비춰 보고 사전 대비로 장원한 앞날을 모색하는 것은 시진핑 주석의 외교 이념이 가진 또 하나의 선명한 동방 특색이다.

전략적인 높이와 장원한 안목에서 중-미 관계를 판단 및 파악, 평화·성장·개혁·문명의 중-구 간 4대 관계를 공동으로 구축, 손잡고 중국-동남아연합 간의 더욱 밀접한 운명공동체를 건설… 장기적인 안목에서 비롯된 이들 외교 구상은 중국에게 여러가지 다국 간 관계를 처리함에 있어서 하나의 사건, 한가지 주장에 얽매이지 않게 하는 명확한 방향을 제시했다.

눈 앞의 이익에 영향을 줄 수 있는 일부 장기적인 기획을 어떻게 따져 보고 판단할 것인가에 대해 중국의 답은 장기적인 이익 우선이었다. 생태문명을 '5가지 동시 추진' 전체 구도의 중요한 구성 부분으로 간주하고 '청산녹수가 바로 금산이고 은산이다'는 신념을 견지하는 것은 중국 국내 발전의 수요다. 국제 무대에서 가장 큰 개발도상국인 중국이 기후변화 등 분야에서 과감히 담당하고 지도 역할을 충분히 발휘할 수 있었던 것 역시 후세에 복지를 제공하려는 장기적인 사고에서 비롯되었다.

군이부당群而不黨(같이 모이지만 당은 맺지 않는다), 화이부동和而不同(서로 합치지만 상이함은 보류한다), 천하위공, 유용내대天下爲公·有容乃大(천하는 사적인 것이 아니니 포용력이 있어야 대국이다)는 중국 전통 문화의 정신적 품격이다.

이러한 동방 지혜는 새로운 시기의 중국 외교가 혁신적으로 계승했다. 결맹과 대립의 낡은 사고방식을 버렸고 이데올로기와 지연정치의 장벽을 뛰어 넘었으며 '대립이 아닌 대화, 결맹이 아닌 파트너 관계 수립'의 국가 간 관계를 구축했다… 협력상생을 핵심으로 한 신형 국제 관계의 수립은 오늘날 국제 관계 이념에 대한 혁신과 추월이다.

역사가 유구한 동방의 지혜는 세계 무대의 중심을 향해 걸어가는 중국을 동반하며 역사상 유례가 없는 매력을 세계에 과시하고 있다.

• 《도올, 시진핑을 말하다》 김용옥 저/ 통나무/ 2018년 01월

• 《새로운 중국 시진핑 거버넌스》 정승욱 저/ 함께/ 2013년 02월

• 《시진핑 리더십》 이창호 저/ 벗나래/ 2017년 03월

• 《시진핑 사상과 중국의 미래》 조영남 저/ 학이시습/ 2018년 03월

• 《시진핑 시대, 중국을 움직이는 사람들》 조재구 저/ 엠씨앤미디어/ 2018년 11월

• 《시진핑》 소마 마사루 저, 김태호 감수, 이용빈 역/ 한국경제신문사/ 2011년 10월

• 《시진핑은 왜 고전을 읽고 말하는가》 장펀즈 편, 원녕경 역/ 엠비씨씨앤아이/ 2016년 09월

• 《시진핑을 통해 진짜 중국을 만나다》 인민일보 평론부 저, 김락준 역/ 가나출판사
  / 2016년 11월

• 《시진핑의 선택》 양중메이 저, 홍광훈 역/ 알에이치코리아/ 2012년 11월

• 《중국의 꿈》 조영남 저/ 민음사/ 2013년 09월

• 《13억 중국의 리더 시진핑》 김성진 저/ 씨앤북스/ 2017년 01월

시진핑
위대한 중국을 품다

초판 발행| 2019년 10월 1일

지 은 이| 이창호

펴 낸 이| 이창호
편   집| 박은지
인 쇄 소| 거호 피앤피
펴 낸 곳| 도서출판 북그루

등록번호| 제2018-000217
주소| 서울특별시 마포구 토정로 253 2층(용강동)
도서문의| 02) 353-9156

ISBN 979-11-90945-01-9 (03190)

(CIP제어번호 : CIP2019023160)
이 도서의 국립중앙도서관 출판예정도서목록(CIP)은 서지정보유통지원시스템 홈페이지(http://seoji.
nl.go.kr)와 국가자료공동목록시스템(http://www. nl.go.kr/kolisnet)에서 이용하실 수 있습니다.